Andreas Hillgruber

# Deutsche Geschichte 1945—1986

Die »deutsche Frage« in der Weltpolitik

Sechste, überarbeitete Auflage

Verlag W. Kohlhammer
Stuttgart Berlin Köln Mainz

Die drei ersten Auflagen dieses Buches erschienen
in der Reihe »Deutsche Geschichte – Ereignisse und Probleme«,
herausgegeben von Walther Hubatsch,
verlegt vom Verlag Ullstein GmbH, Frankfurt/M. – Berlin – Wien
als Ullstein-Buch Nr. 3851

**CIP-Kurztitelaufnahme der Deutschen Bibliothek**

**Hillgruber, Andreas:**
Deutsche Geschichte 1945–1986: d. »dt. Frage« in d. Weltpolitik /
Andreas Hillgruber.
– 6., überarb. Aufl. – Stuttgart; Berlin; Köln; Mainz:
Kohlhammer, 1987.
　(Urban-Taschenbücher; Bd. 360)
　ISBN 3-17-009844-6
NE: GT

Sechste, überarbeitete Auflage 1987
Fünfte Auflage 1984
Vierte Auflage 1983

Alle Rechte vorbehalten
© 1983 W. Kohlhammer GmbH
Stuttgart Berlin Köln Mainz
Umschlag: hace
Gesamtherstellung:
W. Kohlhammer Druckerei GmbH + Co. Stuttgart
Printed in Germany

# Inhalt

## VI. Deutschland im Zeichen der neuen Ostpolitik der Bundesrepublik 1969−1972 ...................... 105

## VII. Die Auswirkung von »Entspannung« und neuen internationalen Krisen auf Deutschland 1973−1986 ... 137

## VIII. Zwischenbilanz aus der Sicht des Jahres 1987 ... 147

## Quellen und Literatur .......................... 165

## Register ......................................... 179

# Vorwort zur 4. und 5. Auflage

Für die 4., erweiterte und die 5. Auflage des erstmals 1974 als Ullstein-Buch erschienenen, 1978 um einen knappen »Ausblick« bis zur KSZE-Konferenz in Helsinki 1975 angereicherten, 1980 danach unverändert in der 3. Auflage publizierten Bandes gelten noch die gleichen inneren Vorbehalte des Verfassers, die damals (1974) formuliert wurden. Die Absicht, auf relativ knappem Raum eine bis an die Schwelle der Gegenwart führende Deutsche Geschichte der Nachkriegszeit – mit dem Schwergewicht auf dem nach Auffassung des Autors zentralen Problembündel »Die ›deutsche Frage‹ in der Weltpolitik« – vorzulegen, die mehr sein will als nur ein weiterer neben den schon vorhandenen nützlichen chronikartigen Abrissen, stellt ja unter den verschiedensten Aspekten ein erhebliches Wagnis für den Historiker dar. Es sind dies nicht in erster Linie die Probleme, die eine in vielem unzulängliche Quellenbasis aufwirft. Es sind auch nicht die Schwierigkeiten, die sich bei der Auswahl des für historisch wesentlich Angesehenen und – damit verbunden – bei der Trennung von dem nur tagespolitisch »Aktuellen« und Interessanten ergeben, und es ist auch nicht die notwendige Konzentration auf einige wenige für grundlegend angesehene Leitlinien, die das Risiko einschließt, mehr als sonst Kritik von fast allen Seiten auf sich zu ziehen, was zu den erwähnten inneren Vorbehalten führt. Schwerer als all dies wiegt vielmehr, was Hans Herzfeld im Vorspann zu seinem Werk über »Berlin in der Weltpolitik 1945–1970« (Berlin–New York 1973) so umschrieb: »Die Gefahr, daß auch der Historiker gegen jene gefühlsmäßigen Motive nicht immun ist, die das Urteil des Lebenden in Grundfragen seiner Existenz leicht übermächtig färben, ist so groß, daß sie allein von dem Wagnis einer Grenzüberschreitung seiner Kompetenz abschrecken könnte.« Jedoch habe die »seit einem halben Jahrhundert geführte Diskussion über Recht und Unrecht der Zeitgeschichte methodisch mit dem Ergebnis geendet, daß sich der Historiker dem bedrängenden Einfluß der eigenen Gegenwart und der eigenen Erlebnisse in keiner Weise entziehen kann«. Gleichsam als Warntafel am Wege stehe aber Rankes Mahnung, daß der Historiker sich damit einläßt auf das »ehrgeizigste, aber für die eigene Reputation gefährlichste Unternehmen, an das ein Autor, dem es um die Wahrheit zu tun ist, sich wagen kann«.

Das trifft bei diesem Band in besonderem Maße zu, weil er über die heute weithin als epochaler Einschnitt empfundene Mitte der 1960er Jahre hinaus bis in die gegenwärtige Epoche, die damals mit einem die bisher gültigen Maßstäbe in Frage stellenden ideologisch-politischen »Gezeitenwechsel« im »Westen« begann, vorzudringen sucht. Kann man zudem für die in den ersten Kapiteln des Bandes behandelte Zeit von 1945 bis etwa 1965 geltend machen, daß hierfür bereits eine vergleichsweise breite, zumindest ausreichende Quellengrundlage gegeben ist und eine ganze Reihe von wertvollen Studien zu Einzelproblemen und Teilaspekten des Themas vorliegt, auf deren Ergebnisse man sich stützen kann, vor allem aber, daß die durch die nachfolgende Epochenzäsur schon größere Distanz die Aufgabe einer historischen Darstellung und Analyse erleichtert, so gilt dies für die folgenden Kapitel nur in einem in Richtung auf die Gegenwart zu immer mehr abnehmenden Maße. Diese Partien wurden unvermeidlich zu der Skizze eines zeitgenössischen Beobachters, der sich des Dilemmas bewußt ist, sich der aufdrängenden Tendenz zur Prognose nicht völlig entziehen zu können, jedoch bemüht bleiben muß, die ihm als Wissenschaftler gesteckten Grenzen einzuhalten. Im Endeffekt bleibt nur das Bekenntnis zu dem Wagnis, von dem Hans Herzfeld sprach.

Angestrebt wurde insgesamt nicht eine um Vielfältigkeit in den Informationen über das »Faktische« für alle möglichen Teilaspekte der deutschen Nachkriegszeit bemühte Überblicksdarstellung, sondern eine bewußt um die entscheidende Problematik der »deutschen Frage« kreisende, knapp gehaltene Monographie. Im Mittelpunkt des Bandes steht also das – immer noch offene – zugleich nationale und internationale Problem, wie aus der Katastrophe des Zweiten Weltkrieges und der Sackgasse des »Kalten Krieges« heraus ein Weg zur Lösung der für die deutsche Nation wie für seine Nachbarn zentralen Frage einer gerechten und dauerhaften Friedensordnung in Mitteleuropa im Spannungsfeld zweier sich diametral entgegenstehender gesellschaftlich-politischer Systeme und – damit verbunden – im Schnittpunkt der Interessen der Weltmächte gefunden werden könnte. Insbesondere geht es um die Darlegung der Beiträge, die hierzu von deutscher Seite (in West und Ost) geleistet wurden. Die innere Entwicklung in der Bundesrepublik Deutschland und in der Deutschen Demokratischen Republik wurde dementsprechend nur insoweit einbezogen, wie es zum Verständnis dieses grundlegenden Problems für die deutsche und europäische Geschichte, auf die hin Darstellung und Analyse angelegt wurden, sinnvoll und notwendig erschien.

Für die Aufnahme der erweiterten sowie im Quellen- und Literaturverzeichnis entsprechend ergänzten Neuauflage des Bandes gilt dem Verlag W. Kohlhammer GmbH, Stuttgart, aufrichtiger Dank.

Köln, im Oktober 1984                                    *Andreas Hillgruber*


## Vorwort zur 6. Auflage

Für die 6., bis 1986 skizzenhaft fortgeführte und im Quellen- und Literaturverzeichnis abermals ergänzte Auflage bleibt das im Vorwort zur 4. und 5. Auflage Dargelegte verbindlich. Der Text wurde an einigen wenigen Stellen, dem veränderten Forschungsstand folgend, geändert. Dies gilt vor allem für die Deutschlandpolitik 1952/53 und die Berlinkrise 1961.

Für die Hilfe beim Korrekturlesen und bei der Überprüfung des Registers sage ich Frau Elisabeth Bauer und Frau Anke Breitenborn herzlichen Dank.

Köln, im Mai 1987                                        *Andreas Hillgruber*

# I. Von der bedingungslosen Kapitulation 1945 bis zur Gründung der Bundesrepublik Deutschland und der Deutschen Demokratischen Republik 1949

Nach der bedingungslosen militärischen Kapitulation vom 7./9. Mai 1945, der, in Gestalt der Berliner Erklärung der vier alliierten Militärgouverneure vom 5. Juni 1945 (»in Anbetracht der Niederlage Deutschlands«), als völkerrechtliches Novum eine von den Hauptsiegermächten einseitig deklarierte staatlich-politische Kapitulation folgte, ging die »oberste Regierungsgewalt« in ganz Deutschland auf die Regierungen der Vereinigten Staaten von Amerika, der Sowjetunion, Großbritanniens und Frankreichs über. Die deutsche Geschichte wurde seitdem sehr wesentlich von dem politischen Willen der Siegermächte, von ihren divergierenden Machtinteressen, ihren unterschiedlichen ideologischen und gesellschaftspolitischen Zielvorstellungen, vor allem aber von dem mehrfach wechselnden Ausmaß von »Kooperation« und »Konfrontation« zwischen ihnen bestimmt. Erst allmählich konnten unter Ausnutzung des wachsenden Ost-West-Gegensatzes wenigstens in Westdeutschland deutsche Interessen mit zur Geltung gebracht werden. Zum Verständnis der deutschen Geschichte seit 1945 sind einige Grundvoraussetzungen des vielschichtigen Spannungsgeflechts zwischen den Siegermächten hervorzuheben:
1. Die sogenannte »Anti-Hitler-Koalition« zwischen den USA, der Sowjetunion und Großbritannien, der das »Dritte Reich« 1945 erlag, war nicht ein aus gemeinsamer Zielsetzung erwachsenes Bündnis, sondern allein aus dem Zwang zur Abwehr der expansiven Kriegspolitik Hitlers 1941 zustandegekommen. Auf Grund der Vorgeschichte dieser Koalition – 1938 hatten Großbritannien und Frankreich mit Hitler im Münchener Abkommen bei der Auflösung der Tschechoslowakei zusammengewirkt; 1939–1941 hatte dann die Sowjetunion im Rahmen des Hitler-Stalin-Pakts wohlwollende Neutralität zugunsten Deutschlands gewahrt – herrschte auch in der Zeit des gemeinsamen Kampfes ein fortdauerndes tiefes Mißtrauen innerhalb des unter ideologisch-gesellschaftspolitischem Aspekt widernatürlichen Bündnisses. Die Westmächte erstrebten – insgesamt gesehen – eine Restauration des europäischen Gleichgewichts, allerdings durch Ausschaltung eines eigenständigen Faktors Deutschland; die Stoßrichtung der sowjetischen Expansion, die eine solche Restauration ausschließen wollte, zielte auf Zentraleuropa, wie schon 1940/41 zu erkennen war. Ein Auseinanderbre-

chen der Koalition nach Kriegsende war daher sehr wahrscheinlich, jedoch mußte bei einer auch nur vermuteten Wiederkehr der »deutschen Gefahr« mit einer Erneuerung der Solidarität unter den Siegermächten gerechnet werden.

2. Der Krieg war mit sehr unterschiedlicher Härte in West und Ost geführt worden. Während der Kampf gegen Briten und Amerikaner im großen und ganzen auf der Stufe »europäischer Normalkriege« gehalten worden war, hatte im Osten ein von Hitler entfesselter rassenideologischer Vernichtungskrieg ohne jede Bindung an völkerrechtliche Normen gewütet, zu dem auch die systematische Vernichtung der europäischen Juden gehörte. Die Zahl der Opfer, vor allem unter der Zivilbevölkerung, war daher im Osten Europas unvergleichbar höher als im Westen, vom verschiedenen Grad der Zerstörungen in den eroberten Gebieten ganz abgesehen. Im Falle einer deutschen Niederlage mußten der Wille Hitlers zur Ausrottung großer Teile der slawischen Völker und seine partiell verwirklichte Absicht, Polen und das europäische Rußland zu Ausbeutungs-Kolonien herabzudrücken, im Rückschlag zu ganz anderen Konsequenzen für die Deutschen selbst führen als das Scheitern seiner machtpolitischen Zielsetzung im Westen, nämlich Briten und Amerikaner zur Akzeptierung des deutschen Ost-Imperiums zu zwingen. Die axiomatisch festliegende ideologische Frontstellung des Marxismus-Leninismus gegen die »imperialistischen« Kräfte und die auf Expansion gerichteten machtpolitischen Ziele der Sowjetunion wurden in der sowjetischen Deutschlandpolitik mit diesen von den Kriegserfahrungen 1941–1945 her verständlichen Schlußfolgerungen auf das engste verwoben. Die »westliche« Gegenseite konnte – dem jeweiligen Interesse der Führungsmacht USA entsprechend – die Notwendigkeit zur Abwehr gegen die sowjetische Expansion oder aber das Verständnis für eine sowjetische »Sicherheits«-Politik betonen oder zurücktreten lassen.

3. Die Friedensziele der USA (und Großbritanniens) hatten sich während des Krieges nicht nur unter dem Druck der »Totalisierung« der Kampfführung Hitler-Deutschlands, sondern auch als Folge des Wandels der Einschätzung des künftigen Gewichts der Sowjetunion in der Weltpolitik mehrfach geändert. Während 1941/42 deren Zusammenbruch unter dem Ansturm der deutschen Wehrmacht angenommen wurde und dann, nach dem schließlich allein von den angelsächsischen Mächten zu erringenden Sieg über Deutschland (und Japan), die Epoche einer weltumspannenden »Pax Anglo-Americana« eröffnet werden sollte, wurde seit der Wende von Stalingrad die Rolle der Sowjetunion bei der Niederwerfung Hitler-Deutschlands und in der Nachkriegszeit auf ameri-

kanisch-britischer Seite sehr hoch veranschlagt. Im Grunde bestand seitdem nur die Alternative, entweder mit der Sowjetunion zusammen eine neue Friedensordnung in der Welt (speziell auch in Europa mit Deutschland als Zentralproblem) zu errichten oder aber nach der Niederlage Deutschlands auf einen »Konfrontations«-Kurs umzuschwenken und unter indirekter oder unter gewaltsamer Zurückdrängung der Sowjetunion aus Mitteleuropa die amerikanisch-britische Vormachtstellung in der Welt langfristig zu sichern. Die erste – von Präsident Roosevelt 1943–1945 angestrebte – Lösung implizierte eine »Saturierung« der Sowjetunion durch Überlassung einer beherrschenden Stellung in Ostmittel- und Südosteuropa sowie eine langfristige gemeinsame Herrschaft der Hauptsiegermächte über Deutschland; die andere – sich schon im Winter 1944/45 deutlicher abzeichnende, nach dem Sieg jedoch 1945/46 noch zurückgestellte, seit dem Winter 1946/47 dann aber immer klarer anvisierte – Lösung schloß aus amerikanischer Sicht gleichsam sachlogisch ein, in der Wendung gegen den neuen weltpolitischen Hauptkontrahenten, die Sowjetunion, das deutsche Potential so weit wie möglich ins Spiel zu bringen.

Die konkrete Deutschland-Planung der »Anti-Hitler-Koalition« während des Krieges folgte den Veränderungen in der weltpolitischen Lagebeurteilung und in der Grundorientierung der Hauptsiegermächte. Die Kette weitreichender Entscheidungen wurde mit dem Beschluß der »Großen Drei« (Roosevelt, Stalin, Churchill) auf der Konferenz von Teheran (28. November – 1. Dezember 1943) eröffnet, von Osten und Westen, über eine Fortsetzung des seit der Wende von Stalingrad immer zügigeren Vormarsches der Roten Armee und über eine amerikanisch-britische Invasion in Frankreich, bis in die Mitte Europas vorzudringen und sich im Zentrum Deutschlands zu treffen, das vollkommen besetzt werden sollte. Anders als 1919/20, als das durch Niederlage und Revolution geschwächte Rußland außerhalb des die Friedensordnung in Mitteleuropa bestimmenden Kreises der Mächte geblieben war, hing diesmal von der Möglichkeit oder der Aussichtslosigkeit einer Zusammenarbeit der Westmächte mit der Sowjetunion in der Deutschland-Politik Wesentliches für die weitere deutsche Geschichte ab. Die von der Moskauer Außenministerkonferenz eingesetzte »Europäische Beratende Kommission« (EAC) aus Vertretern der drei alliierten Hauptmächte arbeitete Empfehlungen zur Deutschland-Frage aus, die von den »Großen Drei« auf ihrer zweiten Konferenz – in Jalta (4.–11. Februar 1945) – zum Beschluß erhoben wurden. Dazu gehörten neben der Festlegung auf eine staatlich-politische Gesamtkapitulation Deutschlands – die EAC hatte schon am

25. Juli 1944 den Entwurf der Urkunde für eine solche bedingungslose Kapitulation Deutschlands den Regierungen übersandt – und neben einer West-Verschiebung Polens auf Kosten Deutschlands dessen »Zerstückelung«, ohne daß jedoch die Grenzregelung im Osten und die Aufteilung Deutschlands in eine Reihe kleinerer Territorien präzisiert wurden. Für die Zeit der militärischen Besetzung, deren Dauer angesichts der Zweifel Roosevelts, ob es möglich sei, die Amerikaner länger als zwei Jahre nach Kriegsende in Europa zu belassen, offen blieb, sollte Deutschland in Besatzungszonen eingeteilt werden, die nicht mit den künftigen Teilstaaten identisch waren. Bestätigt wurden das substantiell schon im Januar/Februar 1944 – einem britischen Vorschlag entsprechend – vereinbarte »Protokoll betreffend die Besatzungszonen in Deutschland und die Verwaltung von Groß-Berlin«, das die EAC am 12. September 1944 paraphiert hatte, sowie das von ihr am 14. November 1944 verabschiedete »Abkommen über die Kontrolleinrichtungen in Deutschland«. Die Einigung in der ersten dieser Vereinbarungen bestand im wesentlichen in der Festlegung der Grenzen zwischen der sowjetischen und den westlichen Zonen auf der Linie Lübeck–Helmstedt–Eisenach–Hof und darin, daß »Groß-Berlin« nicht als Teil der sowjetischen Besatzungszone gelten, sondern im Zusammenhang mit der Stationierung von Truppen aller Hauptsiegermächte in den verschiedenen »Sektoren« der Stadt einen einheitlichen Sonderstatus erhalten sollte. Der in der zweiten Vereinbarung vorgesehene »Alliierte Kontrollrat« mit Sitz in Berlin sollte nach Möglichkeit einheitliche Richtlinien für die Besatzungspolitik in ganz Deutschland erlassen, doch war bereits vorgesehen, daß im Falle von unüberbrückbaren Gegensätzen im »Kontrollrat« jeder Militärgouverneur in seiner Zone das Recht zu eigenen Entscheidungen auf Weisung seiner Regierung haben sollte. Damit war in Fragen der Deutschlandpolitik der Siegermächte gleichsam ein »Veto«-Recht eingeführt, das, falls die Entwicklung in ganz Deutschland nicht nach den Zielvorstellungen irgendeiner Besatzungsmacht verlief, einen Eigenweg in der von ihr verwalteten Besatzungszone möglich machte. Der Hinzuziehung Frankreichs als vierter Besatzungsmacht mit Sitz und Stimme im Alliierten Kontrollrat stimmte Stalin in Jalta erst zu, als feststand, daß die französische Besatzungszone aus der britischen und amerikanischen Zone »entnommen« werden sollte.

Entscheidend für die schnelle Auseinanderentwicklung der Zonen in Deutschland in den ersten Monaten nach der Kapitulation sollten indessen nicht so sehr diese Vereinbarungen der Jalta-Konferenz werden, sondern die Unmöglichkeit in der Reparationsfrage eine Einigung zu finden. Nachdem die Bemühungen der Sowjetunion, von den USA einen langfristigen 6-Milliarden-Dollar-Kredit zum Wiederaufbau ihrer zerstörten Industriegebiete zu erhalten, im Januar 1945 gescheitert waren, suchte Stalin auf dem Wege über außerordentlich hohe Reparationsforderungen das gleiche Ziel, den ökonomischen »Abstand« der Sowjetunion zu den USA so schnell wie möglich zu verringern, zu erreichen. Für die Arbeit der Reparationskommission der Alliierten mit Sitz in Moskau – auf diesen fragwürdigen Kompromiß einigte man sich schließlich in Jalta – wollten die sowjetische und die amerikanische Delegation (die britische lehnte jede Zahlenangabe ab) hinsichtlich der Festlegung der Gesamtsumme der Reparationen (vor allem Fortschaffung von Vermögenswerten aus Deutschland und Warenlieferungen aus der laufenden Produktion sowie Verwendung deutscher Arbeitskräfte) und hinsichtlich des Verteilungsschlüssels als einen der Vorschläge, der von der Kommission »in Erwägung gezogen« werden sollte, »den Vorschlag der sowjetischen Regierung verwenden, wonach sich die Gesamtsumme der Reparationen . . . auf 20 Milliarden Dollar belaufen und 50% hiervon an die UdSSR abgeführt werden« sollten. Da eine eindeutige Entscheidung unterblieben war, hing es von der weiteren Entwicklung des Verhältnisses zwischen den USA und der Sowjetunion ab, ob die Sowjetunion einen Teil der von ihr beanspruchten Reparationsleistungen auch außerhalb ihres Machtbereichs erhalten oder ob sie sich an den Vermögenswerten und an der Produktion ihrer Zone schadlos halten würde.

Der schon in den letzten Wochen der Präsidentschaft Roosevelts († 12. April 1945) aufbrechende Konflikt über eine Reihe europäischer Probleme ließ Stalin in der Deutschlandpolitik eigenmächtig verfahren. Am 26. März 1945 teilte sein Vertreter in der EAC mit, die sowjetische Regierung betrachte die in Jalta vereinbarte »Zerstückelung« Deutschlands nicht als feststehenden Plan, sondern nur als eine Möglichkeit, Druck auf die Deutschen auszuüben. Am Kapitulationstag (9. Mai 1945) verkündete Stalin den Kurswechsel in seiner Sieges-Proklamation vor aller Öffentlichkeit: Die Sowjetunion beabsichtige nicht, Deutschland zu zerstückeln und zu zerstören. Dessenungeachtet war schon am 30. April 1945, als die Kämpfe um Berlin noch nicht abgeschlossen waren, die Führungsspitze der kommunistischen Emigranten, die »Gruppe Ulbricht«, aus Moskau in die bisherige Reichshauptstadt entsandt worden mit dem Auftrag, zielstrebig einen Verwaltungsapparat mit kommunistischen Funktionären in den Schlüsselpositionen aufzubauen. Es entsprach Stalins Überzeugung von der entscheidenden Rolle der

Sowjetunion bei der Niederwerfung Hitler-Deutschlands, ließ aber auch Differenzen zwischen den Hauptsiegermächten erkennen, daß er auf einer Wiederholung der militärischen Kapitulation im sowjetischen Hauptquartier in Berlin-Karlshorst in der Nacht vom 8. zum 9. Mai 1945 bestand, obwohl sie am 7. Mai 1945 bereits im westalliierten Hauptquartier in Reims vollzogen worden war. Damit im Zusammenhang stehende Bemühungen, die Regierung Dönitz zu einer Übersiedlung aus dem britischen Machtbereich in Flensburg in das noch allein von der Roten Armee besetzte Berlin zu veranlassen, scheiterten. Nach der daraufhin unter sowjetischem Druck erfolgten Verhaftung dieser Regierung auf Befehl des alliierten Oberkommandierenden General Eisenhower (23. Mai 1945) erklärten die vier Hauptsiegermächte, wie erwähnt, am 5. Juni 1945 die Übernahme der »Suprema Potestas« in Deutschland innerhalb der Grenzen vom 31. Dezember 1937 und setzten die Vereinbarung über den »Kontrollrat« in Kraft.

Trotz der Anstrengungen des britischen Premierministers Churchill, die Amerikaner zu einem politischen »Ausspielen« der ihnen mit dem Vordringen ihrer Truppen bis zur Linie Wismar–Magdeburg–Leipzig–Mulde zugefallenen »Faustpfänder« in Mitteldeutschland zu veranlassen, entschied der neue amerikanische Präsident Truman zugunsten des Rückzuges der amerikanischen Truppen aus dem westlichen Teil Mecklenburgs, aus der preußischen Provinz Sachsen und Anhalt, aus Sachsen und Thüringen, obwohl sein am 14. Juni 1945 Stalin gegenüber geäußerter Wunsch nach einer Regelung des freien Zugangs der westalliierten Truppen zu den Westsektoren Berlins nur zu einer mündlichen Vereinbarung zwischen den militärischen Vertretern der Alliierten geführt hatte. Die Rote Armee folgte den sich vom 1. Juli 1945 an auf die Zonengrenzen zurückziehenden Westalliierten und räumte gleichzeitig die Westsektoren Berlins.

Durch das – sich dann auch in Trumans Rückzugsbefehl äußernde – Einlenken der amerikanischen Seite in den vorausgehenden Unterredungen zwischen Stalin und dem vom Präsidenten nach Moskau entsandten Vertrauten Roosevelts, Hopkins, vom 25. Mai bis 6. Juni 1945 konnte der »tote Punkt« in der Krise der amerikanisch-sowjetischen Beziehungen überwunden und der Weg zu einem neuen Treffen der »Großen Drei« freigemacht werden. Wie in Jalta, so überschattete auch auf der Potsdamer Konferenz (17. Juli bis 2. August 1945) das noch immer nicht absehbare Ende des Krieges im Fernen Osten die Diskussion über die europäischen Fragen und das Deutschlandproblem. Zugeständnisse hier sollten über einen Kriegseintritt der Sowjetunion gegen Japan zur Beschleunigung des

Sieges in Ostasien beitragen. (Erst der die Kapitulation Japans sofort herbeiführende Abwurf der Atombomben auf Hiroshima und Nagasaki am 6. und 8. August 1945 ließ die schon in den Monaten davor zeitweise hervortretende Tendenz in der amerikanischen Führung, von der konzessionsbereiten Konzeption Roosevelts gegenüber der Sowjetunion Abstand zu nehmen und zu einer weltpolitischen »Konfrontation« überzugehen, allmählich die Oberhand gewinnen.) Immerhin zeigte sich in der Abwendung von den »Zerstückelungs«-Plänen der Roosevelt-Administration schon in Potsdam eine veränderte amerikanische Haltung in der Deutschland-Politik. So ließ sich relativ leicht eine formale Einigung zwischen Truman, Churchill und Stalin darüber erreichen, Deutschland während der Besatzungszeit »als wirtschaftliche Einheit zu betrachten«. Zwar sollte »bis auf weiteres« keine deutsche Zentralregierung eingerichtet, jedoch unter der Überwachung durch den alliierten Kontrollrat »einige wichtige zentrale Verwaltungsstellen« auf den Gebieten des »Finanzwesens, des Transportwesens, des Verkehrswesens, des Außenhandels und der Industrie« geschaffen werden, an deren Spitze »Staatssekretäre« stehen sollten. Diese Vereinbarung ließ sich sowohl mit den »gesamtdeutschen« Tendenzen der sowjetischen Deutschlandpolitik verbinden als auch zu den Reparationsforderungen der Sowjetunion in Beziehung setzen. Zwar gelang es Stalin nicht noch einmal wie in Jalta, die amerikanische Seite zur Nennung einer Gesamtziffer wenigstens als Diskussionsgrundlage für die Beratungen der Reparationskommission in Moskau zu bewegen, die inzwischen wegen des Abrückens der Amerikaner von der in Jalta genannten Gesamtsumme im Mai in eine Krise geraten war. Aber es wurde festgelegt, daß die Sowjetunion ihre Reparationsansprüche gegenüber Deutschland zwar in der Hauptsache, jedoch nicht ausschließlich aus ihrer Besatzungszone durch Entnahmen aus der laufenden Produktion sowie aus deutschen Auslandsguthaben in einer Reihe von Ländern ihres Machtbereichs befriedigen, darüber hinaus aber auch 15% der zu Reparationszwecken beschlagnahmten »verwendungsfähigen und vollständigen industriellen Ausrüstungen« der westlichen Besatzungszonen (gegen einen Austausch vor allem von Lebensmitteln aus der sowjetischen Zone) sowie 10% der industriellen Ausrüstung aus den westlichen Zonen, »die für die deutsche Friedenswirtschaft unnötig ist«, ohne jede Gegenleistung aus ihrer Zone erhalten sollte. Die in Potsdam erstmals vorgetragene sowjetische Forderung, das Ruhrgebiet aus der Zonenaufteilung herauszunehmen und einer Viermächte-Kontrolle zu unterstellen, wurde hingegen von den Westmächten abgelehnt. Dieser Versuch eines Hinübergreifens der Sowjetunion ins Zentrum des westlichen Teils Deutschlands war allzu offenkundig. Dennoch war damit ein Thema angeschlagen, das in den Deutschland-Verhandlungen der Hauptsiegermächte bis 1947 immer wieder von sowjetischer Seite aufgegriffen wurde.

In der Frage der deutschen Ostgrenze erzielte Stalin – formal gesehen – nur einen Teilerfolg. Truman und der Nachfolger Churchills als britischer Premierminister nach dem Ausgang der Unterhauswahlen zugunsten der Labour Party (seit 27. Juli 1945), Attlee, sagten zwar in der »Mitteilung über die Dreierkonferenz« (dem sogenannten »Potsdamer Abkommen«) vom 2. August 1945 zu, bei der »bevorstehenden Friedensregelung« eine sowjetische Forderung auf Abtretung des nördlichen Ostpreußens mit Königsberg an die Sowjetunion zu unterstützen, lehnten jedoch hier wie noch deutlicher im Falle der Forderung Stalins, die Westgrenze Polens an der Oder und Neiße anzuerkennen, eine bindende völkerrechtliche Verpflichtung vor Abschluß eines Friedensvertrages mit Deutschland ab. Sie konnten lediglich für die Formulierung gewonnen werden, »daß bis zur endgültigen Festlegung der Westgrenze Polens die früher deutschen Gebiete östlich der Linie, die von der Ostsee unmittelbar westlich von Swinemünde und von dort die Oder entlang bis zur Einmündung der westlichen Neiße und die westliche Neiße entlang bis zur tschechoslowakischen Grenze verläuft, ... unter die Verwaltung des polnischen Staates kommen und in dieser Hinsicht nicht als Teil der sowjetischen Besatzungszone in Deutschland betrachtet werden sollen«. Damit war die faktisch schon mit der Übertragung der Zivilverwaltung in den deutschen Ostprovinzen von den sowjetischen Behörden auf die hauptsächlich von Kommunisten getragene Regierung Polens im März 1945 vollzogene Abtrennung der Gebiete östlich von Oder und Neiße ebenso akzeptiert wie die durch die Flucht eines erheblichen Teils, aber keineswegs – wie Stalin behauptete – fast der ganzen ostdeutschen Bevölkerung vor der Roten Armee schon vorweggenommene Vertreibung der Deutschen aus Ostmitteleuropa nunmehr offiziell von den drei Regierungschefs beschlossen worden. Es wurde dabei von der »Überführung der deutschen Bevölkerung oder Bestandteilen derselben, die in Polen, Tschechoslowakei und Ungarn zurückgeblieben sind«, gesprochen, die »in ordnungsmäßiger und humaner Weise« stattfinden sollte. Die Einbeziehung der Polen zur Verwaltung überlassenen deutschen Ostgebiete in das Vertreibungsgebiet, obwohl in der »Mitteilung« nicht erwähnt, war von den Westmächten akzeptiert worden. In die Westzonen gelangten 7,8 Millionen, in die sowjetische Zone 4,5 Millionen Menschen aus den deutschen Ostgebieten. Dort, aber auch in der Tschechoslowakei blieben noch einige hunderttausend Deutsche zurück. Eine Revision der formal als provisorisch angesehenen, jedoch durch die Vertreibung der Deutschen und durch die zunächst sporadische, später systematisierte Besiedlung der ostdeutschen Gebiete mit Polen (zum Teil aus den an die Sowjetunion abgetretenen ostpolnischen Territorien) faktisch bestätigten Lösung, d. h. eine Wendung gegen die sowjetischen Intentionen, war – ohne eine allein durch die USA zu erzwingende politische Totalkapitulation der Sowjetunion – ausgeschlossen. Dennoch wurden in dem Ringen der Hauptsiegermächte um die Gewinnung der Deutschen nach Beginn des offenen Konflikts zwischen ihnen seit September 1946 vor allem von amerikanischer Seite Möglichkeiten einer Rückgewinnung der ganzen oder eines Teils der Ostgebiete psychologisch-politisch ausgespielt und somit kaum erfüllbare Hoffnungen und Erwartungen unter den Heimatvertriebenen genährt.

Im ganzen boten die Ergebnisse der Potsdamer Konferenz eine Grundlage für die Konsolidierung der sowjetischen Herrschaft in dem von der Roten Armee eroberten Ostmitteleuropa sowie – vor allem in den Formelkompromissen in der Deutschland-Frage mit den vieldeutigen Wendungen einer »Demokratisierung«, »Dezentralisierung«, »erfolgreichen Entwicklung der demokratischen Ideen« und Vorbeuge gegen die »Wiedergeburt oder Wiederaufrichtung des deutschen Militarismus und Nazismus« – Ansatzmöglichkeiten für die sowjetische Seite, um einer unerwünschten Entwicklung in den westlichen Besatzungszonen Deutschlands entgegenzuwirken und unter Hinweis auf das »Potsdamer Abkommen« die eigene Interpretation als die allein vertragskonforme dagegen auszugeben, falls in der amerikanischen Politik die Tendenz zur »Konfrontation« gegenüber derjenigen zum Rückzug aus Europa die Oberhand gewinnen sollte. So bestanden optimale Voraussetzungen sowohl für eine sowjetische Deutschlandpolitik, die auf eine »antifaschistische« Einflußnahme in ganz Deutschland abzielte, als auch für eine solche, die auf eine ideologische und gesellschaftliche (»sozialistische«) Fundierung der Herrschaft in der eigenen, durch die Überlassung der Gebiete östlich von Oder und Neiße an Polen verkleinerten Besatzungszone gerichtet war. Welche Tendenz (die »gesamtdeutsche« oder die auf die eigene Zone konzentrierte) dominieren würde, hing vor allem von der zunächst recht unklaren Deutschlandpolitik der Westmächte ab.

Eindeutig präsentierte sich 1945/46 nur die Deutschlandpolitik Frankreichs, auch wenn die von de Gaulle geprägte Konzeption anachronistisch war. Dieser sah, von einem baldigen Rückzug der

USA überzeugt, die Zukunft Europas von einer Zusammenarbeit Frankreichs, der Sowjetunion und Großbritanniens abhängig, wobei Frankreich als Vermittler zwischen der See- und der Kontinentalmacht eine Schlüsselrolle zufallen sollte. Der auf 20 Jahre abgeschlossene französisch-sowjetische Beistandspakt vom 10. Dezember 1944 und die schließlich am 4. März 1947 zum Pakt von Dünkirchen ausgebaute »Entente cordiale« waren ebenso wie der gleichfalls für 20 Jahre abgeschlossene britisch-sowjetische Bündnisvertrag vom 26. Mai 1942 langfristige, gegen ein Wiedererstarken Deutschlands gerichtete Allianzen. Eine beträchtliche Einschränkung des deutschen Territoriums gehörte zu dieser Konzeption de Gaulles. Schon bei seinem Moskauer Besuch im Dezember 1944 hatte er die Oder-Neiße-Linie als künftige deutsche Ostgrenze bezeichnet und dabei vergeblich gehofft, daß Stalin seinerseits den Rhein als deutsche Westgrenze akzeptieren würde. Nach der Übernahme der Frankreich überlassenen Besatzungsgebiete wurden die französischen Pläne konkreter: Das südliche Rheinland und die Pfalz, der in de Gaulles Sicht sehr wichtige rechtsrheinische »Brückenkopf« um Montabaur, Südbaden, Südwürttemberg und Hohenzollern sowie das bayerische Lindau wurden als strategische »Faustpfänder« betrachtet und vom übrigen Deutschland vollkommen abgekapselt. Frankreich lehnte es ab, einen Teil der Millionen Heimatvertriebenen und Flüchtlinge aus den Ostgebieten, aus der Tschechoslowakei und Ungarn in seine Zone aufzunehmen; denn diese konnten als »gesamtdeutsche« Elemente der bewußt geförderten Eigenstaatlichkeit (Südbaden und Südwürttemberg-Hohenzollern hatten z. B. eigene »Staatspräsidenten«) nur hinderlich sein. Indessen waren die Ziele noch weiter gesteckt. Das britisch besetzte nördliche Rheinland und das Ruhrgebiet sollten einer internationalen Verwaltung mit einem Übergewicht Frankreichs unterstellt werden. Das dann noch verbleibende Rest-Deutschland sollte in der lockersten Form politisch geordnet und als »Staatenbund« von den drei europäischen Großmächten gemeinsam niedergehalten werden. An Frankreichs Veto im Kontrollrat scheiterte die Bildung von deutschen »Staatssekretariaten«, wie sie die Potsdamer Vereinbarung vorgesehen hatte, ebenso die Bildung »gesamtdeutscher« Gewerkschaften und die Schaffung von »Reichszentralen« der vier zunächst (schon im Juni 1945) in der sowjetischen Zone, seit Herbst 1945 auch in den anderen Zonen regional zugelassenen deutschen Parteien KPD, SPD, CDU, LDP.

Eine Realisierung der weitgespannten Ziele Frankreichs setzte den Rückzug der USA aus Europa und ein Desinteresse Großbritanniens am Ruhrgebiet voraus. Beides erwies sich im Laufe des Jahres

1946 endgültig als Fehlspekulation. Frankreich mußte daher auf eine politische Rückzugslinie ausweichen, nachdem mit der Schaffung des Landes Nordrhein-Westfalen im Juli 1946, nach dem Scheitern der Deutschland-Gespräche auf der Pariser Viermächtekonferenz, auf britischer Seite (mit Rückendeckung durch die USA) eine Entscheidung über die Belassung des Ruhrgebiets als Teil der britischen Zone gefallen war. Jetzt wurde das Saarland aus der französischen Besatzungszone herausgelöst und als ein wirtschaftlich an Frankreich angeschlossenes autonomes Gebiet durch Zollschranken vom übrigen Deutschland getrennt. Großbritannien und die USA waren schließlich bereit, diese Regelung als »Kompensation« zu akzeptieren, als Frankreich im Zusammenhang mit der Verkündung des Marshall-Planes 1947 aus ökonomischer Schwäche gezwungen war, sich dem inzwischen von amerikanischer Seite entwickelten »Weststaats«-Konzept in Deutschland anzuschließen und auf eine Weiterverfolgung seiner ursprünglichen Pläne zu verzichten.

Im Gegensatz zu der Zielsetzung Frankreichs war diejenige Großbritanniens zwiespältig. Die dominierende, von Außenminister Bevin repräsentierte Linie der Deutschlandpolitik der Labour Party, die nach dem überraschenden Wahlsieg im Juli 1945 die Regierung übernahm und sich nach einem schwächeren Erfolg bei den Wahlen im Februar 1950 noch behauptete, ehe sie im Oktober 1951 einem neuen konservativen Kabinett unter Churchill Platz machen mußte, unterschied sich in ihrem anti-sowjetischen Akzent kaum von der Haltung der konservativen Opposition unter Churchill, der die von Goebbels propagierte Formel vom »Eisernen Vorhang« aufgriff und in einer Rede in Fulton am 5. März 1946 für einen engen Zusammenschluß zwischen den USA und Großbritannien plädierte, um der sowjetischen Expansion in Europa erfolgreichen Widerstand leisten zu können. In ihrer Besatzungszone suchte die britische Regierung (Deutschland-Minister Hynd) ihre Politik auf ein Zusammengehen mit der SPD abzustellen, doch war in der Labour Party das Mißtrauen gegenüber den Deutschen zunächst so allgemein, daß – anders als in der sowjetischen und in der amerikanischen Zone – in der britischen Zone keine deutschen Länder gebildet wurden, sich vielmehr die Anstrengungen auf die Übertragung britischer Selbstverwaltungsprinzipien auf den unteren Ebenen konzentrierten (Doppelgleisigkeit Bürgermeister/Stadtdirektor usw.). Als Kompromiß zwischen den divergierenden Tendenzen in der Labour Party (der linke Flügel neigte zur engen Kooperation mit der Sowjetunion und selbst zu einer Internationalisierung des Ruhrgebiets) wurde Mitte 1946 die – schon erwähnte – Bildung des

Landes Nordrhein-Westfalen beschlossen, zugleich aber eine Sozialisierung der dortigen Schlüsselindustrien vorgesehen. Ferner wurde – trotz des inzwischen offen ausgebrochenen Konflikts mit der Sowjetunion – in der Reparationsfrage die bisher schon rigorose Demontage im Ruhrgebiet fortgesetzt. Diese widerspruchsvolle Haltung, die schließlich alle, Unternehmer wie Gewerkschaften, die SPD unter der energischen Führung Kurt Schumachers wie die erst 1947 vom Nachfolger Hynds, Lord Pakenham, stärker beachtete CDU, nicht zuletzt aber die USA, gegen die britische Deutschlandpolitik zusammenführen mußte, zumal da die Ernährungslage in der britischen Zone besonders kritisch war, ließ sich ebenso wie die französische Deutschlandpolitik nur so lange durchhalten, wie die amerikanische Regierung die Dinge in den deutschen Westzonen treiben ließ und aus grundsätzlichen Erwägungen noch an den Bemühungen, mit der Sowjetunion zu einer Einigung in der Deutschland-Frage zu gelangen, festhielt.

Die Motive für die Ausklammerung Deutschlands aus der schon im Herbst 1945 nach der Niederlage Japans beginnenden weltpolitischen »Konfrontations«-Strategie der USA gegenüber der Sowjetunion waren vielfältig. Sie hatten nicht zuletzt infolge der anhaltenden, durch die Enthüllungen des ganzen Ausmaßes der nationalsozialistischen Verbrechen während des Nürnberger Hauptkriegsverbrecher-Prozesses (November 1945 bis Oktober 1946) und der durch die folgenden 12 amerikanisch geleiteten Prozesse gegen Einzelorganisationen und -personen des »Dritten Reiches« verstärkten Welle des Abscheus und Entsetzens gegenüber den Deutschen innenpolitisch-psychologische Ursachen. Die in der amerikanischen Zone umfassender als in den anderen Zonen angelegte, die »Mitläufer« härter als die schwerer Belasteten treffende »Entnazifizierung« verhinderte allerdings durch die Art ihrer Handhabung den angestrebten Effekt einer »Reinigung«. Daneben spielte die 1944/45 vorgenommene Besetzung wichtiger Positionen in den für Deutschland zuständigen Instanzen in den USA sowie in der amerikanischen Militärverwaltung in Deutschland mit Anhängern eines »Karthagischen« Friedens eine wichtige Rolle. Besonderer Ausdruck dieser harten Linie in der konkreten Deutschlandpolitik war die Direktive JCS 1067 vom 26. April 1945, in der es hieß: »Deutschland wird nicht besetzt zum Zwecke seiner Befreiung, sondern als ein besiegter Feindstaat«. Die amerikanische Militärverwaltung sollte den wirtschaftlichen Wiederaufbau Deutschlands nicht fördern, sondern nur eingreifen, »um Hungersnot oder Krankheiten und Unruhen, die eine Gefährdung der amerikanischen Streitkräfte darstellen würden, vorzubeugen«. Die Folgen dieser destruktiven Weisung zeigten sich in einem permanenten Absinken des Lebensstandards in den Westzonen. Relativ war die Lebensmittelversorgung 1945–1948, vor allem während des Hungerwinters 1946/47, in der sowjetischen Zone noch am besten.

Daß die sowjetische Seite daraus keinen politischen Nutzen ziehen konnte, lag an der Leitlinie der sowjetischen Deutschlandpolitik. Sie war Stalins Zielsetzung untergeordnet, den sowjetischen Machtbereich gegenüber den amerikanisch-britischen Einflußsphären in Westeuropa möglichst weiträumig abzuschirmen. Gleichsam in Art von drei Ringen sollte das sowjetische Kernland gegenüber dem überragenden »imperialistischen« Gegenspieler USA abgeschirmt werden, durch direkte Annexionen (Baltische Staaten, Ostpolen u. a.), durch einen strukturell der Sowjetunion weitgehend, aber nicht vollständig angeglichenen »volksdemokratischen« Gürtel (zunächst: Polen, Rumänien, Bulgarien) und eine – am weitesten westlich gelegene, in der Gesellschaftsordnung auf einer Zwischenstufe zwischen Kapitalismus und »Sozialismus« zu haltende – Pufferzone, die nach Stalins Vorstellung in breiter Front von Skandinavien über Mitteleuropa bis zu Teilen des westlichen Balkans und Italien den amerikanisch-britischen vom sowjetischen Machtbereich trennen sollte. Die Verwirklichung dieser Konzeption, soweit sie die Pufferzone betraf, setzte die permanente Niederhaltung des verkleinerten Deutschlands durch die Hauptsiegermächte voraus. Gingen die USA nicht darauf ein – und ihre Reaktion auf die sowjetischen Vorstöße zur Viermächte-Kontrolle des Ruhrgebiets als der »ökonomischen Basis« Deutschlands stellte den Test dafür dar –, bot sich eine Alternative zu einem voll in den »imperialistischen« Machtbereich eingegliederten, von den USA beherrschten Westdeutschland an: ein – bestimmten militärischen und ökonomischen Auflagen unterworfenes – verkleinertes, im Osten und Süden (Einbeziehung der Tschechoslowakei und Ungarns in den »volksdemokratischen« Gürtel) von der Roten Armee umklammertes, jedoch aus den sich formierenden Blöcken in Ost und West ausgespartes Gesamtdeutschland von der Oder und Neiße bis zur Westgrenze. Nur wenn Westdeutschlands Integration in den amerikanischen Machtbereich nicht verhindert werden konnte, blieb als letzte – und ungünstigste – Lösung die Einbeziehung der sowjetischen Zone in den »volksdemokratischen« Gürtel und damit eine unmittelbare machtpolitische »Konfrontation« sowie eine »Konkurrenz«-Situation zwischen den beiden ideologischen und gesellschaftlichen »Systemen« auf deutschem Boden. Diese – etwas vereinfachte und schematisierte – Gegenüberstellung der verschiedenen Möglichkeiten, die als Varianten der sowjetischen Deutschlandpolitik bis 1955 eine Rolle spielten, ehe die Nachfolger Stalins das Experimentieren einstellten, verdeutlicht die Lage Deutschlands zwischen Ost und West, die von 1945 bis Ende 1947 noch als relativ offen anzusehen war. Der Primat des strategisch bestimmten Konzepts der sowjetischen Deutschlandpolitik, das die Vertreibung der Deutschen aus den Ostgebieten zwecks Bildung der kürzestmöglichen Grenze zwischen Deutschen und Slawen einschloß, erwies sich ebenso als schwere Vorbelastung für eine Gewinnung der Deutschen für die »gesamtdeutschen« Varianten der sowjetischen Deutschlandpolitik wie ihre rigorose Haltung in der Reparationsfrage, die faktisch zu einer Ausplünderung der sowjetischen Zone führte. Es war folglich zu erwarten, daß bei einem Abbau der anfänglich harten deutschfeindlichen Maßnahmen der amerikanischen Besatzungsmacht angesichts der sozialen Ähnlichkeit zwischen den USA und Westdeutschland und bei einem Ausspielen der ökonomischen Überlegenheit Amerikas sowie der demokratischen Freiheitsideale gegen den sowjetischen Totalitarismus das Gros der Deutschen für die USA zu gewinnen war, während selbst das anfangs noch relativ gemäßigt, in »anti-faschistischen« Formen unter Duldung bürgerlich-liberaler Tendenzen auftretende Regime in der sowjetischen Zone als Fremdherrschaft angesehen wurde. Der Schrecken, den die Rote Armee bei ihrem Einmarsch in Ostdeutschland verbreitet hatte, wirkte – abgesehen von der ohnehin seit der Weimarer Republik, verstärkt durch die nationalsozialistische Propaganda, fortbestehenden anti-kommunistischen Grundstimmung – so nachhaltig abstoßend, daß selbst die anfangs rein destruktive Deutschlandpolitik der westlichen Besatzungsmächte keine Tendenz zur Anlehnung an die östliche Führungsmacht unter den Deutschen auszulösen vermochte.

Das im Oktober 1944 in Moskau von Vertretern des ZK der KPdSU und der Exil-KPD in Moskau ausgearbeitete »Aktionsprogramm des Blocks der kämpferischen Demokratie«, das u. a. eine »demokratische Bodenreform«, eine Sozialisierung der Schlüsselindustrien, eine »Wiederherstellung des freien, gleichen, geheimen und direkten Wahlrechts für alle staatlichen und kommunalen Organe auf Grund des Verhältniswahlrechts« sowie die »Schaffung der Einheit der Arbeiterklasse« vorsah, wurde nach der Kapitulation nur partiell verwirklicht. Dem von der wiedergegründeten SPD der sowjetischen Zone vorgetragenen Wunsch nach sofortigem Zusammenschluß mit der KPD zu einer einheitlichen Arbeiterpartei wurde von der KPD-Führung auf Weisung der sowjetischen Militäradministration (SMAD) widersprochen, da ein solcher Alleingang in einer Zone »gesamtdeutsche« Möglichkeiten verschüttet hätte. Auf diese legte innerhalb der SMAD besonders W. Semjonow großen Wert, während sein Gegenspieler Oberst Tulpanow eine Politik der »faits accomplis« in der eigenen Zone befürwortete, um in der als unvermeidlich angesehenen »Konfrontation« mit den Westmächten die Initiative zu ergreifen.

Das allmählich stärker werdende Übergewicht Tulpanows innerhalb der SMAD hing mit der Zug um Zug härteren Diskussion zwischen den Großmächten auf den Außenministerkonferenzen der Jahre 1946/47 und mit den teils davon ausgehenden, teils sie nur widerspiegelnden weltpolitischen Gegensätzen zwischen Ost und West zusammen. Auf der ersten Außenministerkonferenz, in London im September 1945, beharrte Frankreich auf seinem Einspruch gegen die Einrichtung deutscher Zentralbehörden, so daß das Kernproblem, ob die sowjetischen und die amerikanischen Zielvorstellungen in der Deutschlandpolitik miteinander vereinbar waren, noch weitgehend verdeckt blieb. Auf der zweiten Konferenz, in Moskau im Dezember 1945, präzisierte der amerikanische Außenminister Byrnes seinen schon in London vorgetragenen Vorschlag, Deutschland für 25 Jahre gemeinsam zu besetzen, vollständig zu entmilitarisieren und zu »neutralisieren«; doch verhinderten die breite Erörterung der im Fernen Osten und in Südosteuropa bereits offen ausgebrochenen Spannungen zwischen den beiden Weltmächten, die durch das Bestreben der USA ausgelöst worden waren, in den von Roosevelt der Sowjetunion zugestandenen »Einflußsphären« gewisse Positionen zurückzugewinnen, und das dadurch verstärkte Mißtrauen der sowjetischen Seite eine sachliche Diskussion des amerikanischen Deutschlandplans. Als Teil-»Antwort« auf den weltpolitischen Druck der USA (u. a. erzwungene Räumung Nord-Irans durch die sowjetischen Truppen im März 1946), aus der deutschen Perspektive hingegen politisch offensiv deutbar, forcierte die sowjetische Regierung in einer abrupten Kehrtwendung nach den für die kommunistischen Parteien Ungarns und Österreichs enttäuschend verlaufenen Wahlen im Herbst 1945 in ihrer Zone den Zusammenschluß von KPD und SPD und – der Intention nach (tatsächlich blieb hier die SPD neben der SED bestehen) – auch in Groß-Berlin am 22. April 1946. Die Zwangsvereinigung zur SED schuf angesichts der scharfen Ablehnung dieser Entscheidung durch den Führer der SPD in den Westzonen, Schumacher, ein erstes schwerwiegendes Hindernis für eine gemeinsame Gestaltung Gesamtdeutschlands durch die Besatzungsmächte und die sich regenden deutschen politischen Kräfte. Die im Herbst 1945 durchgeführte Bodenreform (entschädigungslose Enteignung aller landwirtschaftlichen Betriebe über 100 ha) und die

Sozialisierung der Schlüsselindustrien in der sowjetischen Zone hatten in der Sicht der meisten Deutschen noch keine ernstere Belastung bedeutet, zumal da auch die übrigen Parteien – mit Ausnahme der LDP – in ihren Programmen eine Sozialisierung der Schlüsselindustrien und eine Bodenreform in ganz Deutschland forderten. Erst die Gründung der SED bildete eine Zäsur, die einen tiefen Graben zwischen den politischen Kräften in Nachkriegsdeutschland, zunächst vor allem zwischen SED und SPD, aufwarf. Dieser Beginn eines Eigenweges in der sowjetischen Zone wirkte mit auf den Entschluß des stellvertretenden amerikanischen Militärgouverneurs General Clay ein, die Demontage in der US-Zone und die Reparationslieferungen aus den Westzonen an die Sowjetunion am 3. Mai 1946 »zeitweilig« einzustellen. Diese waren gerade erst auf Grund des »Plans für Reparationen und den Nachkriegsstand der deutschen Wirtschaft in Übereinstimmung mit dem Potsdamer Abkommen« am 26. März 1946 angelaufen. Als Begründung für seinen Schritt gab Clay an, daß zunächst erst wieder »die Vorschriften über die Behandlung Deutschlands als wirtschaftliche Einheit« von der sowjetischen Seite beachtet werden müßten. Dahinter steckte der auch in der amerikanischen Öffentlichkeit erhobene Vorwurf, daß das Ausbleiben von Lebensmittellieferungen aus der sowjetischen Zone die Amerikaner zwinge, ihre Zone mit Lebensmitteln zu beliefern, so daß im Endeffekt die amerikanischen Steuerzahler die Reparationen aus der amerikanischen Zone an die Sowjetunion leisteten.

Unter solchen Vorbedingungen waren die Chancen, für die Lösung des Deutschlandproblems auf der hauptsächlich der Vorbereitung der Friedensverträge mit den europäischen Verbündeten Hitler-Deutschlands dienenden Außenminister-Konferenz in Paris im Juni/Juli 1946 eine gemeinsame Basis zu finden, äußerst gering. Der sowjetische Außenminister Molotow beantwortete den Byrnes-Plan mit einem eigenen Vorschlag, in dem eine 40jährige Besetzung Deutschlands gefordert, statt des von den Amerikanern gewünschten föderativen Aufbaus Deutschlands ein zentralistisch organisierter Einheitsstaat vorgesehen wurde (obwohl die SMAD zuvor selbst fünf Länder in ihrer Zone eingerichtet hatte, die als Teile eines föderal gegliederten Deutschland galten) und in dem als Vorbedingung für die Errichtung dieses deutschen Einheitsstaates eine »Demokratisierung« nach dem Vorbild der sowjetischen Zone genannt war. Ferner wurden die Entnahme der Reparationen ausschließlich aus der laufenden Produktion der eigenen Zone bis zu dem – stets als allgemein akzeptiert unterstellten – Wert von 10 Milliarden Dollar sowie erneut eine Viermächteverwaltung für

das Ruhrgebiet gefordert. Damit hatte offensichtlich die Sowjetunion unter dem Eindruck des weltpolitischen Umschwungs ihre
Deutschland-Konzeption verhärtet. Die Außenminister der USA
und Großbritanniens, Byrnes und Bevin, lehnten Molotows Vorschlag eindeutig ab; Byrnes kündigte eine Antwort »an anderer
Stelle« an. Sie wurde in seiner Stuttgarter Rede vom 5. September
1946 vor den Repräsentanten der Länder der amerikanischen Zone
abgegeben. Unmittelbar voraus ging – nach Ablehnung eines amerikanischen Antrags im Kontrollrat durch die Vertreter der Sowjetunion und Frankreichs, sofort die in Potsdam vorgesehenen fünf
deutschen Zentralinstanzen zu schaffen –, am 4. September eine
Vereinbarung zwischen den Militärgouverneuren der USA und
Großbritanniens, ihre Zonen wirtschaftlich zu einer »Bi-Zone«
zusammenzufassen und unter der Kontrolle der beiden Militär-
regierungen einen »Zweizonen-Wirtschaftsrat« mit Sitz in Frankfurt a. M. unter Oberdirektor Pünder zu bilden (Inkrafttreten am
1. Januar 1947). Das Wichtigste an der Byrnes-Rede war, daß hier
erstmals von amerikanischer Seite die Deutschen selbst angespro-
chen wurden; ein werbender Ton durchzog die Rede. Zum ersten
Mal lehnte ein amerikanischer Staatsmann öffentlich die Abtrennung des Ruhrgebietes und der linksrheinischen Territorien von
Deutschland ab, sprach sich jedoch für eine Regelung der Saarfrage
im französischen Sinne aus. Hinsichtlich des Ruhrpotentials wies
Byrnes auf das Ziel einer internationalen Kontrolle der Kohle- und
Stahlproduktion hin und öffnete so den Weg zum späteren »Ruhr-
statut«. Im übrigen betonte er den provisorischen Charakter der
Oder-Neiße-Linie. (Molotow antwortete wenige Tage später hierauf in einem Interview, daß die Grenzregelung endgültig sei, und
die SED, die bisher eine andere Haltung vertreten hatte, schwenkte
jetzt auf den sowjetischen Kurs ein. Am 6. Juli 1950 wurde von ihr
im »Görlitzer Abkommen« die Oder-Neiße-Linie als »Friedens-
grenze« anerkannt). Byrnes betonte in seiner Rede, daß die USA
nicht an einen machtpolitisch-militärischen Rückzug aus Europa
dächten, und bekundete den Willen seiner Regierung, von der amerikanischen Zone ausgehend, ein föderatives Deutschland aufzubauen. Der später zur »Magnet-Theorie« entwickelte Gedanke,
daß sich diesem »Kern« Deutschlands, wenn er nur entsprechend
attraktiv ausgestaltet würde, nach und nach die übrigen Gebiete an-
schließen würden, wurde hierbei erstmals ausgesprochen.
Die Ablösung Byrnes' durch den Generalstabschef des Zweiten
Weltkrieges, George C. Marshall, Anfang Januar 1947 mußte als
Zeichen für eine noch konsequentere amerikanische Deutschlandpolitik gedeutet werden. Nach dem Fehlschlag seiner Vermitt-

lungs-Mission in China, der seiner Auffassung nach den Verlust des chinesischen Marktes an den Kommunismus bereits als unvermeidbar einschloß, galt es um so mehr, die Position der USA in Europa zu halten und auszubauen. Unter Marshall entwickelte die amerikanische Politik in den ersten Monaten 1947 eine Reihe von Initiativen, die insgesamt dazu dienten, im Sinne der vom amerikanischen Botschafter in Moskau, G. F. Kennan, entwickelten Konzeption der »Eindämmung« (Containment) ein weiteres Vordringen des Kommunismus in Europa auszuschließen und eine Wendung zugunsten »des Westens« vorzubereiten. Die Verkündung der »Truman-Doktrin« zum Schutze Griechenlands und der Türkei am 12. März 1947 war ein wichtiger Schritt in diesem Zusammenhang.

In der damit erneut verhärteten Situation erläuterte Molotow während der Moskauer Außenministerkonferenz im März/April 1947 die Grundzüge einer gemeinsamen Deutschlandpolitik, die sich in den Rahmen des Pufferzonen-Konzepts Stalins einfügte. Dieses Programm sah als erstes eine Festlegung des internationalen Status des um seine Ostgebiete verkleinerten Deutschlands unter langfristiger Kontrolle durch die Siegermächte vor, danach erst eine Prozedur, die über Wahlen zu einer gesamtdeutschen Regierung führen sollte, die dann nicht mehr in der Lage war, sich eindeutig nach Westen hin zu orientieren. Im einzelnen sah der Vorschlag, der von den Westmächten aus Mißtrauen gegen sowjetische Obstruktion und Manipulation abgelehnt, von der sowjetischen Seite in den folgenden Jahren jedoch in Variationen ständig wiederholt wurde, vor: 1. Bildung zentraler deutscher Verwaltungsstellen, wie in Potsdam beschlossen; 2. Verkündung einer provisorischen Verfassung, die vom Kontrollrat unter Hinzuziehung deutscher Repräsentanten ausgearbeitet werden sollte (die dabei verwendete Formel von der Mitwirkung »antifaschistischer Organisationen« war für die amerikanische Seite zu diesem Zeitpunkt bereits unannehmbar, während Bevin sie noch akzeptierte); 3. sollten dann Wahlen stattfinden; 4. eine provisorische deutsche Regierung gebildet und 5. die Verfassung vom Volk angenommen werden. Im Grundsätzlichen ging es bei dieser Reihenfolge darum, eine bei einer freien Entscheidung der gesamtdeutschen Regierung mit Sicherheit zu erwartende, wie immer auch verklausulierte pro-westliche und anti-sowjetische Orientierung auszuschließen, während umgekehrt auf amerikanischer Seite mit dem Beharren auf »freien Wahlen« als erstem Schritt eben diese nachfolgende Entscheidung Gesamtdeutschlands vorausgesetzt wurde. Außer über die bereits am 25. Februar 1947 vom Kontrollrat verkündete Auflösung des Staates Preußen konnten sich die Außenminister auf der Moskauer Konferenz nicht einigen.

Nunmehr ging die US-Regierung zu einer politisch-ökonomischen Offensive großen Stils in Europa über. In einer Rede vor der Harvard University präzisierte Marshall am 5. Juni 1947 den schon im März/April von Truman angedeuteten Plan für ein europäisches Wiederaufbauprogramm (»European Recovery Program« – ERP), in das auch Deutschland einbezogen werden sollte. Bedingung war, daß sich die europäischen Länder verpflichteten, zum »gemeinsamen europäischen Wohl« beizutragen und hierfür auf der Basis einer »kontrollierbaren Bestandsaufnahme ihres Potentials« konkrete Pläne auszuarbeiten. Mit anderen Worten: Die amerikanische Führung sollte bei diesem Wiederaufbauprogramm anerkannt werden. So stand von Anfang an fest, daß Stalin den Plan ablehnen würde. Zugleich entschied sich im Für und Wider des Marshall-Plans das Schicksal der bisher von ihm anvisierten breiten zentraleuropäischen Pufferzone. Ihre Einbeziehung in den Marshall-Plan hätte die Sonderstellung dieser Länder als am weitesten nach Westen vorgeschobener Sicherheitsbereich der Sowjetunion beseitigt. Daher wurden die Tschechoslowakei und Ungarn von Stalin gezwungen, den Marshall-Plan abzulehnen, so wie sich andererseits die Regierungen Frankreichs und Italiens unter amerikanischem Einfluß von den sie bisher mittragenden Kommunisten trennten, um eine klare Westorientierung ihrer Staaten zu erreichen. Die Einbeziehung der Westzonen Deutschlands implizierte im Grunde bereits eine »Weststaats«-Lösung, d. h. eine Hinnahme der Spaltung Deutschlands auf unabsehbare Zeit. Während die SMAD auf den Marshall-Plan am 14. Juli 1947 mit der Einrichtung einer »Deutschen Wirtschaftskommission« (DWK) mit fünf deutschen Zentralinstanzen – jetzt nur für die sowjetische Zone – antwortete und somit ihrerseits mit der Bildung eines deutschen Kernstaates begann, wurde von General Clay am 15. Juli 1947 die (faktisch schon außer Kraft gesetzte) Weisung JCS 1067 vom 26. April 1945 offiziell aufgehoben und durch eine konstruktive Grundlinie der amerikanischen Besatzungspolitik ersetzt, so daß die fundamentale Voraussetzung für eine Wiederbelebung der westdeutschen Wirtschaft und zur Überwindung der katastrophalen Ernährungssituation, des Flüchtlingselends und der Wohnungsnot in den zerstörten Städten nunmehr gegeben war. Die Kehrseite der von amerikanischer und sowjetischer Seite eingeleiteten Deutschlandpolitik trat indessen schon bei dem Scheitern der vom bayerischen Ministerpräsidenten Ehard initiierten Konferenz der Ministerpräsidenten aller deutschen Länder am 6./7. Juni 1947 in München schlagartig zutage. Eine »gesamtdeutsche« Repräsentanz entsprach nicht mehr den Interessen der amerikanischen und nur unter bestimmten Bedingungen denen der sowjetischen Besatzungsmacht.

Nur eine allzu schmale »Brücke« hatte Marshall dem sowjetischen Gegenspieler gelassen, als er noch einmal Verhandlungen über das Reparationsproblem anbot, obwohl bei der amerikanischen Administration die »Weststaats«-Pläne schon Gestalt annahmen. Auf der Londoner Außenministerkonferenz (25. November bis 15. Dezember 1947) sprach Molotow daher von einem neuen »imperialistischen Krieg«, der gegen die Sowjetunion vorbereitet werde. Die Hinweise von Marshall und Bevin, daß die schlesischen Industriegebiete auch zu Deutschland gehörten und in das Kontrollsystem für Deutschland zwecks Berechnung der Reparationen einbezogen werden müßten, konnten unter den gegebenen Umständen ebenso wie die Forderung, die sowjetische Zone an die Bi-Zone anzuschließen, auf sowjetischer Seite als Versuch aufgefaßt werden, die amerikanische Kontrolle weit nach Osten vorzuschieben. Die harte Sprache Marshalls, der die Konferenz abrupt abbrach, machte den Wendepunkt in der amerikanischen Deutschlandpolitik unübersehbar. Die amerikanische Regierung war nunmehr entschlossen, die »Weststaats«-Lösung zu verwirklichen und hierfür die Deutschen in den Westzonen durch Lockungen, aber auch durch Drohungen zu gewinnen.

Wie waren die Aussichten hierfür? Unmittelbar nach der Kapitulation (1945/46) gab es nur kleine, zudem vielfach voneinander isolierte Zirkel, die sich Gedanken über die politische Zukunft Deutschlands machten. Die meisten Deutschen waren mit Existenzsorgen überlastet. Zudem wußte niemand, wie nach den zwölf Jahren nationalsozialistischer Herrschaft die parteipolitische Kräfteverteilung bei ersten freien Wahlen sein würde. Die Frage, ob die restaurierten oder die neugegründeten Parteien (wie die CDU bzw. in Bayern die CSU, in denen sich unter bewußter Absage an die Tradition des Zentrums bzw. der BVP vor 1933 neben früheren Repräsentanten dieser Parteien ehemalige Anhänger der DVP, der DDP, des »Christlichen Volksdienstes« und der DNVP aus beiden großen christlichen Konfessionen zusammenschlossen) überhaupt größeren Anklang finden würden, war völlig offen. Daher kam in der Situation von 1945 bis 1947/48 auch solchen Gruppen in der politischen Diskussion über die Deutschland-Frage eine beträchtliche Bedeutung zu, die später, nach der Klärung in den ersten Wahlen, keine größere Rolle mehr spielten. Im großen und ganzen bestimmten drei Möglichkeiten – jeweils mit z. T. erheblichen Modifikationen – die Erörterungen über den künftigen Weg Deutschlands: der Gedanke einer einseitigen Ostorientierung, die Konzeption der »Blockfreiheit« eines verkleinerten Gesamtdeutschlands und eine enge Bindung Deutschlands an den Westen. Abgesehen von dem Sonderfall des Saarlandes gab es nach 1945 keine nennenswerten separatistischen Tendenzen in Deutschland. Die Einheit des Deutschen Reiches über die Katastrophe von 1945 hinweg war teils unbestrittene Voraussetzung für die Zukunftserwartungen der politischen Gruppen, teils das große wieder zu erreichende Ziel, je nachdem, ob man die Teilung bereits als gegeben ansah oder von der Vorstellung einer – auch durch das »Potsdamer Abkommen« bestätigten – fortdauernden Einheit Deutschlands ausging.

Die wichtigsten Anhänger einer künftigen Ostorientierung Deutschlands waren – von Einzelpersönlichkeiten wie dem früheren deutschen Botschafter in Moskau, Nadolny, abgesehen – die KPD und die SPD-Führung in der sowjetischen Zone, die mit dieser Zielvorstellung anfangs auch auf eine erhebliche Anhängerschaft in der SPD West- und Süddeutschlands verweisen konnte, jedoch in der Parteizentrale in Hannover unter Kurt Schumacher einen erbitterten Gegner hatte. Die Ostorientierung der KPD unter Wilhelm Pieck und Walter Ulbricht wurde zunächst rein außenpolitisch begründet, da im Gründungsaufruf der KPD vom 11. Juni 1945 ausdrücklich die »Auffassung«, »Deutschland das Sowjetsystem aufzuzwingen«, als »falsch« bezeichnet wurde; statt dessen wurde die »Aufrichtung eines antifaschistischen, demokratischen Regimes, einer parlamentarisch-demokratischen Republik mit allen demokratischen Rechten und Freiheiten für das Volk« als Ziel »in der gegenwärtigen Lage« bezeichnet. Zwar wurde eine »Enteignung des gesamten Vermögens der Nazibonzen und Kriegsverbrecher« sowie die »Liquidierung des Großgrundbesitzes« gefordert, doch zugleich – ein singulärer Fall bei einer kommunistischen Partei – »völlig ungehinderte Entfaltung des freien Handels und der privaten Unternehmerinitiative auf der Grundlage des Privateigentums« proklamiert. Verglichen damit wirkte die Zielsetzung der SPD in ihrem Berliner Gründungsaufruf vom 15. Juni 1945 viel radikaler. Neben der Forderung nach Verstaatlichung weiter Teile der in Privathand befindlichen Produktionsmittel wurde eine schnelle Vereinigung mit der KPD zu einer »einheitlichen Arbeiterpartei«, die die »Führung in Deutschland« übernehmen müsse, als Ziel verkündet. Der Führer der SPD in der sowjetischen Zone, Otto Grotewohl, sprach in den ersten Monaten nach der Katastrophe des »Dritten Reiches« wiederholt davon, daß an die Stelle einer Schaukelpolitik zwischen Ost und West eine klare Entscheidung für eine Anlehnung Deutschlands an die Sowjetunion treten müsse.

Erst die ablehnende Haltung der SMAD veranlaßte Grotewohl, stärker das Eigenprofil seiner Partei gegenüber der KPD und der sowjetischen Politik zu betonen, bis – wie erwähnt – die plötzliche Schwenkung der Sowjetführung in dieser Frage ihn im Frühjahr 1946 zu der unter den veränderten Bedingungen nun nicht mehr gewünschten Vereinigung mit der KPD zwang.

Im großen weitaus wichtiger als die Vertreter der einseitigen Ostorientierung Deutschlands waren die politischen Kräfte, die die Konzeption einer »Blockfreiheit«, einer »Brücken«-Funktion Deutschlands oder die seiner »Neutralisierung« vertraten, weil diese Position am meisten der deutschen Tradition des »Eigenwegs« zwischen West und Ost entsprach. Es lag zudem auf der Hand, gerade wenn man die sowjetische Zielsetzung berücksichtigt (nicht eine – als unmöglich erkannte – Einbeziehung Gesamtdeutschlands in den »volksdemokratischen« Gürtel, sondern seine Einfügung in die Pufferzone anzustreben), daß die Entscheidung über den künftigen Weg Deutschlands im internationalen Felde (aber, weil damit unlösbar verknüpft, auch hinsichtlich der gesellschaftlichen Ordnung und der ideologischen Orientierung) nicht im sozialistisch-kommunistischen, sondern im »bürgerlichen« Lager der Deutschen fallen mußte, und zwar zwischen den Anhängern einer Konzeption der »Blockfreiheit« und denjenigen, die für eine eindeutige – traditionslose – Westorientierung eintraten. Das Ringen zwischen diesen beiden Richtungen dauerte über die erste Bundestagswahl 1949 hinweg bis zur zweiten Bundestagswahl 1953. Erst mit dieser wichtigsten innerdeutschen Entscheidung seit 1945 überhaupt stand fest, daß sich innerhalb der »bürgerlichen« Wähler die auf eine Westbindung Deutschlands abzielenden Kräfte voll durchgesetzt hatten und daß die Vertreter des »Blockfreiheits«- oder »Brücken«-Konzepts keinen nennenswerten Rückhalt mehr besaßen. Zu der Entscheidung für die Westorientierung aber hat die SPD in den Westzonen unter Führung Schumachers wesentlich beigetragen.

Anfangs, in den Jahren 1945–1947, waren allerdings die Repräsentanten der »Blockfreiheits«- und »Brücken«-Konzeption keineswegs als unbedeutende Gruppe im Spiel der Kräfte zu betrachten, vielmehr wurden sie allseits, von den Besatzungsmächten wie von ihren deutschen Gegnern, sehr ernst genommen. Die wichtigsten Exponenten dieser Konzeption waren der Vorsitzende der CDU in der sowjetischen Zone, Jakob Kaiser, und der Würzburger Historiker Ulrich Noack mit seinem »Nauheimer Kreis«. In den Jahren 1946/47 fand innerhalb der CDU zwischen Kaiser und seinem Gegenspieler, dem ehemaligen Kölner Oberbürgermeister (1919 bis

1933 sowie 1945 für kurze Zeit bis zu seiner Entlassung durch die britische Besatzungsmacht) Konrad Adenauer, der in der rheinischen CDU eine Schlüsselstellung gewonnen hatte, ein zähes Ringen um die Zielsetzung der damals nur als »Arbeitsgemeinschaft« locker zusammengeschlossenen Gesamt-CDU statt. Kaiser sah es im Interesse der Erhaltung der deutschen Einheit, aber auch der Bewahrung des Weltfriedens als Aufgabe der deutschen Politiker an, ausgleichend zwischen den Besatzungsmächten zu wirken und der Versuchung zu widerstehen, eine gegen die andere auszuspielen, weil dies nur zur Zerreißung Deutschlands führen würde. Während Kaiser mit dieser deutschlandpolitischen Seite seines Konzepts der SMAD durchaus entgegenkam, erweckte sein als »christlicher Sozialismus« bezeichnetes gesellschaftspolitisches Programm Mißtrauen. Als Vertreter der früheren christlichen Gewerkschaften, als Widerstandskämpfer Seite an Seite mit sozialdemokratischen Gewerkschaftern in der Zeit des »Dritten Reiches« und als Mitglied der in der sowjetischen Zone gegründeten Einheitsgewerkschaft FDGB bekannte sich Kaiser in Reden und Schriften der Jahre 1946/47 zwar immer wieder zur »sozialistischen Ordnung«, zur »sozialistischen Tat«, wandte sich jedoch gegen eine Gleichsetzung von Sozialismus und Marxismus und stellte dem »kollektivistischen« Sozialismus einen »personalistischen« entgegen. Kaiser erkannte nicht, daß dieses Konzept, das gleichsam auf ein permanentes Ringen zwischen Christentum und Marxismus um jeden Arbeiter hinauslief, für die Sowjets aus prinzipiellen Gründen noch weniger akzeptabel war als ein – zeitbedingtes – Festhalten an der bürgerlich-kapitalistischen Ordnung. Für Kaiser stellte jedoch der »christliche Sozialismus« eine Abgrenzung sowohl gegenüber der gesellschaftlichen Ordnung der Sowjetunion als auch der »des Westens« dar. Deutschlands »Brücken«-Funktion ging für ihn weit über den machtpolitischen Aspekt hinaus. Kaisers Scheitern war besiegelt, als die SMAD nach dem Abbruch der Londoner Außenministerkonferenz im Dezember 1947 seinem Wirken als CDU-Vorsitzendem in ihrer Zone durch seine Absetzung ein Ende bereitete.

Auf andere Weise übernahm etwa zu der Zeit, als Kaiser in den westlichen Machtbereich ausweichen mußte, der »Nauheimer Kreis« die gleiche Aufgabe: für die Erhaltung von Deutschlands Einheit zu wirken. Im Gegensatz zu Kaiser ging Noack, der kein eigenes gesellschaftspolitisches Konzept besaß, sondern ein bis zur Oder-Neiße-Linie beschränktes Deutschland bürgerlich-liberaler Prägung als Ziel vor Augen hatte, von der bereits vollzogenen »Konfrontation« der Hauptmächte in Ost und West aus, meinte jedoch, beide Seiten – gerade auch in ihrem eigenen Interesse – für eine »Ausklammerung« Deutschlands aus den sich formierenden »Blöcken«, für eine »Neutralisierung« (Rückzug der Roten Armee hinter Oder und Neiße, der westlichen Streitkräfte hinter die deutsche Westgrenze) gewinnen zu können, um die Gefahr eines kriegerischen Zusammenstoßes zwischen ihnen in Mitteleuropa zu verringern. Noack erkannte, daß nur eine vorausgehende Einigung der Mächte in Ost und West über den – keine Seite begünstigenden – militärischen Status und über das – zu begrenzende – ökonomische Potential Deutschlands den Weg für »freie Wahlen«, für eine gesamtdeutsche Regierung und damit für die Bewahrung der deutschen Einheit öffnen würde. Es stellte sich jedoch heraus, daß weder die amerikanische Seite bereit war, ihr »Weststaats«-Programm aufzugeben, noch die Sowjetunion ihr rigoroses Ausplünderungsverfahren bei der Reparationsentnahme aus ihrer Zone einstellen wollte. (Erst nach Stalins Tod, als der Wettlauf mit den Amerikanern um die Gewinnung der Deutschen längst verloren war, wurden 1954 die Reparationslieferungen aus Mitteldeutschland offiziell beendet.)

Das Scheitern von Kaiser und Noack, später (1952/53) von G. Heinemanns »Gesamtdeutscher Volkspartei« (GVP), legte die Frage nahe, warum alle diese Gruppen nicht zu einem Bündnis mit dem »demokratischen Sozialismus« der SPD gelangten, die gesellschaftspolitisch eine Art »dritten Weg« zwischen Kapitalismus und Kommunismus anstrebte. Tatsächlich ist die unbedingte Absage an jede »Neutralisierung« Deutschlands und gegen die als expansionistische und imperialistische Großmacht verstandene Sowjetunion von der überragenden Persönlichkeit der Westzonen-SPD, Kurt Schumacher, früher und eindeutiger ausgesprochen worden als von den Repräsentanten der »bürgerlichen« Parteien, die für eine Westorientierung plädierten. Schumacher, der die längste Zeit des »Dritten Reiches« in Konzentrationslagern gelitten hatte, war davon durchdrungen, daß nach dem Versagen sowohl aller »bürgerlichen« Kräfte in Deutschland als auch der Moskau-hörigen KPD allein die SPD moralisch dazu legitimiert sei, das neue Deutschland zu gestalten. Es war sein Ziel, das Deutsche Reich in den Grenzen von 1937 auf der Grundlage des »demokratischen Sozialismus« unter Überwindung der Schlacken des durch das »Dritte Reich« diskreditierten kapitalistischen Systems und unter Hinauswurf der als Agenten Moskaus betrachteten Kommunisten in den Kreis der sich seiner Auffassung nach unter gleichen Prinzipien neu gestaltenden europäischen Länder mit Großbritannien als Primus inter pares einzufügen. Kaisers »Brücken«-Konzept betrachtete Schumacher schlichtweg als »Unsinn«. Die konkrete Deutschland-Zielsetzung des Vorsitzenden der Westzonen-SPD machte unter dem Eindruck, daß nicht – wie erwartet – Großbritannien, sondern die USA und die Sowjetunion die entscheidenden Mächte der Nachkriegszeit wurden, eine gewisse Wandlung durch. Aufgrund der bereits erfolgten geistig-politischen Westorientierung war er nun auch zu machtpolitischen und militärischen Konsequenzen zugunsten der USA bereit. Die »Weststaats«-Lösung erkannte er schließlich als unvermeidbar an, wollte diesen »Weststaat« jedoch nur als Kern des völkerrechtlich fortbestehenden Deutschen Reiches akzeptieren und verlangte auch in militärischer Hinsicht volle Souveränität und Gleichberechtigung für diesen deutschen Kernstaat als Vorbedingung für ein deutsches Mitwirken im »Westblock«. Bedeutete dies ein Verkennen der Realitäten, da auch die Westmächte, vor allem Frankreich, dem deutschen »Weststaat« nur ein schrittweises Entgegenkommen gleichsam auf Bewährung zu erweisen bereit waren, so brachte das seit 1947 im Zuge des Marshall-Plans immer fühlbarere ökonomische Übergewicht der USA zugleich das Ende aller Hoffnungen auf eine soziale Umgestaltung wenigstens Westdeutschlands im Sinne des »demokratischen Sozialismus«, wie sie ansatzweise in bestimmten Verfassungsartikeln der Länder Hessen und Nordrhein-Westfalen über die Sozialisierung von Schlüsselindustrien immerhin programmatischen Ausdruck gefunden hatten. Die Suspendierung der entsprechenden Artikel durch die amerikanische bzw. – unter ihrem Einfluß – die britische Militärregierung zeigte an, daß die USA an der Aufrechterhaltung und Wiederbelebung einer auf privat-kapitalistischer Grundlage ruhenden Wirtschaftsordnung in Westdeutschland vitales Interesse hatten. Indem Schumacher dessenungeachtet an dem Ziel einer Umwandlung der gesellschaftlichen Struktur festhielt, gerieten er und die SPD der Westzonen in einen immer stärkeren Gegensatz zur führenden Besatzungsmacht, was zu einer offenen Favorisierung der CDU durch die westlichen Siegermächte führte. Mit der Forderung nach »freien Wahlen« als erstem Schritt für den Anschluß der sowjetischen an die anderen Zonen Deutschlands stimmte Schumacher in der Deutschlandpolitik bei aller Härte der Auseinandersetzung über Methoden und Taktik zur Erreichung dieses Ziels mit seinem innenpolitischen Hauptgegenspieler Konrad Adenauer überein, so daß die beiden von ihnen geführten stärksten westdeutschen Parteien im Grunde auf das gleiche Konzept festgelegt waren, das allein durch ein »Roll-Back« der sowjetischen Herrschaft aus Deutschland und Mitteleuropa realisiert werden konnte.

Damit ist bereits die Problematik der reinen Westorientierung insgesamt umrissen, deren Exponent in der praktischen Politik Konrad Adenauer werden sollte, obwohl er an der – noch darzulegenden – Grundweichenstellung des Sommers 1948 keinen Anteil hatte. Adenauers politischer Ansatz war einfach und klar: Die Teilung Europas und Deutschlands war für ihn schon im Herbst 1945 eine Tatsache, die zum Ausgangspunkt aller Überlegungen gemacht werden mußte. Unter ökonomischen Aspekten – so legte er in der für ihn kennzeichnenden plastischen Vereinfachung später immer wieder dar – müsse man von dem elementaren Faktum ausgehen, daß der Zweite Weltkrieg drei große Industriezentren hinterlassen habe, die die Basis für das Kräftepotential in der Nachkriegsauseinandersetzung zwischen den Weltmächten darstellten: die USA, Westeuropa (von Großbritannien über Belgien/Frankreich bis zum Ruhrgebiet) und die Sowjetunion mit dem von ihr kontrollierten Teil Ostmitteleuropas. Wer zwei dieser Zentren beherrsche, werde in der Lage sein, dem weltpolitischen Gegenspieler seinen Willen aufzuzwingen. Aus diesem Grunde ziele die Sowjetunion auf die Gewinnung Westeuropas ab. Folglich müsse alles darangesetzt werden, nicht nur den Verlust Westeuropas an die Sowjetunion zu verhindern, sondern das darniederliegende, durch Kriegswirkungen und durch Staatsgrenzen an seiner vollen Entfaltung gehinderte westeuropäische Industriezentrum so zu organisieren, daß das Potential voll ausgeschöpft und zusammen mit dem amerikanischen in die Waagschale der Entscheidungen zwischen Ost und West geworfen werden könne. Auch das im engeren Sinne politische Grundmuster des Ansatzes Adenauers war einleuchtend unter der Voraussetzung, daß ein – über die zunächst im Vordergrund stehende Abwehr des sowjetischen Expansionsstrebens hinausgehendes – »Roll-Back« tatsächlich in Gang kam: Nachdem die »Anti-Hitler-Koalition«, die das »Dritte Reich« total besiegt und Deutschland besetzt hatte, zerbrochen sei, komme es darauf an, eindeutig Stellung zu beziehen, da bei einer Wiederaufnahme der traditionellen deutschen Schaukelpolitik die Gefahr eines erneuten Zusammenschlusses der Siegerkoalition gegen Deutschland heraufbeschworen würde. Die USA waren in Adenauers Sicht nicht nur die stärkste Siegermacht – zudem diejenige, mit der Deutschland realiter gar keine Konflikte hatte –, sondern es bestand auch eine fundamentale Übereinstimmung in den Lebensordnungen sowie im Geistig-Ideologischen. Der »Feind« hingegen, der all dies bedrohte, der unter geistig-ideologischen, machtpolitischen wie nationalen Gesichtspunkten abgewehrt und schließlich aus Deutschland zurückgedrängt werden mußte, war die zweitstärkste Siegermacht, die Sowjetunion. Von den beiden anderen Besatzungsmächten stand Adenauer Großbritannien sehr fern; diese Macht war jedoch infolge ihrer engen Bindung an die USA auch relativ unproblematisch; sie brauchte daher weniger beachtet zu werden. Dagegen mußte der durch zwei Weltkriege scheinbar bestätigte tiefe Gegensatz zu Frankreich, der sich in de Gaulles (und seiner Nachfolger) Deutschlandpolitik fortsetzte, unbedingt abgebaut werden, auch unter sehr großen Konzessionen von deutscher Seite; denn nur so konnte der sowjetischen Westeuropapolitik der wichtigste »Hebel« entwunden werden. Am aussichtsreichsten schien Adenauer frühzeitig eine westeuropäische »Integration« mit (West-) Deutschland und Frankreich als Kern der »Vereinigten Staaten von Europa«, wie sie auch Churchill in seiner Züricher Rede vom 19. September 1946 forderte. Diese »Integration« Westdeutschlands in ein föderales Westeuropa schien Adenauer die Voraussetzung für alle weiteren Ziele, für die Zurückdrängung der Sowjetunion aus Mitteleuropa – und damit für die Wiedervereinigung Deutschlands, besser: für einen Anschluß der sowjetischen Zone an das inzwischen »integrierte« Westeuropa – und schließlich – nach noch weiterem »Roll-Back« – für die Zusammenführung des geteilten Europa insgesamt unter westlich-freiheitlichem Vorzeichen. Die Möglichkeit einer Einfügung dieses ursprünglich primär europäisch gedachten Konzepts in die amerikanische Zielsetzung seit 1947 lag auf der Hand. Indessen stand keineswegs fest, ob es Adenauer gelingen würde, die noch stark von »gesamtdeutschen« Tendenzen bestimmte CDU, die sich 1947 in ihrem Ahlener Programm gerade erneut auf eine Sozialisierung der Schlüsselindustrien festlegte, auf seine Linie der Westorientierung zu führen, und ob der wegen seines mutigen Eintretens für die deutschen Interessen in den Jahren 1945/46 weit über seine Partei hochangesehene SPD-Führer Schumacher durch den damals weitaus weniger bekannten Vorsitzenden der CDU der britischen Zone in den ersten westdeutschen Wahlen überhaupt geschlagen werden konnte.

Die Entscheidungen des Jahres 1948 wurden auf westdeutscher Seite von den Ministerpräsidenten der Länder getroffen. Nach dem Scheitern der Londoner Außenministerkonferenz im Dezember 1947 war die amerikanische Regierung entschlossen, ohne weitere Versuche, mit der Sowjetunion in der Deutschlandpolitik vorab doch noch zu einer Einigung zu gelangen, ihre »Weststaats«-Pläne zu verwirklichen, um auf dem Wege über einen wirtschaftlichen Wiederaufstieg Westdeutschlands im Rahmen des wirtschaftlichen Hilfsprogramms für ganz Westeuropa eine solide Ausgangsbasis für ihre weitere Europapolitik zu gewinnen. Die Sowjetunion sollte dabei früher oder später im Sinne der damals verbreiteten »Magnet-

Theorie« zum Anschluß ihrer darniederliegenden und zur Wiedervereinigung drängenden Zone an das prosperierende Westdeutschland veranlaßt werden. Unter Einbeziehung der drei Benelux-Staaten und unter Anpassung der bislang divergierenden britischen und französischen Deutschlandpolitik an die Zielvorstellungen der USA wurde auf einer Konferenz dieser sechs Mächte in London (23. Februar bis 2. Juni 1948) die amerikanische »Weststaats«-Konzeption als Grundlage der weiteren gemeinsamen Deutschlandpolitik akzeptiert; der Anschluß der französischen Zone an die »Bi-Zone« und die Währungsreform in Westdeutschland waren darin eingeschlossen. Daß die »Weststaats«-Pläne ohne größeren Widerstand durchgesetzt werden konnten, hing auch mit dem – sich für sie als Bumerang auswirkenden – politischen Gegenzug zusammen, den die Sowjetunion zwei Tage nach Beginn der Londoner Verhandlungen führte: Der tschechoslowakische Staatspräsident Benesch wurde gezwungen, eine kommunistisch beherrschte Regierung zu berufen, die sein Land auf den Weg der »Volksdemokratie« führen und fest in den Ostblock eingliedern sollte. Psychologisch löste dieser Prager Coup in Erinnerung an Hitlers Verhalten gegenüber Hacha am 14./15. März 1939 einen lang nachwirkenden Schock aus, der angesichts der nun offenkundigen sowjetischen Expansion die Kritik an der amerikanischen Deutschlandpolitik in der westlichen Öffentlichkeit weithin verstummen ließ. Eine erste Reaktion auf die Prager Vorgänge stellte der Abschluß des Brüsseler Fünf-Mächte-Vertrages (»Westunion«) vom 17. März 1948 dar, in dem sich Großbritannien, Frankreich und die Benelux-Staaten erstmals nach Kriegsende nicht gegen ein Wiederaufleben der deutschen Gefahr, sondern, ohne daß der Gegner genannt wurde, faktisch zur Abwehr einer sowjetischen Aggression zusammenschlossen. Die bereits eingeleiteten Verhandlungen über die Schaffung eines umfassenden Militärbündnisses der Weststaaten unter der Führung der USA zogen sich bis zur Unterzeichnung des »Nordatlantik«-Pakts (NATO) am 7. April 1949 hin. Ungeklärt blieb im März 1948 noch, in welcher Weise das westdeutsche Vorfeld rechts des Rheins in die militär-strategische Verteidigung eingefügt werden sollte.

Die Londoner Konferenz und die Unterzeichnung des Brüsseler Pakts waren für Stalin der Anlaß, am 20. März 1948 den Alliierten Kontrollrat auf dem Wege über einen definitiven Auszug des sowjetischen Militärgouverneurs Sokolowski zu sprengen. Die Viermächtekontrolle in Deutschland war damit, wenn auch noch nicht völlig zusammengebrochen, so doch in ihrer Spitze handlungsunfähig geworden. Durch eine Erschwerung des Verkehrs nach Berlin versuchte Stalin, die westlichen Verbündeten an ihrer schwächsten Stelle unter einen sorgfältig abgestuften Druck zu setzen, um die noch nicht beendeten Beratungen der Londoner Konferenz zu beeinflussen. In der durch das Zögern der britischen und der französischen Regierung noch ungeklärten Situation blieb der amerikanische Militärgouverneur, General Clay, inzwischen von einem ursprünglichen Anhänger des Ausgleichs mit der Sowjetunion zum Exponenten des »Konfrontations«-Kurses geworden, bestrebt, durch Dramatisierung der Lage die Verwirklichung der »Weststaats«-Konzeption voranzutreiben. »Wenn Berlin fällt«, so meldete er am 10. April 1948 nach Washington, »folgt Westdeutschland als nächstes. Wenn wir beabsichtigen, Europa gegen den Kommunismus zu halten, dürfen wir uns nicht von der Stelle rühren . . . Falls Amerika dies jetzt nicht versteht, wird es nie zu dieser Erkenntnis kommen, und der Kommunismus wird alles überrennen.« Am 3. Juni 1948 wurden endlich die Beschlüsse der Londoner Konferenz zur »Weststaats«-Lösung veröffentlicht. Ein erster Schritt hierzu war die am 18. Juni verkündete und zwei Tage später realisierte Währungsreform, die unter ausschließlicher Verantwortung der Besatzungsmächte in den drei Westzonen durchgeführt wurde. Der Direktor für Wirtschaft im Frankfurter Zwei-Zonen-Wirtschaftsrat, Ludwig Erhard, beschloß im Sinne der von ihm angestrebten »sozialen Marktwirtschaft« aus eigener Verantwortung gleichzeitig die Abschaffung des Bezugscheinsystems, um den Neuansatz eines »Schwarzen Marktes«, der bisher angesichts der völlig unzureichenden Versorgung der Bevölkerung weithin praktiziert worden war, zu verhindern und die »Planwirtschaft« durch ein den Konsumenten zugute kommendes Warenangebot praktisch-politisch zu widerlegen.

Auf die die »Weststaats«-Lösung präludierende währungspolitische Grundentscheidung in den Westzonen »antwortete« Stalin mit der Sperrung aller Land- und Wasserverbindungen nach Berlin und mit dem SMAD-Befehl vom 24. Juni 1948 zur Durchführung einer eigenen Währungsreform in der sowjetischen Zone und in »Groß-Berlin«. Erstmals wurde dabei von sowjetischer Seite die These vertreten, daß ganz Berlin ein Teil der sowjetischen Zone sei und nur in ihrem Rahmen einen gewissen Sonderstatus einnehme. Die Reaktion der Westmächte hierauf lautete: Einrichtung einer Luftbrücke zur Versorgung der Bevölkerung der Berliner Westsektoren, Einbeziehung West-Berlins in die westliche Währungsreform und – die Entscheidung, die die Eskalation zum Stillstand brachte – Verlegung von Bomber-Einheiten auf die britische Insel. Diese (von der Sowjetunion als solche verstandene) Machtdemonstration ließ bei dem bestehenden Atomwaffenmonopol der USA den Konflikt um Berlin und Deutschland nicht über eine kriegsauslösende Schwelle treten. Dennoch war – nicht zuletzt infolge des kompromißbereiten Verhaltens Großbritanniens und Frankreichs, aber auch angesichts der Ungewißheit, ob die Luftbrücke die Versorgung der 2,2 Millionen Westberliner über den Winter 1948/49 hinweg gewährleisten konnte – die Situation für die Regierungschefs der westdeutschen Länder kaum überschaubar, als sie von den Militärgouverneuren mit den Beschlüssen der Londoner Konferenz konfrontiert wurden. Am 1. Juli 1948 fand zum ersten Mal in der Nachkriegsgeschichte ein Empfang der Ministerpräsidenten durch die Militärgouverneure statt, bei dem es nicht um regionale Probleme, sondern um die künftigen Geschicke Deutschlands ging. Das Angebot der sogenannten »Frankfurter Empfehlungen« lief auf ein Junktim zwischen dem Anschluß der französischen Zone an die »Bi-Zone« und der Gründung eines westdeutschen Staates hinaus, dessen Verfassung auszuarbeiten und von den Besatzungsmächten zu genehmigen war. Zwar sollte die außen- und militärpolitische Handlungsfreiheit des westdeutschen Staates weiterhin durch ein »Besatzungsstatut« erheblich eingeschränkt bleiben, aber innerstaatlich waren die in Aussicht gestellten Rechte doch unvergleichbar größer als die bisher minimalen Befugnisse. Der – unausgesprochene – Preis dafür hieß aber – zumindest vorläufig, niemand wußte, für wie lange – Verzicht auf die Reichseinheit, an der bisher programmatisch alle politischen Kräfte in Westdeutschland festgehalten hatten. Hatte sich bisher der Trend zur Spaltung Deutschlands primär in der Auseinandersetzung zwischen den Besatzungsmächten gezeigt, so wurde jetzt von den westdeutschen Regierungschefs eine Zustimmung für eine Fortsetzung und eine Mitwirkung bei der Verschärfung dieser Tendenz verlangt. Es wurde ihnen zugemutet, »einen Separatstaat aufzubauen, doch ohne die Gewißheit über das Ausmaß ihrer Kompetenzen und über die letzten Ziele der Westmächte zu haben« (H.-P. Schwarz). So war es verständlich, daß die Ministerpräsidenten bei ihrer ersten Beratung auf dem »Rittersturz« bei Koblenz (8. bis 10. Juli 1948) zögerten, eine endgültige Entscheidung zu treffen. Die scharfe Reaktion General Clays, der so weit ging, die Ministerpräsidenten als kommunistenfreundlich zu verdächtigen, wirkte wie ein Ultimatum. Bei dem zweiten Treffen in dem Jagdschloß Niederwald bei Rüdesheim (21./22. Juli 1948) setzte sich der Berliner Oberbürgermeister Ernst Reuter (SPD), der wie die meisten Berliner angesichts der sowjetischen Blockade die USA als Schutzmacht betrachtete und die amerikanische »Luftbrücke« als Rückhalt für die Standfestigkeit der Bevölkerung West-Berlins und als Voraussetzung für die Freiheit der Stadt ansah, energisch für die Zustimmung ein, während Carlo Schmid (SPD), der stellvertretende Regierungschef von Südwürttemberg-Hohenzollern, am nachdrücklichsten die »gesamtdeutschen« Bedenken betonte. Reuter drang schließlich mit dem Argument durch, daß allein die Annahme der alliierten Offerte eine schrittweise Wiedergewinnung der deutschen Souveränität, zunächst im Westen, dann über die von dort ausgehende Anziehungskraft auf die Mitteldeutschen auch in der sowjetischen Zone, möglich mache. Die mit der Zustimmung verknüpften Vorbehalte: keine Verfassung, sondern nur ein »Grundgesetz« ausarbeiten zu wollen, das nicht durch das Volk, sondern nur durch die Länderparlamente bestätigt werden sollte, so daß das »Provisorium« unverkennbar sei, boten eine Brücke zum schließlich erreichten Einvernehmen. So sehr auch in den folgenden Beratungen des »Parlamentarischen Rates« unter der überlegenen Präsidentschaft Adenauers die auf dem Wege von Kompromissen mit Mühe harmonisierten Zielsetzungen der deutschen politischen Kräfte (CDU/CSU, SPD, FDP) für die Bundesrepublik Deutschland zur Geltung kamen und so sehr das am 23. Mai 1949 zusammen mit dem »Besatzungsstatut« in Kraft tretende »Grundgesetz« inhaltlich-substantiell mit den Vorstellungen eines überwiegenden Teils der westdeutschen Bevölkerung übereinstimmte, wie der Ausgang der ersten Bundestagswahlen zugunsten der auf dem Boden dieser provisorischen Verfassungsordnung stehenden Parteien zeigte, so konnte doch kein Zweifel daran bestehen, daß die Bundesrepublik Deutschland von ihrer »Geburtsstunde« an eine Funktion in der weltpolitischen Strategie der USA gegenüber der Sowjetunion besaß und, zumal da sie sich als Kern eines »westlich« orientierten Gesamtdeutschlands verstand, in schroffem Gegensatz zur Zielsetzung der »vierten« Besatzungsmacht errichtet worden war, so daß sie im Brennpunkt des jetzt so genannten »Kalten Krieges« zwischen den Weltmächten stand. Das »Bonner Grundgesetz« suchte die Erfahrungen der Weimarer Republik und des »Dritten Reiches« auszuwerten, indem die in der Substanz unaufgebbaren Grundrechte als unmittelbar geltendes Recht allen Einzelbestimmungen der Staatsordnung vorangestellt waren. Eine Stärkung der Regierung und besonders des Regierungschefs gegenüber dem Parlament (»Kanzlerdemokratie«, »konstruktives« Mißtrauensvotum des Bundestages zum Sturz eines Kanzlers notwendig), eine Betonung des föderativen Charakters der Republik (Kulturhoheit der Länder) und ein Verzicht auf Elemente einer direkten Demokratie zugunsten eines strengen Repräsentativsystems sollten ein kontinuierlicheres Regieren ermöglichen, als es in der Weimarer Republik der Fall gewesen war. Die Funktionen des Bundespräsidenten waren auf repräsentative Verpflichtungen beschränkt.

Die im Juli 1948 von den westdeutschen Regierungschefs durchaus gesehene Grundproblematik der »Weststaats«-Lösung wurde in der Folgezeit in der westdeutschen Öffentlichkeit unter dem Eindruck des kaum erwarteten raschen Wiederaufbaus, des »Wirtschaftswunders« und der sich schnell festigenden Position der Bundesrepublik in der »westlichen Welt« z. T. verdrängt, z. T. verschleiert. Der Optimismus, daß die »Weststaats«-Lösung nur die erste Etappe zur Lösung der Deutschlandfrage im westlichen Sinne sei, wurde verstärkt durch den Abbruch der Berliner Blockade durch die Sowjetunion nach Geheimverhandlungen mit den USA am 12. Mai 1949. Dies schloß die Hinnahme der Westwährung in den Westsektoren Berlins und die Wiederherstellung des gleichen Maßes an Bewegungsfreiheit für die Deutschen auf dem Wege nach Berlin sowie in und um Berlin ein, wie es vor der Blockade der Fall gewesen war. Die Sowjetunion war offensichtlich zurückgewichen. Allerdings waren die Berliner Stadtverordnetenversammlung und der Magistrat von der SED am 1. Dezember 1948 gespalten worden. Für den Alltag der Berliner änderte sich dadurch zunächst wenig; die nach Schöneberg ausgewichene Mehrheit der Stadtverordnetenversammlung und des Magistrats betrachtete sich nach wie vor als rechtmäßige Vertretung von »Groß-Berlin«, wie es auch dem Ergebnis der einzigen demokratischen Wahl in der ganzen Stadt am 20. Oktober 1946 entsprach, bei der die SPD 48%, die CDU 22,2% und die LDPD 9,4%, die SED hingegen nur ein knappes Fünftel (19,7%) der gültigen Stimmen erhalten hatten. Jedoch suspendierten die Westalliierten den Art. 23 des Grundgesetzes, der seine Gültigkeit auch für das Land »Groß-Berlin« festgelegt hatte. Alle folgenden Versuche der Bundesrepublik und der Vertretung (West-)Berlins, dieses Veto zu umgehen, scheiterten, auch wenn die Westmächte im Auf und Ab des »Kalten Krieges« – je nachdem – eine großzügige oder eine engere Auslegung des ungeklärten Verhältnisses des 1950 zum »Land Berlin« erklärten westlichen Stadtteils zur Bundesrepublik vornahmen.

In den ersten Wahlen zum Bundestag am 14. August 1949 errang die CDU/CSU mit 31% ein leichtes Übergewicht über die SPD (29,2%). Auf die Wahl des FDP-Vorsitzenden Theodor Heuss zum ersten Bundespräsidenten am 12. September folgte am 15. September 1949 die Wahl Adenauers zum Bundeskanzler mit der geringstmöglichen Mehrheit, einer Stimme. Gegen die Tendenz eines beträchtlichen Teils der CDU hatte dieser die Bildung einer »bürgerlichen« Koalition aus CDU/CSU, FDP und »Deutscher Partei« (DP) durchgesetzt und die enttäuschte SPD in die Rolle der Opposition verwiesen. Die vor allem unter wirtschafts- und gesellschaftspolitischen Aspekten geführte Auseinandersetzung der beiden großen Parteien im Wahlkampf schloß nun mit der Ernennung des »Vaters der sozialen Marktwirtschaft«, Erhard, zum Bundeswirtschaftsminister die Entscheidung gegen das planwirtschaftliche und auf Sozialisierung der Schlüsselindustrien gerichtete Konzept der SPD ein.

In seiner Regierungserklärung wies Adenauer auf die wirtschaftspolitische Grundentscheidung hin: »Meine Wahl zum Bundeskanzler und die Regierungsbildung sind eine logische Konsequenz der politischen Verhältnisse, wie sie sich in der Bi-Zone infolge der Politik des Frankfurter Wirtschaftsrates herausgebildet hatten. Die Politik des Frankfurter Wirtschaftsrates, die Frage ›soziale Marktwirtschaft‹ oder ›Planwirtschaft‹, hat so stark unsere ganzen Verhältnisse beherrscht, daß eine Abkehr von dem Programm der Mehrheit des Frankfurter Wirtschaftsrates unmöglich war. Eine Koalition zwischen den Parteien, die die Planwirtschaft verworfen, und denjenigen, die sie bejaht haben, würde dem Willen der Mehrheit der Wähler geradezu entgegengerichtet gewesen sein.«

Der wirtschaftliche Aufstieg der Bundesrepublik in einer unerwartet kurzen Zeit, der Wohlstand immer breiterer Schichten der Bevölkerung, die Eingliederung der Millionen Heimatvertriebenen und Flüchtlinge, die dadurch ermöglicht wurde, verurteilten die anfangs harte Kritik der SPD und eines Teils der Gewerkschaften an der scheinbar die Unternehmer einseitig begünstigenden Wirtschaftspolitik Erhards mehr und mehr zur Wirkungslosigkeit. Die Stabilität der neuen deutschen Währung – im Vergleich zu inflationären Tendenzen in einigen westlichen Nachbarländern – und das Vertrauen der Mehrheit der Bevölkerung in Erhards »soziale Marktwirtschaft« stellten eine wesentliche Voraussetzung für die Außenpolitik Adenauers und für die Festigung der internationalen Stellung der Bundesrepublik dar.

Obwohl im »Besatzungsstatut« die Deutschland als Ganzes betreffenden Fragen den Besatzungsmächten reserviert waren und die Bundesrepublik auch sonst keine Außenpolitik treiben durfte, war es selbstverständlich, daß die außen- und deutschlandpolitische Problematik ein Kernstück der ersten Erklärung einer deutschen Regierung nach der Katastrophe des »Dritten Reiches« sein mußte. Der hierfür fundamentale Satz Adenauers in seiner Regierungserklärung vor dem Bundestag am 20. September lautete: »Der einzige Weg zur Freiheit ist der, daß wir im Einvernehmen mit der Hohen

Alliierten Kommission, d. h. den drei westlichen Besatzungsmächten, unsere Freiheiten und unsere Zuständigkeit Stück für Stück zu erweitern suchen.« Adenauer betrachtete die Bundesrepublik als ein Provisorium, das zunächst Handlungsfreiheit gewinnen und schließlich durch ein bewußt angestrebtes Aufgehen in einem »integrierten« Westeuropa seine Gleichberechtigung wiedererlangen sollte. Die der Bundesrepublik vorenthaltenen Hoheitsrechte sollten also nicht für einen wiederherzustellenden Nationalstaat zurückerlangt, sondern auf ein vereinigtes Westeuropa übertragen werden. Hiergegen richtete sich die vom Ziel eines wiederherzustellenden deutschen Nationalstaates bestimmte Kritik des Oppositionsführers Schumacher: Er wollte alle Anstrengungen darauf gerichtet wissen, daß die vorerst noch bei den Alliierten verbliebenen Hoheitsrechte auf eine als nationaler Kern- oder Rumpfstaat verstandene Bundesrepublik übertragen würden. Die kompromißlose Haltung Schumachers verschärfte die Auseinandersetzung zwischen den deutschen Parteien scheinbar ins Prinzipielle, obwohl die Westorientierung zwischen Regierung und Opposition gar nicht strittig war. Die Sowjetregierung ihrerseits bezeichnete in einer Note an die Westmächte vom 1. Oktober 1949 die Bildung der »volksfeindlichen Separatregierung in Bonn« als »neue Lage« und forderte dazu auf, »die Aufgabe zu erfüllen, die mit der Wiederherstellung der Einheit Deutschlands als eines demokratischen und friedliebenden Staates und mit der Notwendigkeit verbunden ist zu sichern, daß Deutschland die Verpflichtungen erfüllt, die ihm durch das Potsdamer Viermächteabkommen (!) auferlegt worden sind.«

Der Gegenzug der Sowjetunion gegen die »Weststaats«-Gründung war lange vorbereitet. Schon während der Viermächtekonferenz in London im November/Dezember 1947 wurde von der SED-Führung mit Rückendeckung durch die SMAD ein »Deutscher Volkskongreß für Einheit und gerechten Frieden« als eine Art Vorparlament gefordert. Der »1. Volkskongreß« trat Anfang Dezember 1947 in Ost-Berlin zusammen. Da die hiermit in Gang gesetzte »Bewegung« zwar Züge der »Volksfront« der dreißiger Jahre zeigte, die Ein- und Unterordnung aller Kräfte unter die kommunistische Führung jedoch viel eindeutiger war, kam es zum Konflikt mit den Vorsitzenden der Ost-CDU, Jakob Kaiser und Ernst Lemmer. Nach deren Absetzung unterwarf sich die neue CDU-Führung unter Otto Nuschke. Auf einem »2. Volkskongreß« am 17./18. März 1948 wurde die »Wahl« eines parlamentsähnlichen »Volksrats« beschlossen, der eine vom »Verfassungsausschuß« am 22. Oktober 1948 im Entwurf veröffentlichte Verfassung für eine

»Deutsche Demokratische Republik« verabschieden sollte. Auf Grund einer in der sowjetischen Zone erstmals eingeführten Einheitswahlliste, die das Übergewicht der SED im »Volksrat« unabhängig vom Wahlausgang sichern sollte – bei den Landtagswahlen in den fünf Ländern nach Listen am 20. Oktober 1946 hatte die SED trotz aller Anstrengungen nur 40–50% der Stimmen erhalten –, wurden am 15./16. Mai 1949 Wahlen veranstaltet, die 61,8% für die Einheitsliste erbrachten. Um die »kleinen« Nationalsozialisten und andere abseits stehende Kräfte zu gewinnen, wurden in den Wahlblock neugegründete Parteien wie die »National-Demokratische Partei« (NDPD) und die »Demokratische Bauernpartei Deutschlands« (DBD) einbezogen. Obwohl damit die Voraussetzungen zur »Staatsgründung« geschaffen waren, wartete die sowjetische Regierung, bis sich die Bundesrepublik konstituiert und Adenauer seine Regierungserklärung abgegeben hatte. Um – wie es hieß – die »Interessen des deutschen Volkes durch Selbsthilfe« zu wahren, wurde vom »Volksrat« am 7. Oktober 1949 die Verfassung der »Deutschen Demokratischen Republik« (DDR) in Kraft gesetzt. Die Erklärung des »Volksrats« zur vorläufigen »Volkskammer«, die Bildung einer »Länderkammer« sowie einer provisorischen Regierung unter Grotewohl, schließlich die Wahl Piecks zum Präsidenten der DDR schlossen in kürzester Zeit die »Gegenstaats«-Gründung ab. Die DDR – mit Berlin (Ost) als Hauptstadt – verstand sich – ebenso wie die Bundesrepublik – als Kern Gesamtdeutschlands. Die DDR-Verfassung sprach ausdrücklich davon, daß es nur ein einheitliches Zoll- und Handelsgebiet Deutschland gebe. Die im übrigen ihrem Wortlaut nach weitgehend liberal-demokratischen Ansprüchen gerecht werdende DDR-Verfassung lehnte sich im ganzen stärker an die Weimarer Reichsverfassung an als das Bonner Grundgesetz. Jedoch der von Anfang an bestehende krasse Widerspruch von Verfassungstheorie und Verfassungswirklichkeit in der DDR vertiefte sich im Laufe der folgenden Jahre immer mehr. Die unumschränkte Herrschaft der SED-Führung unter dem 1. Sekretär (und zugleich stellvertretenden Ministerpräsidenten) Walter Ulbricht, u. a. mittels des Terrorapparates des »Staatssicherheitsdienstes« (SSD) und der »Parteilichkeit« der Urteile in politischen Prozessen, durchbrach überall die in der Verfassung gesetzten Normen.

Die unmittelbare Reaktion der amerikanischen Regierung und der Bundesregierung auf die Gründung der DDR blieb für sehr lange Zeit richtungweisend für ihre Haltung gegenüber dieser sowjetischen Staatsbildung auf deutschem Boden. Der amerikanische Außenminister Acheson erklärte am 12. Oktober 1949: »Diese neue

Regierung wurde durch ein sowjetisches und kommunistisches Machtwort geschaffen . . . Diese seit langem erwartete sowjetische Schöpfung steht somit im krassen Gegensatz zu der deutschen Bundesrepublik in Bonn, die eine durch und durch konstitutionelle und volkstümliche Grundlage hat.« Und die Bundesregierung stellte am 21. Oktober 1949 fest: »Die Bundesrepublik Deutschland ist . . . bis zur Erreichung der deutschen Einheit insgesamt die alleinige legitimierte staatliche Organisation des deutschen Volkes. Die Lage Berlins wird durch die Entwicklung in der Sowjetzone besonders kritisch. Berlin ragt in die Sowjetzone hinein als Vorposten und Bollwerk des demokratischen westlichen Teils Deutschlands, ja mehr als das, als Bollwerk des demokratischen Westeuropa.«

Die für die Zukunft entscheidende Frage lautete, welche der beiden Hauptsiegermächte sich in Deutschland mit ihrem einander ausschließenden – beiderseits: gesamtdeutschen – Ziel durchsetzen würde. Es mußte sich zeigen, ob die Konsolidierung und Stärkung der Position auf westlicher Seite in dem angestrebten Tempo gelang, der westliche Vorsprung in der Atomrüstung ausgeweitet und auch auf den Bereich der konventionellen Waffen zielstrebig ausgedehnt werden konnte oder aber ob es der Sowjetunion gelang, in der Nuklearrüstung aufzuholen und den Wettlauf mit der Zeit wenn nicht zu gewinnen, so doch in einem »Patt« enden zu lassen. Adenauers gesamte Politik basierte darauf, daß das Gewicht der USA, des sich zusammenschließenden Westeuropa und des darin aufgehenden Potentials der Bundesrepublik ein Zurückweichen der Sowjetunion aus Mitteleuropa erzwingen würde. Auf dieses Fernziel und – primär – auf das Nahziel einer westeuropäischen »Integration« hin wurde das Bundeskanzleramt mit einem Team engster Vertrauter (Otto Lenz, Herbert Blankenhorn, Hans Globke, Walter Hallstein) als Instrument aufgebaut, um weitgehend unabhängig von den öffentlichen Auseinandersetzungen in Westdeutschland die Dinge in Richtung auf schnelle Entscheidungen in den Grundfragen der Integrationspolitik vorantreiben zu können. Die DDR lag – eine Folge der Fortdauer der Ausplünderung ihrer Kapazitäten durch die Sowjetunion und der ohnehin weitaus schmaleren ökonomischen Basis Mitteldeutschlands –, wie es damals schien, in einem hoffnungslosen Hintertreffen.

## II. Von der Gründung der Bundesrepublik Deutschland und der Deutschen Demokratischen Republik 1949 bis zur Erklärung ihrer »Souveränität« 1955

Die sogleich nach seiner Regierungsübernahme eingeleiteten Anstrengungen Adenauers, außenpolitischen Handlungsspielraum zu gewinnen, zeitigten im Petersberger Abkommen vom 22. November 1949 einen ersten Erfolg. Mit amerikanischer Unterstützung und mit Rückendeckung durch den als Einheitsgewerkschaft gegründeten »Deutschen Gewerkschaftsbund« (DGB) – jedoch gegen die SPD – gelang es, die britische Regierung für die Zusage eines Beitritts der Bundesrepublik zur »Internationalen Ruhrbehörde« zu einer Reduzierung ihres Demontageprogramms zu gewinnen. Adenauer ging mit Recht davon aus, daß diese recht weitgehende »freiwillige« Beschränkung der »Souveränität« der Bundesrepublik durch die weitere Entwicklung bald hinfällig würde. Die Aufnahme der Bundesrepublik in den »Europa-Rat« 1950 (ab 1952 als Vollmitglied), allerdings mit dem Zugeständnis, daß auch das Saarland in den »Europa-Rat« aufgenommen wurde, eröffnete ein Forum zur Interpretation der eigenen auf die Westintegration gerichteten Ziele. Der verstärkte Rückhalt an den USA war wichtig für die Anfang 1950 in Gang kommenden Bemühungen, mit Frankreich zu einer Verständigung in der Saarfrage zu gelangen, als Voraussetzung für eine erfolgreiche Integrationspolitik. Bei einem ersten Besuch des dieser Zielsetzung gegenüber aufgeschlossenen französischen Außenministers Robert Schuman in Bonn im Januar 1950 stand der Problemkomplex der Integration im Mittelpunkt. Als dann Schuman am 9. Mai 1950 seinen Vorschlag zur Gründung einer (west-)europäischen »Gemeinschaft für Kohle und Stahl« (Montanunion) übersandte, erklärte der Kanzler sofort seine Zustimmung zu diesem die Bundesrepublik auf fünfzig Jahre ökonomisch fest an ihre westeuropäischen Nachbarn bindenden Projekt. Auf einer Pressekonferenz am gleichen Tage sprach Adenauer erstmals davon, daß ein vereintes Westeuropa – langfristig gesehen – eine »dritte Kraft« zwischen den Weltmächten USA und Sowjetunion werden könne. (Die »Montanunion« zwischen der Bundesrepublik, Frankreich, Italien und den Benelux-Staaten – ohne Großbritannien – wurde schließlich am 18. April 1951 gegründet und am 21. Juli 1952 in Kraft gesetzt.)
Auf die euphorische Stimmung der Mai-Tage 1950 folgte in jähem Wechsel mit dem Ausbruch des Korea-Krieges am 25. Juni 1950

eine schwere Krise, die das Engagement der USA von Europa weg nach Ostasien verlagerte. In dieser Situation gewann die seit dem Herbst 1949 geführte Diskussion in der Öffentlichkeit der westlichen Länder über einen militärischen Beitrag der Bundesrepublik zur Verteidigung Westeuropas gegen einen kommunistischen Angriff erhöhte Bedeutung. In der internen Planung beider Weltmächte gingen die Überlegungen über eine Einbeziehung des militärischen Potentials der beiden Teile Deutschlands in die Verfügbarkeit durch die jeweilige Führungsmacht bereits auf das Frühjahr 1948 zurück. Sie ergab sich – hinsichtlich der Bundesrepublik – gleichsam sachlogisch aus der ökonomischen und politischen Einfügung Westdeutschlands in den »Westblock« und wurde bestimmt von der trotz aller Diffamierung in den ersten Nachkriegsjahren hohen Einschätzung, ja »mythisierten« Überschätzung der Leistungen der deutschen Soldaten und ihrer militärischen Führung im Zweiten Weltkrieg. Der »Mythos vom deutschen Soldaten« war geradezu einer der großen Aktivposten, den die Bundesregierung zum Erreichen ihres Ziels einer relativ gleichberechtigten Rolle innerhalb des westlichen Bündnisses besaß; denn die Überzeugung, daß nur bei einer Beteiligung deutscher Streitkräfte Westeuropa verteidigt werden konnte, war bei den amerikanischen und britischen Stäben allgemein. Die Kehrseite dieses »Trumpfs« lag darin, daß auch auf sowjetischer Seite – allerdings im Sinne hochgradiger Befürchtungen – übersteigerte Vorstellungen von der künftigen militärischen Rolle der Deutschen herrschten. In der entscheidenden Phase des Ringens der Weltmächte um Deutschland 1952/53 wurde die Fragwürdigkeit dieses »Mythos« noch nicht durchschaut. Vor diesem Hintergrund lassen sich zu einem beträchtlichen Teil die überraschenden Angebote Stalins und seiner ersten Nachfolger in der Deutschlandpolitik dieser Zeit erklären.

In der Diskussion über einen deutschen Verteidigungsbeitrag konnten die Befürworter darauf verweisen, daß es in der sowjetischen Zone seit dem Frühjahr 1948 eine »Bereitschaftspolizei« gab, die zumindest halbmilitärischen Charakter trug, während es in den Westzonen damals – von Hilfspersonal bei den Besatzungstruppen abgesehen – nichts Vergleichbares gab. Nach Ausbruch des Korea-Krieges löste dieses Mißverhältnis die Befürchtung aus, daß die über 50000 Mann starke Polizeitruppe der sowjetischen Zone – wie die Nordkoreaner ohne sowjetische Verbände – zum Marsch nach Westen aufbrechen würde und daß ihr auf westlicher Seite nichts Adäquates entgegengestellt werden könnte.

Adenauers Sicherheitsmemorandum vom 29. August 1950 knüpfte an diese Befürchtungen an, indem es als Gegengewicht die Aufstellung einer Bundespolizeitruppe forderte. Daneben wurde – zweifellos in der Vermischung zweier Problemkomplexe politisch gezielt – eine Einbeziehung der Bundesrepublik in die westliche Verteidigung und ein möglicher regulärer militärischer Beitrag kurz erwähnt. Ein westdeutscher Verteidigungsbeitrag sollte in Adenauers Zielvorstellung vor allem dazu dienen, eine Sicherheitsgarantie für die Bundesrepublik und »Gleichberechtigung« für sie zu erlangen, um eine von ihm stets befürchtete Einigung zwischen den Westmächten und der Sowjetunion über die Interessen der Deutschen hinweg soweit wie möglich zu verhindern. Das »Angebot« Adenauers stand im Widerspruch zu den bisher von der Bundesregierung abgegebenen Erklärungen, die eine deutsche Wiederbewaffnung strikt abgelehnt hatten, auch wenn Adenauer selbst bereits im Winter 1949/50 in einem Zeitungsinterview von einem eventuellen Beitrag Westdeutschlands in einer »europäischen Armee« gesprochen hatte. Dies hatte damals in einer Debatte des Bundestags zu einer erneuten Absage aller Fraktionen bereits an den »Gedanken« einer deutschen Wiederaufrüstung geführt.

Tatsächlich hatten sich, als Adenauer, ohne das Kabinett zu Rate zu ziehen, sein Memorandum absandte, die USA und Großbritannien längst prinzipiell über eine Einbeziehung der Bundesrepublik in die militärische Verteidigung Westeuropas verständigt. Es kam auf Frankreich an, ob und in welchem Tempo eine Realisierung erfolgen konnte. Über verschiedene Stadien der Erwägungen wurde schließlich bei einem Treffen der Außenminister der drei Westmächte in New York am 19. September 1950 die Vereinbarung getroffen, eine europäische Armee unter westdeutscher Beteiligung (»Europäische Verteidigungsgemeinschaft« – EVG) aufzustellen. Die Verwirklichung setzte eine Änderung des Verhältnisses der Westalliierten zu der ja immer noch unter Besatzungsstatut stehenden Bundesrepublik voraus: Die militärische Besetzung mußte in eine Schutzfunktion für die Bundesrepublik verwandelt, diese zu einer Art »Junior-Partner« mit erheblich mehr Rechten als bisher werden. An die Stelle einseitiger mußten wechselseitige Verpflichtungen treten. Das New Yorker Communiqué enthielt hierfür Grundlegendes: »Die Außenminister und ihre Regierungen teilen den Wunsch des westdeutschen Volkes nach einer Vereinigung Deutschlands auf einer Basis, die die Grundrechte respektiert . . . Bis zur Vereinigung Deutschlands betrachten die drei Regierungen die Regierung der Bundesrepublik als die einzige frei und gesetzlich konstituierte deutsche Regierung, die infolgedessen befugt ist, in internationalen Angelegenheiten als Vertreter des deutschen Volkes für Deutschland zu sprechen.«

Aus Gründen, die mit dem zähen Widerstreben Frankreichs, mit den innenpolitischen Schwierigkeiten in Westdeutschland – es bildete sich eine breite »Ohne-mich«-Bewegung gegen eine Wiederbewaffnung – und mit dem fortdauernden Engagement der USA in Ostasien zusammenhingen, zögerte sich der Abschluß des EVG-Vertrages und des damit verknüpften Deutschland-Vertrages über 1½ Jahre, bis zum 26./27. Mai 1952, hinaus. Die Sowjetunion gewann also Zeit, der als bedrohlich betrachteten Entwicklung in Westeuropa mit gezielten, abgestuften Aktionen zu begegnen. Vorstöße der sowjetischen Regierung wie von seiten der DDR und Reaktionen »des Westens«, die um das Problem der »freien Wahlen« kreisten, bestimmten in dieser Zeit in ganz Deutschland (West und Ost) die Diskussion. Es begann mit einem Brief Grotewohls an Adenauer vom 30. November 1950, in dem er einen gesamtdeutschen »Konstituierenden Rat« aus einer gleich großen Zahl von Vertretern der Bundesrepublik und der DDR vorschlug. Dieser »Rat« sollte die Bildung einer gesamtdeutschen Regierung vorbereiten, den vier Besatzungsmächten bei der Ausarbeitung eines Friedensvertrages für Deutschland beratend zur Seite stehen und gesamtdeutsche Wahlen organisieren. Mit Zustimmung der SPD-Opposition lehnte Adenauer am 15. Januar 1951 diesen Vorschlag ab und verwies auf eine von Bundesregierung und Bundestag schon am 22. März 1950 erhobene Forderung, die vier Besatzungsmächte sollten ein Wahlgesetz für die Durchführung freier gesamtdeutscher Wahlen zu einer verfassunggebenden deutschen Nationalversammlung als erstem Schritt zur Wiederherstellung der deutschen Einheit erlassen. Als Vorbedingung für die Durchführung der Wahlen wurde eine freie Betätigung aller Parteien in ganz Deutschland und der persönliche Schutz aller politisch tätigen Personen gefordert – eine angesichts der zahlreichen Verhaftungen von ehemaligen SPD-Mitgliedern und Angehörigen »bürgerlicher« Parteien in der DDR, die nicht blindlings dem SED-Kurs folgten, sowie der allgemeinen Rechtsunsicherheit in Mitteldeutschland wesentliche Bedingung. Grotewohl antwortete noch am gleichen Tage mit der Formel »Deutsche an einen Tisch«, um Gespräche zwischen Vertretern beider Regierungen in Gang zu bringen. Nachdem die EVG-Verhandlungen konkrete Ergebnisse ankündigten, unternahm Grotewohl am 15. September 1951 eine neue Initiative und bezeichnete jetzt als das Wichtigste im Rahmen der weiterhin geforderten »gesamtdeutschen Beratungen« die Festlegung »freier Wahlen« für die Nationalversammlung, statt wie bisher vom Vorrang des Abschlusses eines Friedensvertrages auszugehen. Sowohl Adenauer als auch Schumacher verwarfen – aus prinzipiellen Erwägungen wie aus Mißtrauen gegen zweideutige Formulierungen Grotewohls – den Vorschlag; am 27. September 1951 verabschiedete statt dessen der Bundestag eine Wahlordnung für »freie gesamtdeutsche Wahlen«, die u. a. eine Überwachung der Wahlen in allen Teilen Deutschlands durch eine internationale Kontrollkommission der UN vorsah. Eine Annahme dieser Bedingung durch die Sowjetunion war ausgeschlossen, da die – damals amerikanisch geführten – UN in Korea gegen die von der Sowjetunion unterstützten Kommunisten Chinas und Nordkoreas Krieg führten. Wie erwartet, wurde daher der UN-Kommission die Einreise nach Ost-Berlin und in die DDR verweigert. Abgesehen von der Forderung nach einer »Kontrolle durch die UN« hatte jedoch Grotewohl am 10. Oktober 1951 die westdeutsche Wahlordnung als annehmbar bezeichnet, verlangte aber vor der endgültigen Annahme durch die DDR-Regierung den Abbruch der EVG-Verhandlungen durch die Bundesregierung. Als diese dennoch weitergeführt wurden, legte Grotewohl am 9. Januar 1952 seinerseits der »Volkskammer« einen Gesetzentwurf zur Durchführung gesamtdeutscher Wahlen auf der Basis des Reichswahlgesetzes der Weimarer Republik vor. Während dreier Monate vor der Wahl sollte ungehinderter Reiseverkehr für die Vertreter aller politischen Parteien in ganz Deutschland bestehen; statt der UN sollten die vier Besatzungsmächte die Wahlen in allen vier Zonen kontrollieren. Vorbedingung war wiederum der Abbruch der EVG-Verhandlungen.

Stellte Grotewohls neues Angebot bereits einen sehr weitgehenden Einsatz zur Verhinderung der Westverträge dar, da es bei loyaler Verwirklichung den voraussehbaren Untergang des SED-Regimes einschloß, so wurde es in der »Höhe« noch durch die Note der Sowjetregierung an die drei Westmächte vom 10. März 1952 übertroffen. Stalin forderte den Abschluß eines Friedensvertrages mit einem bis zur Oder und Neiße verkleinerten, aus den Mächteblöcken ausgeklammerten, »neutralisierten« Gesamtdeutschland, dem nach Abzug aller Besatzungstruppen innerhalb eines Jahres »eigene nationale Streitkräfte« zugestanden werden sollten: »Das geeinte Deutschland gewinnt die Möglichkeit, sich als unabhängiger, demokratischer, friedliebender Staat zu entwickeln.« Im Zuge des folgenden Notenwechsels mit den Westmächten präzisierte die sowjetische Seite zudem am 9. April 1952 die in der März-Note offengebliebene Frage »freier gesamtdeutscher Wahlen«, die sie zugestehen wollte.

Die auf die Westintegration gerichtete geradlinige Politik Adenauers hatte die Sowjetunion offensichtlich aus ihrer Reserve gelockt und zum Angebot eines sehr hohen Preises für die Aufgabe der einseitigen Westorientierung, insbesondere der EVG, veranlaßt: Es lief auf ein Fallenlassen der DDR und SED hinaus, wenn von westlicher Seite zugestanden wurde, daß das – wie es schien – »bürgerlich« strukturierte verkleinerte Gesamtdeutschland auf jede militärische Bindung an den Westen verzichtete und sich »neutralisieren« ließ. Ohne Konsultierung der CDU-Führungsgremien, die z. T. für ein »Testen« des sowjetischen Angebots eintraten, aber zunächst in Übereinstimmung mit der SPD-Spitze, die erst das zweite sowjetische Angebot vom 9. April als »ausreichende Grundlage« für Viererverhandlungen zur Deutschland-Frage betrachtete, gab Adenauer in einer Rede in Siegen am 16. März 1952 ein »vernichtendes Urteil« über die Stalin-Note ab: Ziel seiner eigenen Politik sei, »daß der Westen so stark wird, um mit der Sowjetunion zu einem vernünftigen Gespräch zu kommen«. Er sei »fest davon überzeugt«, »daß, wenn wir auf diesem Weg fortfahren, der Zeitpunkt nicht mehr allzu fern ist, zu dem Sowjetrußland sich zu einem vernünftigen Gespräch bereit erklärt«. Obwohl er von der Ernsthaftigkeit des sowjetischen Angebots überzeugt war, lehnte Adenauer wie bisher eine Wiedervereinigung Deutschlands um den Preis einer »Neutralisierung« ab, weil er dann eine entweder früher oder später eintretende Isolierung Gesamtdeutschlands gegenüber der sich neu formierenden Kriegsallianz von Ost und West oder aber ein zunehmendes Desinteresse der USA an Mitteleuropa und ein allmähliches Hineingleiten Gesamtdeutschlands in den sowjetischen Machtbereich fürchtete. Die westeuropäische Integration mußte seiner Ansicht nach ohne Beteiligung der Bundesrepublik scheitern; eine Rückkehr zu nationalstaatlichen Egoismen, besonders bei Frankreich, war vorauszusehen, der Rückzug der USA aus Europa wahrscheinlich. Das deutsche Potential aber würde in diesem Fall zum Streitobjekt zwischen den Mächten werden. Die EVG hingegen sollte gerade eine »Neutralisierung« und Isolierung »Westdeutschlands« auf Dauer ausschließen.

Auch der größte Teil der westdeutschen Öffentlichkeit stimmte der Ablehnung zu. Zu den wenigen Ausnahmen gehörte der Mitherausgeber der »Frankfurter Allgemeinen Zeitung«, Paul Sethe, der sich leidenschaftlich zumindest für eine gründliche Prüfung der Note aussprach und für eine Anknüpfung an Stresemanns Politik zwischen Ost und West statt der einseitigen Westorientierung Adenauers plädierte. Es ist später in diesem Zusammenhang viel von einer »versäumten Chance« zur Wiedervereinigung gesprochen worden. Da die Westmächte dem Wagnis eines »Tests« – auch, aber nicht nur unter dem Eindruck der strikten Ablehnung durch Adenauer – auswichen (für die USA war die Beibehaltung der »Bastion« Westdeutschland im Westblock maßgebend), bleibt dies eine Hypothese. Fest steht, daß es keine »Volksbewegung« in der Bundesrepublik zugunsten einer Annahme der Stalinschen Bedingungen für ein verkleinertes »neutralisiertes« Gesamtdeutschland gegeben hat, dessen Lebensstandard zweifellos bescheidener gewesen wäre als der in der wirtschaftlich in dieser Zeit mächtig aufstrebenden Bundesrepublik inzwischen erreichte. Die Passivität der Mehrheit der Bevölkerung in dieser nationalen Entscheidungssituation ist um so bemerkenswerter, als die Regierung Adenauer damals alles andere als populär war. Alle Landtagswahlen zwischen 1950 und 1952 gingen ungünstig für die CDU aus. Erstmals in der völlig veränderten Situation des Sommers 1953 erhob sich bei einem Auftreten Adenauers in der Öffentlichkeit Beifall über den Kreis seiner Parteianhängerschaft hinaus.

Für Adenauer ging es bei der Absage an eine isolierte nationalstaatliche Lösung der deutschen Frage um eine unwiderrufliche Orientierung der deutschen Außenpolitik. Die Priorität der Westbindung vor der Wiedervereinigung war nirgends deutlicher ausgesprochen als in dem am 26. Mai 1952 unterzeichneten Deutschland-Vertrag, in dessen Artikel 7 als gemeinsames Ziel der drei Westmächte und der Bundesrepublik proklamiert wurde: »Ein wiedervereinigtes Deutschland, das eine freiheitlich demokratische Verfassung ähnlich wie die Bundesrepublik besitzt und das in die europäische Gemeinschaft integriert ist«. Das hieß: Auch eine frei gewählte Regierung Gesamtdeutschlands durfte dessen Status innerhalb der Mächtekonstellation nicht selbst bestimmen. Vielmehr lag die Integration in den »Westblock« fest, der sich somit von der Elbe und Werra bis zur Oder und Neiße bzw. noch weiter nach Osten vorschieben sollte, da, wie es ebenfalls in Artikel 7 hieß, die Bestimmung der Grenzen Deutschlands bis zu einer »friedensvertraglichen Regelung« »aufgeschoben« werden sollte. Eine Realisierung dieses weitgespannten Ziels setzte eine politische Totalkapitulation der Sowjetunion voraus.

Die »Antwort« der Sowjetregierung auf die Entscheidung im Westen folgte am gleichen Tage wie die Unterzeichnung des Deutschland-Vertrags: Die bisher im großen und ganzen noch durchlässige Zonengrenze zwischen Ost und West wurde abgeriegelt. Nunmehr wurde ein in der Folgezeit immer mehr »verfeinertes« System von Sperrzonen und »Todesstreifen« geschaffen, die nur noch unter Lebensgefahr von einzelnen überwunden werden konnten. Ebenso wurde West-Berlin jetzt gegenüber den Randgebieten der DDR abgeriegelt; die Zahl der Übergänge von West- nach Ost-Berlin wurde von etwa 200 auf 80 reduziert. Jedoch blieb, da die Sowjetunion eine völlige Trennung der beiden Teile Berlins wegen des Viermächtestatus der Stadt – noch – nicht wagte, eine – in den folgenden Monaten bis zum Frühjahr 1953 verstärkt genutzte – Fluchtmöglichkeit aus der DDR über Berlin offen. Eine zweite Entscheidung als »Antwort« auf den Abschluß des Deutschland-Vertrages zeigte sich in der Verkündung des »planmäßigen Aufbaus des Sozialismus« in der DDR auf der 2. Parteikonferenz der SED vom 9. bis 12. Juli 1952. Die auf eine »Eigenstaatlichkeit« der DDR hinzielenden Kräfte in der SED erhielten jetzt freie Hand; die »gesamtdeutschen« Gegenspieler der Gruppe um Ulbricht innerhalb der SED wurden zurückgedrängt. Durch Auflösung der fünf Länder und die Einrichtung von 14 Bezirken wurde der »demokratische Zentralismus« des – wie es die SED-Propaganda betonte – »ersten Deutschen Arbeiter- und Bauernstaates« auch formal bestätigt. Die Kollektivierung der Landwirtschaft über die Einrichtung »Landwirtschaftlicher Produktionsgenossenschaften« (LPG) wurde eingeleitet, die Bewaffnung eines Teils der »Volkspolizei« (»Kasernierte Volkspolizei«) vorangetrieben. Im kommunistischen Selbstverständnis bedeutete der »Aufbau des Sozialismus« den Beginn einer neuen Epoche. Eine »Liquidierung« der DDR, wie sie die Stalin-Note vorgesehen hatte, konnte nunmehr allenfalls noch bei einem grundlegenden Wandel der weltpolitischen Situation oder erheblichen Verschiebungen innerhalb der sowjetischen Führung erhofft werden.

Anfang 1953, nach Stalins Tod (5. März 1953), schien dies überraschenderweise der Fall zu sein; denn damit war kurz nach der bedeutsamen Veränderung in den USA mit der Übernahme der Präsidentenschaft durch Dwight D. Eisenhower und des Departement of State durch John Foster Dulles am 20. Januar 1953 auch in der Sowjetunion eine Zäsur eingetreten, deren Konsequenzen noch nicht zu übersehen waren. Die Republikaner hatten ihren Wahlkampf gegen das »Containment«-Konzept der Truman-Administration geführt und anstelle dieser »unmoralischen«, weil große Teile der Welt, vor allem auch Ostmitteleuropa, unter kommunistischer Herrschaft belassenden, defensiven »Eindämmungsstrategie« eine offensive Zielsetzung der »Befreiung« der von den Kommunisten beherrschten Völker, ein »Roll-Back«, gefordert. Neutralität wurde in diesem Prinzipienkampf zwischen Freiheit und Totalitarismus als verwerflich bezeichnet. Weitaus besser als mit der »Containment«-Strategie ließ sich dieses neue Programm mit Adenauers Zielvorstellungen verbinden. Der Besuch von Dulles in Bonn im Februar 1953 und die Einladung zu einem ersten Besuch Adenauers nach Washington schienen – verbunden mit dem Eindruck einer sich herausbildenden »Achse« Washington–Bonn – einen grundlegenden Kurswechsel der amerikanischen Gesamtpolitik zu bestätigen, obwohl die Diskrepanz zwischen Programm und Realität des »Roll-Back« in Eisenhowers – auf eine schnelle Beendigung des Korea-Krieges abzielender – Ostasienpolitik bald zutage trat.

Die inzwischen zu einer Massenflucht angewachsene Flüchtlingsbewegung unter dem verschärften Terror des SED-Regimes in der Schlußphase der Stalin-Herrschaft in der Sowjetunion ließ bei den Bewohnern der DDR die Hoffnung auf »Befreiung« immer mehr anwachsen. Der Tod Stalins, die heterogene Zusammensetzung der sowjetischen Nachfolgeregierung (Ministerpräsident Malenkow, Geheimdienstchef Berija als Innenminister, kurz darauf Ernennung des kaum bekannten Chruschtschow zum 1. Parteisekretär) und die folgenden Auflockerungserscheinungen in den »Satellitenstaaten« warfen jedoch auf westlicher Seite die grundsätzliche Frage auf, ob das offensichtliche Schwächemoment des Feindes, der nicht mehr zur Expansion in der Lage schien, dazu genutzt werden sollte, durch massiven Druck die Sowjetunion »in die Knie« zu zwingen, oder ob ein Übergang zur »Roll-Back-Strategie« gerade in dieser Zeit nicht den Auflockerungsprozeß innerhalb der Sowjetunion hemmen und eine Fortsetzung des Stalinismus im Ostblock geradezu mit herbeiführen würde. Demgegenüber würde eine Hinwendung zur »Entspannung« – dieses Stichwort fiel jetzt in der westlichen Publizistik zum ersten Mal – die erhoffte »Liberalisierung« des Sowjetregimes fördern. Während Eisenhower und Dulles neben dem Ende des Korea-Krieges auch den Abschluß des seit Jahren ergebnislos von den vier Großmächten erörterten »Staatsvertrages« für Österreich zur Voraussetzung für eine neue Konferenz der Außenminister über Deutschland machen wollten, erteilte Premierminister Churchill am 11. Mai 1953 einer Politik des »Alles oder Nichts« eine klare Absage, forderte die baldige Einberufung einer Konferenz der »Großen Drei« im Stile von Jalta und Potsdam und sprach sich für ein »Ost-Locarno« in Mitteleuropa unter Berücksichtigung der Sicherheitsinteressen der Sowjetunion aus. Churchills Konzept lief auf eine »Neutralisierung« des um die Oder-Neiße-Gebiete verkleinerten Deutschlands, d.h. auf eine Aufgabe der EVG-Lösung, hinaus. Damit war ein tiefer Riß im westlichen Bündnis sichtbar geworden. Die Grundlage der Politik Adenauers drohte ins Wanken zu geraten; er wandte sich mit Entschiedenheit gegen Churchills Plan.

Am 11. Juni 1953 entschied sich die SED-Führung in einer wirtschaftlichen Krisensituation nach langem Zögern unter dem Druck des sowjetischen Hochkommissars Semjonow zu einem »Neuen

Kurs«, der u. a. eine Verlangsamung des »Aufbaus des Sozialismus«, einen Vorrang für die Konsumgüterproduktion auf Kosten der Schwerindustrie, ein Ende des seit 1952 rigoros geführten Kirchenkampfes und Erleichterungen für den Reiseverkehr nach Westdeutschland versprach. Der Widerspruch dieses Programms zu der Beibehaltung einer kurz vorher (am 28. Mai) angeordneten Normenerhöhung löste am 16./17. Juni 1953 jene Kette von Protestaktionen und schließlich den Aufstand eines erheblichen Teils der Arbeiterschaft in Ost-Berlin und von dort auf eine Reihe von Städten und Industriezentren der DDR überspringend aus, die als Signal für eine Lösung des deutschen Problems im Sinne der in der Bundesrepublik immer wieder verkündeten Parole »Einheit in Frieden und Freiheit« gedeutet wurden. In dieser »Stunde der Wahrheit« zeigte sich allerdings, daß die amerikanische Regierung nicht den Entschluß aufbrachte, ihr Konzept des »Roll-Back« auch nur ansatzweise in konkrete Pläne umzusetzen. Die sowjetischen Truppen schlugen den Aufstand nieder.

Unter dem Eindruck der Ostberliner Ereignisse legte sich der Bundestag am 1. Juli 1953 erneut als »Sofortprogramm zur Wiedervereinigung Deutschlands« auf die – für die Sowjetunion inakzeptable und daher zur Wirkungslosigkeit verurteilte – Reihenfolge der hierfür notwendigen Schritte fest: 1. Abhaltung freier Wahlen in ganz Deutschland, 2. Bildung einer freien Regierung für ganz Deutschland, 3. Abschluß eines mit dieser Regierung frei vereinbarten Friedensvertrages, 4. Regelung aller noch offenen territorialen Fragen in diesem Friedensvertrag, 5. Sicherung der außenpolitischen Handlungsfreiheit für ein gesamtdeutsches Parlament und eine gesamtdeutsche Regierung im Rahmen der Ziele und Grundsätze der UN.

In der Diskussion zwischen den Großmächten in Ost und West spitzte sich die Auseinandersetzung schließlich auf die Frage zu, ob – wie es vor allem die USA und die Bundesregierung wünschten – die Lösung des deutschen Problems eine Voraussetzung für die »Entspannung« zwischen den »Blöcken« sein müßte oder, wie es die Sowjetunion forderte und mehr und mehr auch die beiden europäischen Westmächte – trotz des »Versackens« der Initiative des durch einen Schlaganfall gelähmten Premierministers Churchill – durchblicken ließen, die »Entspannung« absoluten Vorrang habe. Die – wie sich bald zeigen sollte: nur vorübergehende – Festlegung der USA auf die Priorität der Lösung der deutschen Frage, die nach dem ersten Amerika-Besuch Adenauers im Sommer 1953 verkündet wurde, brachte dem Kanzler, wie erwähnt, bei seiner Rückkehr erstmals öffentlichen Beifall in der Bevölkerung ein und förderte jenen »Adenauer-Boom«, der bei den 2. Bundestagswahlen am 6. September 1953 der CDU den Sprung nach vorn, auf 45,2% (gegenüber 28,8% für die SPD, 9,5% für die FDP) der gültigen Stimmen brachte und die Fortführung der »bürgerlichen« Koalition nunmehr auf breiter Basis sicherte. Erst mit diesem Votum der Mehrheit der westdeutschen Bevölkerung für die Parteien, die sich für die Westintegration auf der Linie Adenauers ausgesprochen hatten, war die Entscheidung für diese Politik und gegen eine »Neutralisierung« gefallen. Die 1952 gegründete »Gesamtdeutsche Volkspartei« des im Oktober 1950 aus Protest gegen Adenauers Angebot einer westdeutschen Beteiligung an der Verteidigung Westeuropas als Bundesinnenminister demissionierten Gustav Heinemann, die sich als einzige Partei klar für eine »Neutralisierung« Deutschlands ausgesprochen hatte – während die SPD im Grunde nur die Methode, nicht die Zielsetzung der Westorientierung Adenauers kritisierte –, erhielt nur 1,2% der gültigen Stimmen. Die Konzentration auf wenige Parteien setzte sich in der Bundesrepublik fort. Die verfassungsfeindlichen extremen Parteien wurden verboten (Sozialistische Reichspartei 1952, KPD 1956), die kleineren Parteien (u.a. »Block der Heimatvertriebenen und Entrechteten«, »Deutsche Partei«) verloren mit der sozialen Integration der Heimatvertriebenen und Flüchtlinge an Anhang, so daß sich – im ganzen gesehen – ein Dreiparteiensystem durchsetzte (CDU/CSU und SPD als »große« Parteien sowie FDP). In der Deutschland-Frage gewann die »Politik der Stärke« – paradoxerweise – zu einer Zeit breiteren Rückhalt, in der durch die – stillschweigende – Rückkehr der Eisenhower-Administration zur »Containment«-Linie Trumans (aber auch durch das Aufholen der Sowjetunion in der nuklearen Rüstung: Im August 1949 war die erste sowjetische Atombombe, im August 1953 die erste Wasserstoffbombe – ein Jahr nach der ersten amerikanischen – gezündet worden) die Grundvoraussetzung für eine Machtverschiebung in Mitteleuropa, ein zunehmendes »Gewicht« des »Westblocks«, immer mehr dahinschwand.

Die Viermächtekonferenz vom 25. Januar bis 18. Februar 1954 in Berlin zeigte dies in aller Deutlichkeit. Der Schwerpunkt der Weltpolitik verlagerte sich in dieser Zeit erneut nach Asien, und zwar auf die Auseinandersetzung um Französisch-Indochina. Der westliche, vom britischen Außenminister Eden vorgetragene Plan zur Lösung des Deutschlandproblems hielt sich an die bekannte Abfolge, beginnend mit freien gesamtdeutschen Wahlen. Dulles wollte zwar eine Entscheidungsfreiheit der gesamtdeutschen Regierung zubilligen, doch lag auf der Hand, daß der Sowjetunion diese –

faktisch mit höchster Wahrscheinlichkeit zugunsten des Westens ausfallende – Bündnisfreiheit einer aus freien gesamtdeutschen Wahlen hervorgegangenen Regierung (statt des von der Sowjetunion angestrebten vorher festzulegenden Neutralitäts-Status Deutschlands) genauso unannehmbar war. Für die Westmächte – Eden sprach es offen aus – war bei der Ablehnung des Neutralitäts-Konzepts maßgebend, daß ihnen das Risiko eines in eine Schlüsselposition zwischen Ost und West geratenden, bereits wieder erstarkten Deutschlands zu groß war. Die Einbeziehung Gesamtdeutschlands in den Westblock war daher für sie die Bedingung für eine – zudem für immer unwahrscheinlicher gehaltene – Wiedervereinigung. Auf der anderen Seite war es jetzt das Primärziel der Sowjetunion, die vorgesehene Höchstform der Integration (EVG) zu verhindern, um die Chance für ein Gegeneinanderausspielen der westeuropäischen Staaten zurückzugewinnen. Der Weg dazu führte über eine von der Sowjetunion vermittelte, für Frankreich glimpfliche Lösung des Indochina-Krieges (20. Juli 1954). Die Absage der Regierung Mendès-France an die EVG wirkte wie eine Gegenleistung, auch wenn andere Motive (Erhaltung der Gleichrangigkeit als »Großmacht" mit Großbritannien) vorrangig waren. Am 30. August 1954 scheiterte die EVG am Votum der französischen Nationalversammlung.

Die Bedeutung dieser Entscheidung ging weit über die Ablehnung einer bestimmten Form der militärischen Integration der Bundesrepublik hinaus. Erledigt war nunmehr mit der EVG auch die bereits im Vertragsentwurf vorliegende Konzeption einer »Europäischen Politischen Gemeinschaft«, mit der ein westeuropäischer Bundesstaat hatte begründet werden sollen. Adenauers politische Zielsetzung war an der wichtigsten »Nahtstelle« zerstört worden. Es war dabei zweitrangig, ob nun ein militärischer Beitrag der Bundesrepublik in einer anderen Form zustande kam. Um diesen ging es Adenauer ja stets nur nebenher. Das Wichtigste war die Bildung eines voll integrierten Westeuropas, das gegenüber den Weltmächten, vor allem der Sowjetunion, als einheitliches Ganzes handelte, mit dessen Schaffung es der Sowjetunion für immer unmöglich gemacht werden sollte, die westeuropäischen Staaten, speziell die Bundesrepublik und Frankreich, gegeneinander auszuspielen, um so die Bundesrepublik isolieren zu können. Die aus sowjetischer Sicht politisch, nicht militärisch unangenehmste, langfristig für die Behauptung ihres Übergewichts auf dem Kontinent bedrohlichste Lösung der Einbeziehung der Bundesrepublik in den »Westblock« war nun aus der Welt geschafft. Damit war auch Adenauers Wiedervereinigungsprogramm gescheitert, das er stets nur auf dem

Wege über die »Europäische Politische Gemeinschaft« in Gestalt einer Hineinnahme Mitteldeutschlands in ein vereinigtes Westeuropa angestrebt und von der Warte der westeuropäischen Länder aus für realisierbar gehalten hatte. Adenauer hatte in den vorausgehenden Jahren immer wieder betont, daß es zur EVG keine Alternative gebe. Jetzt – nach dem Scheitern des EVG-Projekts – wurde die Wiedervereinigungszielsetzung der Regierung Adenauer – an der sie festhielt – immer mehr zu einer aus innenpolitischen Erwägungen (als »Palliativ« gegen kommunistische Infiltration und »sozialistische Ideen«) durchgehaltenen Deklamation.

Eine militärische Ersatzlösung für die gescheiterte EVG fand sich auf einer »Neunmächte«-Konferenz in London (27. September bis 3. Oktober 1954) rasch. Nachdem sich die Regierung Mendès-France ihre Zustimmung hierzu mit dem Zugeständnis einer – später durch die Ablehnung dieses Status durch zwei Drittel der Saar-Bevölkerung in einem Volksentscheid vom 23. Oktober 1955 zugunsten eines Anschlusses des Saarlandes an die Bundesrepublik (1. 1. 1957) hinfällig werdenden – »Europäisierung« des Saarlandes durch die Bundesrepublik hatte »bezahlen« lassen, wurde die Aufnahme der Bundesrepublik in die NATO, die Aufstellung westdeutscher Divisionen in ihrem Rahmen und die Einbeziehung der Bundesrepublik sowie Italiens in den zur »Westeuropäischen Union« (WEU) erweiterten Brüsseler Pakt vereinbart. Das »europäische« Saarstatut war der Preis, der es der Nationalversammlung in Paris möglich machen sollte, diese Lösung der Frage des deutschen militärischen Beitrages sowie den revidierten Deutschland-Vertrag zu billigen. Am 25. Oktober 1954 wurden die Pariser Verträge unterzeichnet, die in einem ausgeklügelten System von Zusagen und Bindungen der Bundesrepublik die »Souveränität« zugestanden. Die Bundesrepublik war jetzt erst als ein quasi neugeschaffener Staat unter Staaten ins Leben gerufen worden, während sie dem ursprünglichen Deutschland-Vertrag von 1952 zufolge als kurzfristiger Übergang zu einem Teil des die »Souveränität« an sich ziehenden Bundesstaates Westeuropa betrachtet worden war.

Nach der Ratifizierung durch die Mitgliedstaaten traten die Pariser Verträge am 5. Mai 1955 in Kraft. Die alliierte »Hohe Kommission« wurde aufgelöst, das Besatzungsstatut aufgehoben, die Bundesrepublik für »souverän« erklärt. Dies traf jedoch nur mit erheblichen Einschränkungen zu. Von den Sonderrechten für die alliierten Truppen auf dem Boden der Bundesrepublik abgesehen, standen einer vollen Souveränität vor allem Artikel 2 des Protokolls C, Nr. 2 (weitere Zuständigkeit der drei Alliierten für den Bereich Abrüstung und »Entmilitarisierung« Deutschlands), Artikel 2 der Liste I desselben Protokolls (Vorbehalt betreffend »die bisher von ihnen ausgeübten und innegehabten Rechte und Verantwortlichkeiten in bezug auf Berlin und auf Deutschland als Ganzes einschließlich der Wiedervereinigung Deutschlands und einer friedensvertraglichen Regelung«) entgegen. Artikel 7 derselben Liste bestätigte jedoch als ein wesentliches Ziel der »gemeinsamen« Politik die Errichtung eines frei vereinbarten Friedensvertrages, die Wiedervereinigung und die Aufschiebung der endgültigen Festlegung der Grenzen bis zur Erreichung dieses Ziels.

Hat es in der Zeit zwischen dem Scheitern des EVG-Vertrages und der Inkraftsetzung der Pariser Verträge noch Bemühungen gegeben, die damit zu erwartende Weichenstellung zugunsten einer einseitigen Westbindung der Bundesrepublik und damit zur langfristigen Teilung Deutschlands aufzuhalten? Hier ist noch manches ungeklärt. Die Reaktion der Sowjetunion auf das Scheitern der EVG kam jedenfalls zögernder als erwartet. Erst am 5. Jahrestag der Gründung der DDR (7. Oktober 1954), d. h. nach der Londoner »Neunmächte-Konferenz«, bezeichnete Molotow die Lösung der Deutschland-Frage als »unaufschiebbar«, die Durchführung »freier gesamtdeutscher Wahlen« als notwendig und den im Januar auf der Berliner Konferenz als unannehmbar bezeichneten Eden-Plan als akzeptabel. Die Westmächte hatten sich jedoch inzwischen darauf festgelegt, neue Verhandlungen mit der Sowjetunion über Deutschland erst nach der Ratifizierung der Pariser Verträge zu führen. Die Ostblockländer verurteilten am 2. Dezember 1954 in einer Deklaration der Moskauer »Sicherheitskonferenz« scharf die Aufnahme der Bundesrepublik in die NATO, schlugen im Falle der »Nichtratifizierung der Verträge« »gesamtdeutsche freie Wahlen« für 1955 vor und kündigten für den Fall einer Ratifizierung die Bildung eines östlichen Gegenstücks zur NATO an (wenige Tage nach der Ratifizierung, am 14. Mai 1955, in Gestalt des Warschauer Pakts der Ostblockstaaten unter Einbeziehung der DDR verwirklicht). Ungewöhnlich war die TASS-Erklärung der Sowjetunion vom 15. Januar 1955, in der von »noch ungenutzten Möglichkeiten« zur Wiedervereinigung die Rede war: »Das deutsche Volk muß durch die Abhaltung allgemeiner freier Wahlen in ganz Deutschland einschließlich Berlins die Möglichkeit haben, seinen freien Willen zu äußern, damit ein einheitliches Deutschland als Großmacht wieder ersteht und einen würdigen Platz unter den Mächten einnimmt.« Allerdings sei die Sowjetregierung auch im Falle der Ratifizierung der Pariser Verträge bereit, ihre Beziehungen zur Bundesrepublik zu »normalisieren« – neben den bestehenden »guten« Beziehungen zur DDR. Adenauers Antwort am 21. Januar 1955 lautete: »Wir wollen nicht das Nebeneinander zweier selbständiger deutscher Staaten, wir wollen die Wiedervereinigung in Frieden und Freiheit.« Oppositionsführer Erich Ollenhauer, der Nachfolger des am 20. August 1952 verstorbenen Kurt Schumacher als SPD-Vorsitzender, sprach hingegen in einem Schreiben an den Kanzler von einer »verhängnisvollen Verhärtung der deutschen Spaltung« im Falle einer Ratifizierung der Pariser Verträge durch den Bundestag. Ein letzter Vorstoß der Sowjetunion folgte am 25. Januar 1955. Dabei erklärte das Präsidium des Obersten Sowjet den Kriegszustand zwischen der UdSSR und Deutschland (d. h. mit ganz Deutschland) für beendet. Zwischen beiden würden nunmehr friedliche Beziehungen hergestellt. Dazu erklärte die Bundesregierung am 26. Januar 1955, daß sie dieser Verlautbarung nur wenig Wirksamkeit beimesse, weil sich die Sowjetunion »sämtliche Rechte aus den Viermächteabkommen, insbesondere aus den Abkommen von Jalta und Potsdam, vorbehalten hat«.

Der Sinn dieser abschwächenden Interpretation lag wohl darin, eine befürchtete Wirkung der sowjetischen Verlautbarungen auf Teile der westdeutschen Bevölkerung zu verringern, da sich nicht übersehen ließ, welchen Anklang die sowjetischen Deklarationen bei der damals ihrem Höhepunkt zustrebenden »Paulskirchen-Bewegung« finden würde. Diese außerparlamentarische Oppositionsbewegung, der sich auch Teile der SPD-Führung anschlossen, verabschiedete am 29. Januar 1955 ein »Deutsches Manifest«, das sich mit beschwörenden Worten gegen die Zerreißung Deutschlands wandte und die Pariser Verträge wie die Aufstellung westdeutscher Streitkräfte scharf verurteilte. Den Abgeordneten des Bundestages wurde das Recht zur Abstimmung über diese Verträge abgesprochen. An der Wegegabel, ob sie auf dieser außerparlamentarischen Bahn weiterschreiten oder zur Opposition innerhalb des Bundestages zurückkehren sollten, entschieden sich die SPD-Repräsentanten für die Rückkehr ins Parlament. Die »Paulskirchen-Bewegung« verlor damit schnell an Durchschlagskraft.

Ob der überraschende Rücktritt des sowjetischen Ministerpräsidenten Malenkow am 8. Februar 1955, dessen gemäßigter Kurs, auch in der Deutschlandpolitik, ins Kreuzfeuer seiner Rivalen geraten war, mit der sich zu dieser Zeit bereits abzeichnenden Entscheidung in der Bundesrepublik zugunsten Adenauers zusammenhing, muß offen bleiben. Am gleichen Tage erklärte jedenfalls Molotow vor dem Obersten Sowjet eindeutig, daß, wenn die Pariser Verträge nicht in Kraft träten, noch im Jahre 1955 freie gesamtdeutsche Wahlen möglich seien; andernfalls würde die Wiedervereinigung Deutschlands auf lange Zeit unmöglich. Am 27. Februar 1955 wurden die Verträge vom Bundestag (gegen die Stimmen der SPD) ratifiziert. Wenige Wochen danach, im April 1955, machte die Sowjetunion durch Zugeständnisse den Weg zum Abschluß des »Staatsvertrags« für Österreich frei (unterzeichnet am 15. Mai 1955), der den Abzug aller Besatzungstruppen und die permanente Neutralität des Landes fixierte. Die »westlichen« Erwägungen, einen »Anschluß« des westlichen Teils Österreichs an die Bundesrepublik vorzunehmen, wenn die Sowjetunion zur Spaltung Österreichs schreiten sollte, waren damit hinfällig.

Mit der Einbeziehung der Bundesrepublik in die NATO am 5. Mai 1955, der DDR in den Warschauer Pakt am 14. Mai 1955 war die 1947/48 eingeleitete Spaltung Deutschlands zu einem vorläufigen Abschluß gelangt. Eine Grundentscheidung auf unabsehbare Zeit war getroffen worden. In diesen sieben Jahren hatten sich die weltpolitischen Voraussetzungen, die am Anfang dieses Weges für die Entschlußfassung bestimmend gewesen waren, jedoch grundlegend gewandelt. Die Überschätzung der Deutschland-Frage für die Weltpolitik, die Befürworter und Gegner in dem jahrelangen verbissenen Ringen – ohne daß es ihnen bewußt war – vereint hatte, trat jetzt sehr schnell zutage; denn die Erwartungen oder Befürchtungen, daß nach dem Inkrafttreten der Pariser Verträge und der Aufnahme der DDR in den neu gegründeten Warschauer Pakt die Spannungen zwischen Ost und West enorm zunehmen würden, da die Machtbereiche beider Blöcke jetzt in Zentraleuropa noch unmittelbarer aufeinanderstießen als bisher, erfüllten sich nicht. Im Gegenteil: Es trat zunächst eine längere Phase der Konsolidierung und Beruhigung auf allen Seiten ein. Die Möglichkeit des direkten oder indirekten Hinübergreifens in den in Deutschland seit 1945 festliegenden beiderseitigen Einflußbereich – wie es in den Jahren davor mit wechselnder Taktik auf verschiedenen Ebenen versucht worden war – hatte sich zumindest ganz beträchtlich verringert. Um den jetzt in Mitteleuropa erreichten Zustand doch noch zu verändern, bedurfte es einer viel längerfristig angelegten politischen Strategie als bisher. Die Sowjetunion schwenkte unter Führung Chruschtschows (1. Sekretär der KPdSU zunächst neben Bulganin als Ministerpräsident, seit März 1958 selbst Regierungschef) auf die – wie sich bald zeigte – propagandistisch außerordentlich wirksame Linie einer »friedlichen Koexistenz zwischen Staaten verschiedener gesellschaftlicher Ordnungen« bei fortdauerndem ideologischen, jedoch in Maßen gehaltenem machtpolitischen Konflikt ein, um die Sowjetunion ökonomisch gegenüber dem »imperialistischen« Lager aufholen zu lassen. Eine Abschwächung des sowjetischen Expan-

sionsdrucks mußte zudem die schon seit 1953 festzustellende Auf-
lockerungstendenz innerhalb des »Westblocks« weiter fördern.
Die Einladung an Adenauer zu einem Besuch nach Moskau vom
7. Juni 1955 fügte sich in diesen Rahmen ebenso ein wie die Zusage
zur Teilnahme der Sowjetunion an einem »Gipfel«-Treffen in Genf
(18. bis 23. Juli 1955). Auf dieser »Konferenz des Lächelns« legte
Eden (seit April 1955 Nachfolger Churchills als Premierminister)
seinen – modifizierten – Stufenplan zur Wiederherstellung der
deutschen Einheit mit »freien Wahlen« als erstem Schritt erneut vor
(das Entgegenkommen spiegelte sich in dem Vorschlag, nicht mehr
Gesamtdeutschland in die NATO einzufügen, sondern das Gebiet
der bisherigen DDR entmilitarisiert zu lassen). Die sowjetische
Seite rückte die »Entspannung« in den Vordergrund, da eine »me-
chanische Verschmelzung« beider deutscher Staaten infolge der
»sozialistischen Errungenschaften« in der DDR nicht mehr möglich sei. Die Konferenz einigte sich im Abschlußkommuniqué auf
die (Kompromiß-)Formel, »daß die Regelung der Deutschland-
Frage und der Wiedervereinigung Deutschlands im Wege freier
Wahlen im Einklang mit den nationalen Interessen des deutschen
Volkes und den Interessen der europäischen Sicherheit durchgeführt werden solle«. Es war dies das letzte Mal, daß ein sowjetischer Regierungschef die Zielsetzung der Wiedervereinigung
Deutschlands wenigstens formal akzeptierte. Verdeckt war durch
den Formelkompromiß, daß das umstrittene Nacheinander von
Wiedervereinigung und »europäischer Sicherheit« (bzw. umgekehrt) durch die Wendung »im Einklang« zwar nicht gelöst war,
daß jedoch die Westmächte trotz der Warnungen Adenauers ihre
Position des Vorrangs der Lösung der deutschen Frage aufgegeben
hatten. Auf der Rückreise von Genf sprach Chruschtschow in Ost-
Berlin demonstrativ vom Bestehen »zweier deutscher Staaten«. Der
Alleinvertretungsanspruch, an dem die Westmächte wie die Bundesregierung – auf Grund der Pariser Verträge – festhielten, wurde
damit auch und gerade in der veränderten Gesamtsituation seit Mai
1955 von der Sowjetunion mehr denn je bestritten.
Es stand demnach bereits fest, daß Adenauer in Moskau nur als Re-
präsentant des einen deutschen Staates betrachtet würde und daß
die Forderung nach Aufnahme diplomatischer Beziehungen zwischen Moskau und Bonn zum Ziel hatte, mit der Vertretung beider
deutscher Staaten in der sowjetischen Hauptstadt allmählich eine
breitere und schließlich universale Anerkennung der Spaltung
Deutschlands zu erreichen. Wenn Adenauer während seines Auf-
enthaltes in Moskau (9.–13. September 1955) sich dennoch für die
Aufnahme diplomatischer Beziehungen entschied, so einmal, weil

ihm ein permanenter Kontakt zur »vierten Besatzungsmacht« in Deutschland notwendig erschien, vor allem aber, um die auf Grund der TASS-Erklärung vom 25. Januar 1955 schon eingeleitete, jedoch, um Pressionen auf die deutsche Delegation ausüben zu können, von der sowjetischen Regierung wieder angehaltene Entlassung der letzten 10 000 deutschen Kriegsgefangenen aus der Sowjetunion sicherzustellen. Daß die Sowjetführung mehr anstrebte, als in dem schließlich Erreichten zum Ausdruck kam, machten die Äußerungen Chruschtschows gegenüber Adenauer außerhalb der offiziellen Verhandlungen deutlich: »Helfen Sie uns, mit Rotchina fertig zu werden ... und mit den Amerikanern.« Adenauer begründete in seinen »Memoiren« die Ablehnung wie folgt: »Es wäre eine Untreue gegen Europa und gegen Amerika gewesen, und den Russen in diesem Stadium und ohne feste Bindung mit der übrigen freien Welt zu helfen, hieße, den Kopf in den Rachen des Löwen zu stecken.« Adenauer sah sich durch Chruschtschow in seinen Spekulationen bestätigt, daß der Gegensatz zu China die Sowjetunion eines Tages veranlassen werde, in der Deutschlandpolitik doch noch nachzugeben.

Um der Tendenz entgegenzuwirken, daß nach Aufnahme diplomatischer Beziehungen zwischen der Bundesrepublik und der Sowjetunion auch andere Länder zu beiden deutschen Staaten Beziehungen aufnahmen und damit die Spaltung Deutschlands verfestigt würde, vertrat die Bundesregierung in der sogenannten »Hallstein-Doktrin« die Position, daß die diplomatische Anerkennung der DDR durch einen anderen Staat als die »vierte Besatzungsmacht« Sowjetunion »automatisch« den Abbruch der Beziehungen von seiten der Bundesrepublik zur Folge haben würde – 1957 wurde dies im Falle Jugoslawiens, 1963 im Falle Kubas verwirklicht.

Unmittelbar nach der Abreise Adenauers traf eine DDR-Delegation unter Führung Grotewohls in Moskau ein. Am Ende dieses Besuchs stand am 20. September 1955 die Unterzeichnung eines »Vertrages über die Beziehungen zwischen der DDR und UdSSR«, den man als zweite »Souveränitäts«-Erklärung für die DDR bezeichnen kann. Schon nach der gescheiterten Berliner Außenministerkonferenz hatte der DDR-Ministerrat im Einverständnis mit der sowjetischen Regierung am 27. März 1954 festgestellt, daß die DDR ein »souveräner Staat geworden« sei. Erst vier Monate später war diesem übereilten Schritt allerdings die Aufhebung der Befehle der SMAD gefolgt. Im neuen Vertrag »bestätigten« sich beide Seiten, daß ihre Beziehungen zueinander auf der Grundlage »völliger Gleichberechtigung« und der »Nichteinmischung in die inneren Angelegenheiten« beruhen würden. Jedoch sollten die Viermächteabkommen, die »Deutschland als Ganzes« beträfen, »vorerst« weiter wirksam bleiben. Dies galt vor allem für den Berlin-Verkehr, der seit Aufhebung der Blockade – im ganzen gesehen – auf der Basis, daß alliierte Streitkräfte von den Sowjets, der deutsche Reiseverkehr hingegen von der DDR-Grenzpolizei kontrolliert wurden, störungsfrei verlief. In einem anschließenden Notenwechsel zwischen der Sowjetunion und den Westmächten beharrte der Osten auf der »Zwei-Staaten-These«, während der Westen seine Haltung bestätigte, nur die Bundesregierung als legitime Vertretung der deutschen Nation anzuerkennen. Mit anderen Worten: Während die Sowjetunion seit 1955 von der Existenz »zweier deutscher Staaten« in ihrer Politik ausging, hielten die Westmächte und die Bundesrepublik an der »gesamtdeutschen« Zielsetzung trotz der immer geringer werdenden Möglichkeit für ihre Realisierung fest. Die diametral entgegengesetzte Haltung in der Deutschland-Frage wurde auf der Genfer Außenministerkonferenz (27. Oktober bis 16. November 1955) offenkundig, deren Scheitern die letzten von der »Gipfelkonferenz des Lächelns« übriggebliebenen Illusionen zerstörte.

## III. Von der Erklärung der »Souveränität« der Bundesrepublik Deutschland und der DDR 1955 bis zum Bau der Berliner Mauer 1961

In den Jahren zwischen 1955 und 1958 beharrten die Westmächte und die Bundesregierung auf ihrer politischen Linie, daß nur gleichzeitig mit einer Lösung oder (so wurde gegen den zähen Widerstand Adenauers allmählich abgeschwächt) bei Fortschritten in der Frage der deutschen Wiedervereinigung auch eine Lösung der Probleme von Abrüstung und europäischer Sicherheit möglich sei, während die Sowjetunion an der Priorität des europäischen Sicherheitsproblems und der allgemeinen »Entspannung« festhielt.

Mit dem von Adenauer mit inneren Zweifeln (wegen der zu geringen politischen Verpflichtungen der Mitglieder) unterstützten Projekt einer »Europäischen Wirtschaftsgemeinschaft« (EWG), die die Länder der »Montanunion« in den »Römischen Verträgen« vom 23. März 1957 beschlossen (am 1. Januar 1958 in Kraft getreten), konnte die 1954 gescheiterte politische Integration Westeuropas allenfalls langfristig – indirekt – gefördert werden. Das »Gewicht« der Bundesrepublik wuchs indessen sowohl im Rahmen des westlichen Bündnissystems als auch darüber hinaus. Das von Adenauer schon 1952 mit Israel abgeschlossene Wiedergutmachungsabkommen hatte die – anfangs sehr geringe – moralische Position der westlichen Teile Nachkriegsdeutschlands gefestigt. Da Israel auf diplomatische Beziehungen vorerst verzichtete, blieb das gute Verhältnis zu den arabischen Staaten fortbestehen – angesichts der Krise der Beziehungen dieser Länder zu den Westmächten seit Ausbruch des Algerien-Krieges (1954) und seit der Suez-Aktion (1956) ein Aktivposten für das westliche Bündnis insgesamt. Auslandsreisen des Bundeskanzlers und des Bundespräsidenten waren Ausdruck des wachsenden Prestiges der Bundesrepublik über Westeuropa hinaus, während die DDR allseits als sowjetischer »Satellit« galt und über den Ostblock hinaus nirgends anerkannt war. Die innenpolitische Stellung Adenauers erreichte mit der Gewinnung der absoluten Mehrheit für die CDU/CSU in den Bundestagswahlen 1957 ihren Höhepunkt.

Die nach einigen ruhigen Jahren Ende 1958 einsetzende neue Phase des Ringens um Deutschland wurde von einer Reihe von Veränderungen mitbestimmt: vom Wandel der amerikanischen Strategie der Verteidigung Westeuropas zur »massiven Abschreckung« (Radford-Plan), die der seit 1956 – sechs Jahre seit der ersten Planung – im Aufbau befindlichen Bundeswehr eine neue, begrenztere Aufgabe als »Schild« zuwies; vom Erlöschen der letzten Hoffnung auf ein »Roll-Back« als Folge des passiven Verhaltens der USA im Zusammenhang mit den revolutionären Vorgängen in Polen und Ungarn im Herbst 1956; von der Akzentuierung eines eigenwilligen, von den USA unabhängigen Kurses der Politik Großbritanniens und Frankreichs seit dem Suez-Unternehmen im Oktober 1956, verstärkt seit dem Regierungsantritt de Gaulles am 1. Juni 1958; schließlich von der Diskussion um »Disengagement«-Pläne für Mitteleuropa (Schaffung »atomwaffenfreier Zonen« mit der Bundesrepublik, der DDR und der Tschechoslowakei als Kern) und – in Verbindung damit – von den verschiedenen »Konföderations«-Plänen der DDR-Regierung für die beiden deutschen Staaten, die von der Regierung Adenauer insgesamt a limine abgelehnt, von der Öffentlichkeit der westlichen Länder wie von der SPD-Opposition jedoch positiver beurteilt wurden. (Erst am 19. März 1959 trat die SPD allerdings mit einer Verknüpfung von »Disengagement«- und Wiedervereinigungsüberlegungen in ihrem – aussichtslosen – »Deutschland-Plan« hervor, den sie selbst ein Jahr später wieder zurückzog, nachdem die Sowjetunion keinerlei Interesse daran bekundet hatte.)

Die ständigen Initiativen der DDR mit immer neuen »Konföderations«-Plänen veranlaßten den Bundestag, am 2. Juli 1958 in einer einstimmigen Entschließung die Bundesregierung aufzufordern, sich bei den – allein für Deutschland als Ganzes verantwortlichen – vier Mächten dafür einzusetzen, daß ein Viermächtegremium gebildet würde, das Vorschläge zur Lösung der deutschen Frage ausarbeiten sollte. Offiziell hielten sich Bundestag und Bundesregierung somit an die in den Pariser Verträgen vorgezeichnete Haltung in der Deutschland-Frage. In einer »Arkan«-Politik suchte Adenauer etwa seit der gleichen Zeit indessen angesichts wachsender Zweifel an dem Erfolg der Politik des sich auflockernden »Westblocks«, durch Intensivierung der direkten Kontakte zur Sowjetunion die Möglichkeiten für eine Lösung des Deutschlandproblems auf der Basis einer »Österreich-Lösung« für die DDR zu sondieren. »Menschliche Erleichterungen« statt nationaler Wiedervereinigung rückten jetzt als Zielvorstellung in den Vordergrund. Die Entsendung des Botschafters Kroll nach Moskau führte zwar zu guten persönlichen Kontakten mit Chruschtschow, doch wirkten sich diese politisch im großen nicht aus, weil die Sowjetregierung auf dem Abschluß eines Friedensvertrages mit beiden deutschen Staaten und auf dem Verzicht der Bundeswehr auf Träger für Atomwaffen beharrte.

Das Dilemma der Deutschlandpolitik der Westmächte – und ihrer Strategie der »massiven Abschreckung« – wurde offenkundig, als Chruschtschow mit seinem sogenannten Berlin-Ultimatum im November 1958 den Hebel an der neuralgischen Stelle der westlichen Position ansetzte. In einem Memorandum an die Westmächte vom 27. November 1958 erklärte die Sowjetregierung, daß sie die Vereinbarung der EAC vom 12. September 1944 sowie die daran anknüpfenden Einzelabkommen, deren Wirksamkeit »für die ersten Jahre nach der Kapitulation Deutschlands berechnet waren, als nicht mehr in Kraft befindlich betrachte«:

»Die richtigste und natürlichste Lösung dieser Frage wäre natürlich die Wiedervereinigung des westlichen Teils Berlins, der heute faktisch von der DDR losgelöst ist, mit dem östlichen Teil, wodurch Berlin zu einer vereinigten Stadt im Bestande des Staates würde, auf dessen Gebiet es sich befindet.« Dem stünden Schwierigkeiten entgegen. »Wenn die Bewohner West-Berlins die gegenwärtigen Lebensformen, die auf privat-kapitalistischem Eigentum basieren, beizubehalten wünschen, so ist das ihre Sache. Die UdSSR ihrerseits wird jede diesbezügliche Entscheidung der Westberliner respektieren. Auf Grund all dieser Überlegungen würde es die sowjetische Regierung ihrerseits für möglich halten, die West-Berlin-Frage gegenwärtig durch die Umwandlung in eine selbständige politische Einheit – in eine Freie Stadt – zu lösen, in deren Leben sich kein Staat, auch keiner der beiden bestehenden deutschen Staaten einmischen dürfte . . . Die sowjetische Regierung (beabsichtigt), im Laufe eines halben Jahres keine Änderung des gegenwärtig bestehenden Modus für militärische Transporte der USA, Großbritanniens und Frankreichs aus West-Berlin in die Bundesrepublik vorzunehmen . . . Im Laufe der angegebenen Frist werden die Parteien die Möglichkeit haben, bei der Regelung der Berlin-Frage ihr Streben nach internationaler Entspannung durch die Tat zu beweisen. Sollte die genannte Frist nicht zur Erreichung einer entsprechenden Übereinkunft ausgenutzt werden, so wird die Sowjetunion durch ein Abkommen mit der DDR die geplanten Maßnahmen verwirklichen. Dabei ist daran gedacht, daß die DDR, wie auch jeder andere selbständige Staat, in vollem Umfange für die ihr Gebiet angehenden Fragen zuständig sein muß, d. h., daß sie ihre Souveränität zu Lande, zu Wasser und in der Luft ausüben muß. Gleichzeitig werden alle bisherigen Kontakte zwischen den Vertretern der Streitkräfte und anderen offiziellen Personen der Sowjetunion in Deutschland und den entsprechenden Vertretern der Streitkräfte und anderen offiziellen Personen der USA, Großbritanniens und Frankreichs in Fragen, die Berlin betreffen, aufhören.«

Einen Tag vor Absendung dieser Note, am 26. November 1958, hatte der amerikanische Außenminister Dulles, durch Chruschtschows Drohrede im Moskauer Sportpalast am 10. November 1958 voralarmiert, auf einer Pressekonferenz die – danach als »Agenten-Theorie« bezeichnete – These vertreten, daß er sich bei einem Rückzug der Sowjetunion aus ihrer direkten Verantwortung für den Berlin-Verkehr eine Lösung derart denken könne, daß Beamte der DDR als Beauftragte (»agents«) der Sowjetunion die westalliierten Militärtransporte kontrollierten. Damit war schon vor Beginn der großen Auseinandersetzung ein zumindest partielles Zurückstecken der westlichen Führungsmacht zu konstatieren. Es dauerte über einen Monat, bis sich die sich gegenüber dem sowjetischen Druck höchst unterschiedlich verhaltenden drei Westmächte am 31. Dezember 1958 auf eine Zurückweisung des Ultimatums einigten, zugleich jedoch – das Argument Adenauers beiseite schiebend, daß sie durch diese Verknüpfung des begrenzten Berlin-Problems mit der deutschen und europäischen Gesamtpolitik in eine Zwangssituation geraten würden – ihre Bereitschaft erklärten, das Berlin-Problem im Rahmen von Verhandlungen über die Deutschland-Frage insgesamt und über die »europäische Sicherheit« zu erörtern, sofern die Sowjetregierung von dem ultimativen Charakter ihrer Note Abstand nähme. Die Westmächte strebten eine Viererkonferenz der Außenminister an, bei der sie unter grundlegend veränderten Verhältnissen gegenüber 1955 auf die Direktive der Genfer Gipfelkonferenz mit der damals proklamierten Verklammerung von Deutschland- und Sicherheits-Frage zurückzulenken suchten, um das Berlin-Problem im größeren Zusammenhang zu halten. Es war jedoch sehr die Frage, ob sie diese Linie durchhalten und eine Isolierung des Berlin-Problems in den Verhandlungen verhindern konnten. Trat dies doch ein – und genau dies war auf der Genfer Außenministerkonferenz im Sommer 1959 dann der Fall –, war nicht nur das Berlin-Problem, sondern – zunächst indirekt – die Deutschland-Frage insgesamt aus der Verklammerung mit der allgemeinen Abrüstungs- und Sicherheitsproblematik herausgelöst.

Chruschtschows Antwort an die Westmächte bestand zunächst in dem Vorschlag eines Friedensvertrages für ganz Deutschland vom 10. Januar 1959, in dem – unter Rückgriff auf Stalins Note vom 10. März 1952 – die »Neutralisierung« Deutschlands und die Anerkennung der Oder-Neiße-Linie als deutsch-polnische Grenze gefordert wurde. Der Friedensvertrag sollte jetzt jedoch von den Regierungen beider deutscher Staaten unterzeichnet werden, denen anschließend auch die Frage einer Vereinigung ihrer Staaten überlassen werden sollte. Chruschtschow verschärfte die Krise weiter, indem er am 5. März 1959 in Leipzig erstmals drohte, im Falle der Ablehnung seiner Vorschläge einen »Separatfriedensvertrag« mit der DDR abzuschließen, mit dem alle Vorbehalte auf Kosten der »Souveränität« der DDR auf Grund des Vertrages vom 20. September 1955 entfallen würden. Die Westmächte müßten dann mit der DDR vertragliche Vereinbarungen über die Zugangswege nach Berlin, auch in der Luft, treffen. Die Front der Westmächte erwies sich unter diesem sowjetischen Druck als brüchig. Auf dem Höhepunkt der Spannungen – Chruschtschow drohte mit Raketenangriffen auf die westlichen Hauptstädte – reiste der britische Premierminister Macmillan im Februar 1959 nach Moskau, und de Gaulle erklärte sich im März 1959 öffentlich für die Anerkennung der Oder-Neiße-Linie. Schließlich einigten sich jedoch die vier Mächte kurz vor Ablauf der Halbjahresfrist auf die Einberufung einer Außenministerkonferenz unter Beteiligung deutscher Beraterdelegationen aus der Bundesrepublik und der DDR (an »Katzentischen« im Beratungssaal).

Adenauer hatte sich mit aller Kraft – wenn auch vergeblich – gegen diese Entscheidung für eine neue Viererkonferenz gewandt. Die schwere Erkrankung von Dulles, der am 15. April 1959 offiziell als Außenminister zurücktrat, beraubte ihn der einzigen, an sich schon in ihrer Position unsicher gewordenen Stütze; sein Einfluß auf die Politik der Führungsmacht war schon seit längerem erheblich schwächer geworden als in den Jahren der »Achse« Washington–Bonn 1953/55 (die erste Krise im amerikanisch-deutschen Verhältnis war durch den Radford-Plan ausgelöst worden; seitdem wuchs das Mißtrauen Adenauers gegenüber den USA). In der Lageanalyse vom 30. Januar 1959 zeichnete der Kanzler ein düsteres Bild der Situation und plädierte für ein unbedingtes Festhalten am Viermächtestatus von Berlin. Dies sei Voraussetzung für die Fortdauer der politischen Stabilität der Bundesrepublik, die ihrerseits wieder ein unentbehrliches Element des westlichen Bündnisses sei. Nur die NATO unter Führung der USA sei in der Lage, die Sowjetunion daran zu hindern, ihr unverrückbares Ziel, »die Weltherrschaft«, zu erreichen. Ähnlich wie General Clay kurz vor der ersten Berlin-Krise 1948/49 betonte jetzt Adenauer, daß es auf das unbedingte Halten der westlichen Berlin-Stellung ankomme. Ginge sie verloren, geriete alles ins Rutschen. Das alte Bild von Berlin als der »Speerspitze«, die in den Machtbereich des Feindes hineinreiche, wurde noch einmal beschworen. Als eigenes Ziel allerdings – und dies zeigte die Wendung gegenüber 1953/55 auf Grund des zugunsten der Sowjetunion verschobenen Kräfteverhältnisses zwischen Ost und West – wurde nur noch die Rettung des gewachsenen Status von Berlin bezeichnet. Von einer »Befreiung« Mitteldeutschlands war keine Rede mehr. Am Ende der einst mit so großen offensiven Erwartungen begonnenen »Politik der Stärke« stand die reine Defensive.

Die ernste Beurteilung der internationalen Situation veranlaßte Adenauer, nach dem Verzicht von Theodor Heuss auf eine dritte Amtsperiode als Bundespräsident, seine eigene Kandidatur anzumelden – in der irrigen Auffassung, als Bundespräsident noch stärker die kontinuierliche Orientierung der westdeutschen Außenpolitik bestimmen zu können. Die wenige Wochen später getroffene Absage an diesen Plan erweckte in der Öffentlichkeit erstmals den Eindruck einer Unsicherheit des Kanzlers. Die Wahl des bisherigen Bundesministers für Ernährung und Landwirtschaft Heinrich Lübke zum Bundespräsidenten (1. 7. 1959) war eine Verlegenheitslösung.

Die trotz der Warnungen Adenauers begonnene Genfer Außenministerkonferenz (11. Mai bis 5. August 1959 mit Unterbrechung vom 20. Juni bis 13. Juli) schien zunächst mit dem Plan des neuen amerikanischen Außenministers Herter vom 14. Mai 1959 auf ein Beharren in der alten Position hinauszulaufen, da der bekannten Stufenfolge zur Lösung der Deutschland-Frage mit »freien Wahlen« am Beginn nunmehr eine Phase vorgeschaltet war, in der der Wiedervereinigung Deutschlands im großen gleichsam eine kleine Wiedervereinigung Berlins nach dem gleichen Modus vorausgehen sollte. Im Grunde stellte der Herter-Plan nur eine Variante der alten Maximalzielvorstellung der Westmächte dar. Wie zu erwarten war, bestand der sowjetische Außenminister Gromyko auf dem Friedensvertragsentwurf vom 10. Januar 1959. Die entscheidende Frage war nun, ob die Westmächte jetzt die Konferenz für gescheitert erklärten oder doch das »Paket« aufzuschnüren und das Berlin-Problem gesondert zu lösen suchten. In den Geheimverhandlungen vom 1. Juni an visierten die Westmächte erstmals eine isolierte Berlin-Lösung an, d. h., sie gaben zwar nicht formal und verbal, wohl aber faktisch ihre eigene »gesamtdeutsche« Zielsetzung auf. Damit war der entscheidende Wendepunkt in der Auseinandersetzung zwischen Ost und West in der Deutschland-Frage seit 1955 eingetreten. Darin liegt die Bedeutung dieser Genfer Außenministerkonferenz im Sommer 1959. (Von hier aus führt über einige Zwischenstationen eine Linie zu den Viermächteverhandlungen über Berlin 1969–1971.)

Die problematischen Lösungen selbst, die die Westmächte in den Genfer Verhandlungen für Berlin vorschlugen (Einstellung der gegen die DDR gerichteten Tätigkeiten, auch der Propaganda, von West-Berlin aus), fanden nicht die Zustimmung der Sowjetunion, die auf einer zeitlichen Befristung der Anwesenheit westalliierter Truppen in Berlin beharrte. Heraus aus der Sackgasse, in die die Konferenz damit trotz der weitgehenden Zugeständnisse der Westmächte geriet, gelangte man schließlich durch die Vereinbarung eines Treffens zwischen Eisenhower und Chruschtschow in den USA. Das Kommuniqué dieser Begegnung von Camp David vom 26./27. September 1959 wurde allzu optimistisch als Aufhebung des Berlin-Ultimatums gedeutet. Die Verwendung der Formel von der »anomalen Situation« Berlins, die Eisenhower in der anschließenden Pressekonferenz verwendete, ließ eher ein weiteres Entgegenkommen gegenüber der sowjetischen Interpretation des Berlin-Problems befürchten.

Die mit dem Chruschtschow-Ultimatum einsetzende neue Berlin-Krise traf die Bevölkerung der Bundesrepublik unvorbereitet. Die innenpolitische Basis der Regierung Adenauer hatte sich in der ruhigen Phase davor, wie schon angedeutet, durch den Ausgang der Bundestagswahlen von 1957, die der CDU/CSU mit 50,2% der gültigen Stimmen die absolute Mehrheit im Bundestag brachte, weiter gefestigt. Der wachsende Wohlstand weiter Bevölkerungsschichten, allgemein auf die »soziale Marktwirtschaft« Ludwig Erhards zurückgeführt, verurteilte die Fortdauer der grundsätzlichen Kritik an dieser Wirtschaftspolitik auf seiten der SPD zur politischen Wirkungslosigkeit. Im »Godesberger Grundsatzprogramm« vom 15. November 1959 vollzog die SPD daher eine Abwendung von ihrem bisherigen Selbstverständnis als »Arbeiterpartei« hin zu einer »Volkspartei«. Sie bekannte sich jetzt zu der seit 1949 in der Bundesrepublik entwickelten Sozial- und Wirtschaftsordnung. Im außenpolitischen Bereich und hinsichtlich der Wehrpolitik folgte mit den Reden Fritz Erlers und Herbert Wehners vor dem Bundestag am 30. Juni 1960 eine vergleichbare Anpassung an die durch die NATO-Mitgliedschaft gegebenen Realitäten der Einbindung der Bundesrepublik in die westliche Allianz. Damit war in der Gesamtpolitik Westdeutschlands eine gemeinsame Basis aller auf dem Boden des Grundgesetzes stehenden politischen Parteien ausgerechnet zu einem Zeitpunkt eingetreten, in dem die Krise der bisherigen Deutschlandpolitik des »Westens« ihrem Höhepunkt zusteuerte. Die im Frühjahr 1960 eingeleitete und in wenigen Wochen vollendete Zwangskollektivierung der Landwirtschaft in der DDR (allgemeine Durchsetzung der LPGs) vertiefte den gesellschaftlichen Gegensatz zwischen beiden Teilen Deutschlands noch weiter.

Die durch das Treffen von Camp David erreichte Atempause in der

Auseinandersetzung um Berlin hielt nicht lange an. Seit Anfang 1960 verstärkte Chruschtschow wieder seine Drohungen mit einem »Separatfriedensvertrag« mit der DDR. Die vereinbarte »Gipfelkonferenz« in Paris scheiterte, bevor sie begonnen hatte (16./17. Mai 1960), weil Chruschtschow den Abschuß eines amerikanischen U-2-Aufklärungsflugzeuges zum Anlaß nahm, die Konferenz »platzen« zu lassen, obwohl ihm bekannt war, daß seit 1956 amerikanische Aufklärungsflugzeuge in sehr großer Höhe das Territorium der Sowjetunion fotografierten. Trotz des dramatischen Abbruchs der Konferenz verkündete jedoch Chruschtschow am 20. Mai 1960, den Status von Berlin bis zu einer neuen Gipfelkonferenz in sechs bis acht Monaten unangetastet lassen zu wollen. Indem er eine für den Herbst 1960 ausgesprochene Einladung Eisenhowers nach Moskau wieder absagte, wurde deutlich, daß er auf eine veränderte Haltung der USA in der Berlin- und Deutschland-Frage nach den Präsidentschaftswahlen spekulierte.

Seit September 1960 tastete er systematisch die Haltung der Westmächte zu konkreten Einzelproblemen in Berlin ab. Jetzt wurden Bundestagssitzungen in West-Berlin, die jahrelang kommentarlos hingenommen worden waren – es waren sogar Einladungen für die Abgeordneten zum Besuch Ost-Berlins ausgesprochen worden –, als »friedensstörend« und widerrechtlich bezeichnet. Für Westdeutsche – zunächst für bestimmte Gruppen und bestimmte Zeiträume, dann generell – wurden Aufenthaltsgenehmigungen zum Besuch Ost-Berlins eingeführt. Behinderungen des Berlin-Verkehrs auf den Straßen, den Bahnlinien und in den Luftkorridoren (die durch ein Kontrollratsabkommen am 30. November 1945 festgelegt worden waren und für deren Benutzung ausschließlich durch westalliierte Fluggesellschaften bis heute eine Luftsicherheitszentrale in West-Berlin, bestehend aus Vertretern der Hauptsiegermächte, verantwortlich ist) sollten als Nadelstiche wirken. Daß Chruschtschow in Berlin das Tor nicht »zuschlug«, hing wohl mit der Ungewißheit der Reaktion der Westmächte zusammen, die nach wie vor stark die Bedeutung des Viermächtestatus der Stadt betonten, ohne daß ganz klar war, worauf sich ihre wiederholten Garantieverpflichtungen gegenüber Berlin konkret erstreckten, so daß das Risiko für die Sowjetunion unkalkulierbar blieb. Faktisch wäre – Folge des amerikanischen strategischen Konzepts der »massiven atomaren Abschreckung« – eine »flexible« »Antwort« auf kleinere Militäraktionen der sowjetischen Seite in Berlin wie in Deutschland überhaupt nicht möglich gewesen.

Mit dem Amtsantritt Präsident Kennedys und seiner demokratischen Administration (Außenminister Rusk) am 20. Januar 1961 vollzog sich eine grundlegende Wende in der weltpolitischen Zielsetzung der USA. An die Stelle eines bisher, wenn in den letzten Jahren auch nur noch deklamatorischen, globalen Engagements, das als Fernziel eine den amerikanischen Prinzipien entsprechende Weltordnung anstrebte, trat nun eine – zugleich stärker als bisher betonte – Führungsrolle der USA ausschließlich in einem regional begrenzten westlichen Bereich. Dies schloß die Anerkennung der Hegemonialstellung der Sowjetunion in ihrem Bereich (auch in Ostmitteleuropa und in Deutschland) ein. Verbunden mit dieser – im Vergleich zur Dulles-Zeit eingeschränkten – neuen Rolle der USA in der Weltpolitik war abermals eine Umstellung der Militärstrategie als Konsequenz aus dem inzwischen eingetretenen »atomaren Patt« verbunden: vom Konzept der »massiven Vergeltung« fort zu einer Konzeption abgestufter flexibler Reaktion im Falle einer sowjetischen Aggression. Wie beim Radford-Plan 1956, so setzte auch diesmal Adenauer der Umstellung heftigen Widerstand entgegen; denn jetzt lief die veränderte Zielsetzung der amerikanischen Gesamtpolitik eindeutig auf einen Ausgleich mit der Sowjetunion auf der Grundlage des Status quo in Europa hinaus. Selbst im Falle eines sowjetischen Angriffs sollte nurmehr die alte Trennlinie der Interessenräume wiederhergestellt, nicht jedoch offensiv nach Osten ausgegriffen werden. Damit war die letzte, ohnehin schon »hauchdünn« gewordene Verbindung zur Zielsetzung Adenauers in der Deutschlandpolitik – und auch zu derjenigen der Pariser Verträge von 1954 – abgerissen. Sehr schnell wurde klar, daß Kennedy auf der Basis von Weltmacht zu Weltmacht ohne allzu viel Rücksichtnahme auf die Verbündeten einschließlich der Bundesrepublik zu einem Modus vivendi mit der Sowjetunion zu gelangen suchte. Für die aktuelle deutsche Situation war am bedeutsamsten, daß Kennedy auch hinsichtlich Berlins nur an eine Bewahrung des Bestehenden dachte, daß er im Zuge einer Rationalisierung und Präzisierung der amerikanischen Verpflichtungen eine Einschränkung der bislang vagen Garantie für Berlin herbeiführte, indem er eine Konzentration auf »three essentials« proklamierte. Statt von Berlin wurde jetzt nur noch von West-Berlin gesprochen. Das Recht auf alliierte Truppenstationierung dort, ihr freier Zugang (von der Bundesrepublik aus) und die Lebensfähigkeit der Halb-Stadt waren die drei Elemente, denen die amerikanische Garantie galt. Damit war indirekt ausgesprochen, daß Ost-Berlin in keiner Weise dazu gehörte, daß folglich eine sowjetische Aktion, die sich auf Ost-Berlin beschränkte, kein amerikanisches Interesse tangierte, daß somit ein entsprechender Vorstoß – anders als noch 1959/60 – für die Sowjetunion risikolos war. Die Verbindung mit dem 1944/45 vereinbarten Viermächtestatus für ganz Berlin, der seit 1948 Zug um Zug von der Sowjetunion bzw. unter ihrer Rükkendeckung von der DDR ausgehöhlt worden war, ohne daß sich die Sowjetunion bisher offiziell davon losgesagt hätte (sie hatte es eben nicht gewagt, das Chruschtschow-Ultimatum einzulösen), wurde jetzt faktisch, wenn auch nicht formal von den USA aufgegeben, nachdem die Aushöhlung des Status bisher schon von den Westmächten unter Protest hingenommen worden war.

Das Treffen zwischen Kennedy und Chruschtschow in Wien am 3./4. Juni 1961 brachte noch keine volle Klarheit über die wechselseitigen Ziele. Die unsichere Reaktion Kennedys auf den für ihn überraschenden neuen Vorstoß in der Berlin-Frage, die die schwächliche Haltung des Präsidenten in der ersten Kuba-Krise vom April 1961 zu bestätigen schien, ließ jedoch eine Verschärfung der Krise von sowjetischer Warte aus sinnvoll erscheinen. Im Zusammenspiel mit der DDR-Spitze wurde die Eskalation vorangetrieben. Am 15. Juni 1961 erklärte Ulbricht auf einer Pressekonferenz: »Niemand hat die Absicht, eine Mauer zu bauen.« Es lag nahe, daß die schon seit dem Chruschtschow-Ultimatum Ende 1958 einsetzende, 1959 während der Genfer Außenministerkonferenz angestiegene neue große Fluchtbewegung aus der DDR jetzt gewaltig anschwellen würde, da das ja von niemandem provozierte Dementi eines Mauerbaus den Verdacht bestätigte, daß irgendeine Abriegelung West-Berlins geplant war. Diese Wirkung seiner Worte war zweifellos von Ulbricht einkalkuliert worden. Obwohl eine systematische Kontrolle in Ost-Berlin – an den Zufahrtswegen aus der DDR – leicht möglich gewesen wäre, wurden die Kontrollen sehr großzügig gehandhabt; denn der Flüchtlingsstrom sollte ja weiter anschwellen, um die Notwendigkeit eines rigorosen Einschreitens zwecks Erhaltung des »Friedens« zu demonstrieren.

In einer Rundfunkansprache vom 25. Juli 1961 verkündete Kennedy der Öffentlichkeit seine These von den »three essentials«. Die Konsequenzen, die die amerikanische Presse aus dieser und anderen Äußerungen, u. a. auch prominenter amerikanischer Besucher bei Chruschtschow, zog, kamen in der sich verbreitenden Auffassung zum Ausdruck, daß es im Interesse der Sowjetunion, aber auch der USA und des allgemeinen Friedens liege, den Flüchtlingsstrom durch eine Absperrung zwischen Ost- und West-Berlin zu stoppen. Die tägliche Veröffentlichung von Flüchtlingszahlen tat ein übriges, die Besorgnis zu schüren, es könnte ein zweiter Aufstand, ein neuer »17. Juni«, bevorstehen. Dies zu verhindern, nicht aber eine Absperrung zwischen Ost- und West-Berlin unmöglich zu machen, wurde zum Hauptziel der amerikanischen Politik in der akuten Krise. Die Befürchtung, durch die Deutschen in Ost oder West in einen kriegerischen Konflikt hineingezogen zu werden – über ein zweites »Sarajewo« oder »Danzig« –, bestimmte die damaligen Bemühungen der amerikanischen Diplomatie. Wieweit zwischen den beiden Weltmächten vor der Abriegelung eine mehr oder weniger klar formulierte Absprache erzielt werden konnte, wieweit die amerikanische Seite vom Stand der Vorbereitungen der DDR informiert war, muß vorerst offenbleiben. Die Bundesregierung war zwar durch Meldungen ihrer Nachrichtendienste davon unterrichtet, daß etwas im Gange war, doch die Erklärung des Bundesministers für gesamtdeutsche Fragen, Ernst Lemmer, wenige Tage vor der Abriegelung, daß das Tor in Berlin für die Mitteldeutschen offen bleiben werde, ist sicher bona fide abgegeben worden. Wie eh und je stand die Bundesregierung in dem Dilemma, ob sie die Mitteldeutschen zur Flucht aufrufen sollte, solange der Weg noch frei war, womit sie der Sowjetunion ein sich gleichsam »entleerendes« Gebiet freigäbe (von 1949 bis zum August 1961 waren bereits fast 2,7 Millionen Flüchtlinge aus der DDR in die Bundesrepublik gelangt), oder ob sie zum Ausharren auffordern sollte auf das Risiko hin, später mit Vorwürfen überschüttet zu werden, einen moralisch verwerflichen Rat erteilt zu haben. Wie bisher beharrte die Bundesregierung auf einer »neutralen« Position.

Der Termin für die Aktion der DDR mit Rückendeckung durch die Staaten des »Warschauer Pakts«, die Nacht vom 12./13. August, von einem Samstag auf Sonntag, war geschickt gewählt. Kein westlicher Regierungschef befand sich an seinem Platz; in der Bundesrepublik herrschte Wahlkampf für die Bundestagswahlen am 17. September 1961. Die Hilflosigkeit der Westmächte trat daher sofort in erstaunlich offener Form zutage. Sehr schnell stand fest, daß am 13. August 1961 in der Deutschland-Frage eine irreversible Entscheidung gefallen war, daß die totale Abschnürung der beiden deutschen Staaten voneinander von den Westalliierten und der Bundesrepublik hingenommen wurde, daß die weitere Geschichte der deutschen Nation sich nicht nur – wie viele bisher gehofft hatten – vorübergehend, sondern für sehr lange Zeit in zwei Staaten mit diametral entgegengesetzter Gesellschaftsordnung vollziehen würde.

Zwar hatte Adenauer gleich am 13. August eine Erklärung verbreiten lassen, daß »im Verein mit unseren Alliierten ... die erforderlichen Gegenmaßnahmen getroffen« würden, doch dauerte es bis zum 16. August, ehe auch nur die westlichen Stadtkommandanten von Berlin beim sowjetischen Stadtkommandanten gegen die Abschnürung protestierten, einen weiteren Tag, bis sich die drei Regierungen über einen Protest bei der Sowjetregierung geeinigt hatten, während jedes Jahr am 1. Mai die Militärparade der »Nationalen Volksarmee« der DDR in Ost-Berlin automatisch Gegenstand von Protesten war. Am 16. August empfing Adenauer, der sich unter amerikanischem Einfluß um eine Dämpfung der Emotionen der Bevölkerung bemühte, um den befürchteten Aufstand in Ost-Berlin und in der DDR zu verhindern, den sowjetischen Botschafter Smirnow. Das Kommuniqué über diese Unterredung ließ keinen Zweifel an der Unabänderlichkeit des soeben von der Sowjetunion erzwungenen »Status quo minus« in Deutschland. Am gleichen Tage sandte der über die Tatenlosigkeit der Westmächte erschütterte Regierende Bürgermeister von Berlin, Willy Brandt, Präsident Kennedy einen Brief, in dem er von einem »ernsten Einschnitt in der Nachkriegsgeschichte dieser Stadt, wie es ihn seit der Blockade nicht mehr gegeben hat«, sprach:

»Die Entwicklung . . . war geeignet, Zweifel in die Reaktionsfähigkeit und die Entschlossenheit der drei Mächte zu wecken . . . [Es] handelt . . . sich um einen tiefen Einschnitt für das Leben des deutschen Volkes und um ein Herausdrängen aus den Gebieten der gemeinsamen Verantwortung [Berlin und Deutschland als Ganzes], durch die das gesamte westliche Prestige berührt wird . . . Die Sowjetunion hat die Hälfte ihrer Freistadtvorschläge durch den Einsatz der deutschen Volksarmee erreicht. Der zweite Akt ist eine Frage der Zeit. Nach dem zweiten Akt würde es ein Berlin geben, das einem Ghetto gleicht, das nicht nur seine Funktion als Zufluchtsort der Freiheit und als Symbol der Hoffnung auf Wiedervereinigung verloren hat, sondern das auch vom freien Teil Deutschlands abgeschnitten wäre . . . Nach der Hinnahme eines sowjetischen Schrittes, der illegal ist und als illegal bezeichnet worden ist, und angesichts der vielen Tragödien, die sich heute in Ost-Berlin und in der Sowjetzone abspielen, wird uns allen das Risiko letzter Entschlossenheit nicht erspart bleiben.« Der Brief verfehlte bei Kennedy jede Wirkung, zumal da dieser Versuch, auf der Basis von gleich zu gleich (»Freunde«, »die einander voll vertrauen«) Einfluß zu nehmen, dessen Auffassung vom Eigeninteresse der Weltmacht Amerika zuwiderlief. Immerhin wurde Vizepräsident Johnson nach Berlin entsandt, der versicherte: »Für das Überleben und die schöpferische Zukunft dieser Stadt haben die Amerikaner in der Tat das verbürgt, was unsere Vorfahren bei der Schaffung der Vereinigten Staaten verbürgt haben: ›unser Leben, unser Gut und unsere heilige Ehre‹.« Doch der (erst 1985) veröffentlichte Antwortbrief Kennedys an Brandt vom 18. August markierte den Bruch in der bisherigen Deutschlandpolitik der USA. Er ging mit keinem Wort auf Brandts grundsätzliche Forderungen und Mahnungen ein, sondern forderte dazu auf, von der hingenommenen neuen Situation aus Vorschläge zu pragmatischen Verbesserungen zu machen.

Auf Drängen der Bundesregierung und des Berliner Senats wurde dann zwar General a. D. Lucius D. Clay, der 1948/49 während der Blockade die Luftbrücke organisiert hatte, von Kennedy als Beauftragter (ohne klare Befugnisse) nach Berlin entsandt, um beruhigend auf die Westberliner zu wirken, deren Empörung sich immer mehr gegen die westlichen Schutzmächte richtete. Zum ersten Mal seit 1945 kam es jedoch zu anti-amerikanischen Demonstrationen in West-Berlin. In der westlichen Propaganda wurde zwecks Überwindung der Vertrauenskrise der Eindruck erweckt, als wenn die Abriegelung zwischen Ost- und West-Berlin (nachdem zunächst nur Stacheldrahtrollen die Stadtteile trennten, wurde kurz darauf mit dem Bau einer in der Folgezeit immer raffinierter ausgestalteten Mauer mit einer Kette von Hindernissen begonnen) nur eine Vorkrise darstellte, der die eigentliche Kraftprobe zwischen Ost und West erst noch folgen würde. Die beträchtliche Störung des Flugverkehrs in den Luftkorridoren, der am 23. August 1961 erhobene Vorwurf, die Westmächte würden diese mißbrauchen, sie seien ihnen nur »zeitweilig« zu Militär-, nicht zu Zivilflügen überlassen worden, und die plötzliche Wiederaufnahme der im Herbst 1958 vereinbarungsgemäß eingestellten Kernwaffenversuche durch die Sowjetunion schienen in diese Deutung zu passen. Am Ende stand überall im Westen Resignation. Als erster sprach Clay, der noch versuchte, durch eine Konfrontation amerikanischer mit sowjetischen Panzern am sogenannten »Checkpoint Charlie«, dem neuen – einzigen – Ausländerübergang an der Friedrichstraße, Eindruck auf den Gegner zu machen, offen die Erkenntnis aus, daß nur auf einem langen Wege über Verhandlungen, von der seit dem 13. August 1961 gegebenen »Realität« aus, eine gewisse Erleichterung für die Berliner und die Deutschen im gespaltenen Lande insgesamt, nicht jedoch mehr eine grundlegende Änderung zu westlichen· Gunsten möglich sei.

Im fortdauernden Bundestagswahlkampf lehnte Adenauer ein Angebot des Kanzlerkandidaten der SPD, Brandt, angesichts der nationalen Notlage ein Allparteienkabinett zu bilden, ab. Die CDU/CSU verlor zwar in der Bundestagswahl am 17. September 1961 die absolute Mehrheit, blieb jedoch stärkste politische Gruppierung und bildete zusammen mit der FDP, trotz der Parole ihres Vorsitzenden Mende, keine weitere Kanzlerschaft Adenauers zu akzeptieren, eine neue Bundesregierung unter Adenauer, allerdings befristet auf zwei Jahre. Die FDP erzwang den Rücktritt des Außenministers v. Brentano, der als Exponent einer doktrinär antisowjetischen Orientierung galt. Sein Nachfolger, der bisherige Innenminister Schröder, sollte einen pragmatischeren Kurs einschlagen.

# IV. Das »Ende der Nachkriegszeit« 1961—1965

Die Jahre 1961/62 (mit der zweiten Kuba-Krise im Oktober 1962 als Kulminationspunkt) bedeuteten nicht nur in der Deutschlandpolitik, sondern auch für die Weltpolitik die tiefgreifendste Zäsur seit 1945. Die auf Grund des »atomaren Patts« zwischen den USA und der Sowjetunion notwendig gewordene Wendung in der Zielsetzung Amerikas war von Kennedy bewußt vollzogen worden. In gewissem Sinne bedeutete sie eine Rückkehr zur weltpolitischen Konzeption Roosevelts aus den Jahren 1943—1945. Die Sowjetunion wurde nun nicht mehr – wie zwischen 1945 und 1955 – als Hauptgegner betrachtet, der gezwungen werden sollte, wesentliche Teile seines 1945 gewonnenen Machtbereichs aufzugeben; vielmehr wurde nun angestrebt, durch intensive Bemühungen in der »Entspannung« zu einem Arrangement, langfristig sogar zu einer Kooperation zwischen den beiden Weltmächten zu gelangen. Der seit 1947 die Weltpolitik beherrschende »Kalte Krieg« wurde von den USA für beendet erklärt. »Entspannung« und »Friedenspolitik« waren die neuen Leitbegriffe der amerikanischen Außenpolitik (und in ihrem Gefolge die der anderen westlichen Staaten) statt »Eindämmung« und »Befreiung«. Zu der neuen Zielsetzung der USA trug erheblich bei, daß mit dem offenen Bruch zwischen der Sowjetunion und China 1961/62 eine bisherige Leitvorstellung der amerikanischen Politik, die Vorstellung eines von einem einzigen Führungszentrum aus agierenden »Weltkommunismus«, sich als unzutreffend erwiesen hatte. Statt der Bipolarität USA—Sowjetunion, die die Nachkriegszeit bestimmt hatte, entwickelte sich nun wieder ein »Pluralismus« der Mächte. Für die nächsten Jahre wurde, durch das zunehmende, im Januar 1965 in einen unerklärten Krieg übergehende militärische Engagement in Vietnam verstärkt, die Volksrepublik China der »Feind Nr. 1« der USA, die Sowjetunion hingegen zumindest potentiell ein weltpolitischer Partner, während die Bundesrepublik, ihrer Entstehungsgeschichte wie ihrer Position im Zentrum Europas entsprechend, auf den Gegensatz zur Sowjetunion fixiert blieb. Schließlich machte die Dekolonisations-Bewegung in den Jahren 1961/62 sprunghafte Fortschritte, so daß die nun zahlreichen, auch in den UN mitwirkenden Länder der »Dritten Welt« das Interesse der Groß- und Weltmächte auf sich zogen. Das Deutschlandproblem, obwohl von Fall zu Fall auch jetzt noch von der einen oder anderen Seite hochgespielt, konnte unter diesen grundlegend veränderten Bedingungen nicht mehr zu einem Zentralthema der Weltpolitik werden, zumal beide Seiten von der in absehbarer Zeit unveränderbaren Situation in Mitteleuropa überzeugt waren. Die USA hatten sich gegenüber der Bundesrepublik und West-Berlin, die Sowjetunion auf die Existenz der DDR so sehr festgelegt, daß ohne einen weltpolitischen Erdrutsch eine Verschiebung der Grenzen nicht mehr vorstellbar war. »Gesamtdeutsche« Initiativen waren von keiner Weltmacht mehr zu erwarten; die Sicherheits- und Abrüstungsproblematik wurde ohne jede Verbindung mit der Deutschland-Frage ins Zentrum der internationalen Diskussion gerückt (erster Schritt: 5. 8. 1963 Abkommen über die teilweise Beendigung der Atomwaffenversuche).

Für die Bundesrepublik war es besonders schwierig, sich auf den neuen Trend in der Weltpolitik einzustellen und sich in die »Entspannungs«-Bemühungen der USA einzufügen. Dies hing mit der 1948/49 im Eigeninteresse akzeptierten Funktion zusammen, die die Bundesrepublik in der antisowjetischen Strategie Amerikas bisher innegehabt hatte. Für die Bundesrepublik bestand nun die Gefahr, daß die Umstellung von »Kaltem Krieg« auf »Entspannung« in eine existenzgefährdende innere Krise führte, weil alles, was bisher seit ihrer Gründung gegolten hatte und somit zu der – ohnehin geringen, noch völlig ungefestigten – »Tradition« in der Bundesrepublik gehörte, nicht nur in Frage gestellt wurde, sondern vielfach ins Gegenteil verkehrt werden mußte. Es war daher gar nicht anders zu erwarten, als daß die Anpassung der Bundesrepublik an die neue amerikanische Leitvorstellung der Interessensphären der Weltmächte, die es zu respektieren gelte, und an die vom Status quo ausgehenden »Entspannungs«-Anstrengungen weit hinter dem von den anderen NATO-Ländern viel leichter zu vollziehenden Umschwenken herhinkte und von vielen Widersprüchlichkeiten gekennzeichnet blieb. Die damit heraufziehende innere Krise bahnte sich jedoch erst langsam an und hatte, als Bundeskanzler Erhard in seiner Regierungserklärung im Herbst 1965 vom »Ende der Nachkriegszeit« sprach, kaum ihr erstes Stadium erreicht.

Wie erwähnt, war für alle politischen Kräfte in Deutschland die Kontinuität der deutschen Staatsnation vom Bismarck-Reich her und ihrer – wie unterschiedlich im einzelnen auch immer bewerteten – Geschichte über die Katastrophe des »Dritten Reiches« hinweg (mit Ausnahme eines Teils der SED-Führung) die Grundlage der politischen Zielvorstellungen und der Aktivität seit 1945 gewesen. Die zentrale Frage lautete jetzt, wie diese Kontinuität über die aller menschlichen Voraussicht nach nunmehr sehr lange Zeit der Spaltung des Landes und des Lebens der Nation in den beiden total andersartigen Staaten und ihren diametral entgegengesetzten Gesellschaftsordnungen bewahrt werden konnte.

In den ersten Jahren nach der Zäsur von 1961/62 wurde von der Regierung Adenauer immer wieder deklamatorisch die Fortdauer der alten Zielsetzung betont. In der Praxis suchte sie sich dennoch auf die Realität einzustellen. Der Nachdruck in den offiziellen Erklärungen wurde nun immer stärker auf die Notwendigkeit menschlicher Erleichterungen gelegt. Am 9. Oktober 1962 erklärte Adenauer vor dem Bundestag, seine Regierung sei bereit, »über vieles mit sich reden zu lassen«, wenn nur die Bevölkerung der DDR ihr Leben nach ihrem Willen gestalten könne. Vorausgegangen war im Juni 1962 ein »Stillhalte«-Angebot im Rahmen der »Arkan«-Politik: Zehn Jahre lang sollte der Status quo in Deutschland von allen Seiten unangefochten bleiben; dann sollte über eine freie Entscheidung der Deutschen in der DDR für ihr weiteres Schicksal eine Lösung herbeigeführt werden. Das Ziel »Freiheit für die Menschen in Mitteldeutschland« wurde seit dem Herbst 1962 auch öffentlich vor das Ziel einer nationalen Wiedervereinigung gestellt. Parallel zu dieser behutsamen Kursänderung in der Deutschland-Frage im engeren Sinne suchte Außenminister Schröder Kontakte zu verschiedenen Ostblock-Staaten aufzunehmen, vor allem auf dem Wege über eine Intensivierung des Handels. Die DDR blieb dabei jedoch ausgespart, weil der Alleinvertretungsanspruch für die Bundesrepublik aufrechterhalten wurde. Die Einrichtung von Handelsmissionen in Polen, Ungarn, Rumänien und Bulgarien 1963/64 schien eine Vorstufe zur Aufhebung der »Hallstein-Doktrin«, an der allerdings offiziell weiter festgehalten wurde. Adenauer blieb bis zu seinem Rücktritt (14. 10. 1963) bemüht, die Deutschland-Frage offenzuhalten, um einen Ausgleich zwischen den Mächten in West und Ost über die Interessen der Bundesrepublik hinweg, wie sie sich zeitweilig in einer Berlin-Regelung (über die Zufahrtswege) anzubahnen schien, zu verhindern.

Entschiedener als die Bundesregierung und die sie hauptsächlich tragende CDU/CSU suchte der engere Führungskreis der SPD (seit Februar 1964 unter Brandt als Parteivorsitzendem) im Anschluß an die Politik Kennedys nach einer Alternative zu der bisherigen, offensichtlich gescheiterten, aber von Adenauer mit Modifikationen immer noch weiterverfolgten Deutschlandpolitik. Mit programmatischen Bekundungen trat als erster der Leiter des Presse- und Informationsamtes des Berliner Senats, Egon Bahr, in einem Referat vor der Evangelischen Akademie in Tutzing am 15. Juli 1963 hervor:

»Die Änderung des Ost-West-Verhältnisses, die die USA versuchen wollen, dient der Überwindung des Status quo, indem der Status quo zunächst nicht verändert werden soll. Das klingt paradox, aber es eröffnet Aussichten, nachdem die bisherige Politik des Drucks und Gegendrucks nur zu einer Erstarrung des Status quo geführt hat. Das Vertrauen darauf, daß unsere Welt die bessere ist, die im friedlichen Sinne stärkere, die sich durchsetzen wird, macht den Versuch denkbar, sich selbst und die andere Seite zu öffnen und die bisherigen Befreiungsvorstellungen zurückzustellen. ... Die erste Folgerung, die sich aus einer Übertragung der Strategie des Friedens auf Deutschland ergibt, ist, daß die Politik des Alles oder Nichts ausscheidet. Entweder freie Wahlen als erster Schritt oder Ablehnung, das alles ist nicht nur hoffnungslos antiquiert und unwirklich, sondern in einer Strategie des Friedens auch sinnlos ... Wenn es richtig ist, was Kennedy sagt, daß man auch die Interessen der anderen Seite anerkennen und berücksichtigen müsse, so ist es sicher für die Sowjetunion unmöglich, sich die Zone zum Zwecke einer Verstärkung des westlichen Potentials entreißen zu lassen. Die Zone muß mit Zustimmung der Sowjets transformiert werden. Wenn wir soweit wären, hätten wir einen großen Schritt zur Wiedervereinigung getan ... Wir haben gesagt, daß die Mauer ein Zeichen der Schwäche ist. Man könnte auch sagen, sie war ein Zeichen der Angst und des Selbsterhaltungstriebes des kommunistischen Regimes. Die Frage ist, ob es nicht Möglichkeiten gibt, diese durchaus berechtigten Sorgen dem Regime graduell zu nehmen, daß auch die Auflockerung der Grenzen und der Mauer praktikabel wird, weil das Risiko erträglich ist. Das ist eine Politik, die man auf die Formel bringen könnte: Wandel durch Annäherung. Ich bin fest davon überzeugt, daß wir Selbstbewußtsein genug haben könnten, um eine solche Politik ohne Illusionen zu verfolgen, die sich außerdem nahtlos in das westliche Konzept der Strategie des Friedens einpaßt; denn sonst müßten wir auf Wunder warten, und das ist keine Politik.«

Im Hintergrund dieser neuen Konzeption stand die sogenannte »Konvergenztheorie«, die Annahme, daß sich die politischen und gesellschaftlichen Systeme in Ost und West unter den gleichen Bedingungen des technologischen Zeitalters und auf Grund derselben ökonomischen Notwendigkeiten gleichsam aus »Sachzwängen« heraus gegen den doktrinär verfestigten Willen der alten politischen Führungsgruppen in beiden Systemen über die gesellschaftlich wichtige Gruppe der technokratisch denkenden und handelnden Manager einander immer weiter annähern würden, so daß schließlich die Unterschiede zwischen ihnen minimal würden. Die Problematik dieser Auffassung im allgemeinen und einer Übertragung solcher Annahmen auf eine neue Deutschland-Politik lag darin, daß sie den elementaren machtpolitischen Gegensatz zwischen den Weltmächten – jenseits aller »Ideologie« – unterbewertete, indem alle Spannungen zwischen ihnen auf den »Kalten Krieg« und den Konflikt zwischen Kommunismus und Antikommunismus zurückgeführt wurden, den es zu überwinden gelte. Die Frage, ob die Zielsetzung einer »Annäherung«, um »Wandel« zu erreichen, nicht wie das gescheiterte bisherige Konzept auch von – allerdings anderen – zweifelhaften Prämissen ausging, ob sie nicht die Gegenseite nur zu immer stärkerer Abkapselung veranlassen würde, wobei das Problem eines Hinüberwirkens der als bedrohlich für das eigene Regime betrachteten »sozialdemokratischen« Ideen in den kommunistischen Machtbereich (»Sozialdemokratismus«) erschwerend hinzukam, wurde optimistisch überspielt.

In den Jahren bis 1965 hat dieses neue, zunächst auch in der SPD keineswegs einhellig akzeptierte Konzept in der praktischen Politik der Bundesrepublik keine Rolle gespielt. Die Spätphase der »Ära Adenauer« war außenpolitisch bestimmt durch Anstrengungen des Kanzlers, wenigstens den Kern seines Europa-Konzepts, die deutsch-französische Aussöhnung, langfristig zu sichern. Da de Gaulles Zielvorstellung eines »Europas der Vaterländer« keinen anderen Weg zuließ, blieb nur der eines bilateralen Vertrages. Am 22. Januar 1963 unterzeichneten de Gaulle und Adenauer einen deutsch-französischen Freundschaftsvertrag und bestätigten in einer »gemeinsamen Erklärung« ihren Willen zu engster Zusammenarbeit. Unmittelbar danach erteilte de Gaulle dem Beitrittsantrag Großbritanniens zur EWG eine eindeutige Absage. Die Auflösung des »Westblocks« vollzog sich – wie diese Entscheidungen zeigten – trotz Fortbestehens des »Nordatlantik«-Pakts schon in den letzten Jahren der Kanzlerschaft Adenauers in einem Maße, das mit der Situation der Gegenseite im »Ostblock«, in dem nur Rumänien eine eigenwillige Rolle zu spielen begann, keineswegs korrespondierte.

Nach dem Rücktritt Adenauers und der Übernahme des Bundeskanzleramts durch Ludwig Erhard (15. 10. 1963) verschärften sich die außenpolitischen Spannungen weiter. Erhard und Außenminister Schröder lehnten eine von de Gaulle angebotene enge zweiseitige Zusammenarbeit zwischen Frankreich und der Bundesrepublik außerhalb der multilateralen Gremien ab und nahmen den Kurswechsel der französischen Politik in Richtung auf einen Ausgleich mit der Sowjetunion in Kauf. Am 30. Juni 1965 stellte Frankreich seine Mitwirkung im EWG-Ministerrat für längere Zeit ein. Die Erwartung, über eine Beteiligung der Bundesrepublik an einer

»Multilateralen Atomstreitmacht« wenigstens das Verhältnis zu den USA langfristig zu sichern, erfüllte sich trotz verbaler Zusagen des Nachfolgers des am 22. November 1963 ermordeten Präsidenten Kennedy, Lyndon B. Johnson, nicht. Schließlich führte die in plötzlichem Wechsel in der Haltung zum Nahost-Problem vorgenommene Aufnahme diplomatischer Beziehungen zu Israel im März 1965 zum Abbruch der Beziehungen von 13 arabischen Staaten und damit zum Ende der bis dahin für den Westblock insgesamt wertvollen Kontakte der Bundesrepublik zur arabischen Welt. Die DDR konnte, beginnend mit der Aufnahme diplomatischer Beziehungen zu Ägypten, im Nahen Osten politisch Fuß fassen. (Erst Anfang der siebziger Jahre wurden wenigstens mit einigen größeren arabischen Staaten, die die DDR anerkannt hatten – Algerien, Ägypten –, wieder politische Kontakte aufgenommen.)

Innenpolitisch überraschend war der Wahlsieg der CDU/CSU unter Erhards von Anfang an umstrittener Führung in den Bundestagswahlen vom 20. September 1965 (CDU/CSU 47,6%, SPD 39,3%, FDP 9,5% der gültigen Stimmen). Er ermöglichte noch einmal eine Fortsetzung der »Kleinen« Koalition der »bürgerlichen« Parteien, obwohl bereits Adenauer während der sogenannten »Spiegel«-Affäre im Dezember 1962 erstmals eine »Große Koalition« mit der SPD zur Steuerung der sich anbahnenden Krise der Bundesrepublik angestrebt hatte. Die Formulierung Erhards in seiner Regierungserklärung vom Oktober 1965, daß die »Nachkriegszeit zu Ende sei«, entsprach dem allgemeinen Bewußtsein, an einer Wende der deutschen Geschichte seit 1945 zu stehen.

Die Entwicklung der DDR (unter dem »Staatsratsvorsitzenden« Ulbricht als Nachfolger des 1960 verstorbenen Präsidenten Pieck mit Willi Stoph als – seit 1960 amtierendem, seit 1964 nach dem Tode Grotewohls auch formellem – Vorsitzendem des Ministerrats) seit dem Bau der Berliner Mauer bestätigte diese Deutung. Das historisch Wichtigste war die sich seitdem in der Bevölkerung Mitteldeutschlands immer mehr erhärtende Überzeugung, daß eine Wiedervereinigung in »Frieden und Freiheit« nicht mehr möglich war, daß sie ein anderes, gegenüber den Westdeutschen weitaus härteres Schicksal allein tragen müsse. Daraus entsprang zwar nicht eine – vom SED-Regime angestrebte – Identifizierung der Mehrheit der Bevölkerung mit dem »Staat« DDR, wohl aber eine gegenüber der Bundesrepublik und den »Westdeutschen« deutlich distanziertere Haltung (im Vergleich zur Zeit vor 1961). Der wirtschaftliche Aufschwung der DDR, die zur zweitstärksten Industriemacht des Ostblocks aufstieg, trug mit dem darauf bezogenen Stolz auf die eigene Leistung unter erheblich schwierigeren Bedingungen als im Westen Deutschlands zur Förderung dieses Eigenbewußtseins der Bewohner der DDR bei. Ein »Vertrag über Freundschaft, gegenseitigen Beistand und Zusammenarbeit« mit 20jähriger Laufzeit vom 12. Juni 1964 band die DDR auch formal langfristig an die Sowjetunion.

# V. Jahre des Übergangs: 1965–1969

Der weltpolitische Rahmen, in den die deutsche Geschichte wie bisher eingespannt blieb und in dem sie sich während der Regierungszeit Erhards und der »Großen Koalition« in der Bundesrepublik und während der ausgehenden Herrschaft Ulbrichts in der DDR vollzog, war vor allem durch folgende Faktoren bestimmt: 1. Die Ende Januar 1965 massiv einsetzenden amerikanischen Luftangriffe auf Nord-Vietnam führten nicht – wie erwartet – zu einer schnellen Entscheidung, sondern zu einer immer tieferen Verstrikkung der USA in den Vietnam-Krieg und einem damit verbundenen starken Engagement in Südostasien; die europäische Problematik trat für die amerikanische Administration unter Präsident Johnson folglich in den Hintergrund; da die amerikanische Führung die Volksrepublik China weiterhin – unzutreffend – als Hauptstütze Nord-Vietnams und damit als »Feind Nr. 1« ansah, wurden die schon von Präsident Kennedy unternommenen Bemühungen, zu einer weltpolitischen Kooperation mit der Sowjetunion auf der Basis der Anerkennung der bestehenden Macht- und Einflußbereiche der USA und der Sowjetunion, vor allem in Europa, zu gelangen, erheblich intensiviert, obwohl sie angesichts der Unterstützung Nord-Vietnams durch die Sowjetunion nur begrenzt erfolgreich waren. 2. Nach dem Sturz Chruschtschows (Oktober 1964) verfolgte das Führungskollektiv in Moskau (Ministerpräsident Kossygin, Staatsoberhaupt Podgorny, 1. Sekretär der KPdSU – seit April 1966 Generalsekretär – Breschnew) einen »rational« streng kalkulierten außenpolitischen Kurs mit dem Ziel der ungeschmälerten Behauptung des Sowjet-Imperiums gegenüber West (Europa) und Ost (China) bei systematischem Ausbau der sowjetischen Militärmacht, vor allem zur See, ohne wie zur Zeit Chruschtschows durch allzu dynamische, die weltpolitischen Gegner verwirrende Züge ein größeres Risiko einzugehen. Vorrangiges Ziel war die Anerkennung der sowjetischen Machtstellung in Ostmitteleuropa durch die westlichen Staaten, die – vor allem die Bundesrepublik – den Status quo immer noch nicht zu akzeptieren schienen. 3. Zugute kam diesem Streben der sowjetischen Führung die immer stärker auf Eigenständigkeit ihrer Großmacht-Rolle bedachte Politik Frankreichs unter Präsident de Gaulle, dessen lange unangefochtene, überragende Stellung im Lande allerdings durch die Mai-Unruhen in Paris 1968 schwer erschüttert wurde und sich danach offensichtlich dem Ende zuneigte (Rücktritt am 28. April

1969). Die eigenwillige Politik Frankreichs und in anderer Weise Chinas (das nun auch Nuklearmacht wurde) komplizierte die schon seit Anfang der sechziger Jahre nicht mehr »bipolare« weltpolitische Konstellation weiter. Die ungelöste Deutschlandfrage und die sich aus den Pariser Verträgen von 1954 ergebenden Verpflichtungen der Westmächte gegenüber der Bundesrepublik, die ein einfaches Arrangement auf der Grundlage der bestehenden Grenzen ausschlossen, wurden für die amerikanische Regierung noch stärker als schon zur Zeit Kennedys zu einer die eigene Bewegungsfreiheit hemmenden Belastung. Sie wurden zu einem störenden Relikt aus einer vergangenen Phase der Weltpolitik. Ein zunächst mehr indirekter Druck auf die Bundesrepublik, sich der neuen, durch die Stichworte »Entspannung« und »Friedenspolitik« gekennzeichneten Linie anzupassen und nicht mehr auf die vertraglichen Zusagen von 1954 zu pochen, war die Folge.

Der Fraktionsführer der Demokraten im amerikanischen Senat, Mansfield, forderte im August 1966 erstmals eine drastische Kürzung der amerikanischen Truppen in Europa ohne jede Verbindung zu einer auch von der Sowjetunion vorzunehmenden, bisher von amerikanischer Seite immer als Vorbedingung deklarierten Verminderung ihrer Streitkräfte. Bedeutsamer als die unmittelbaren realen Auswirkungen solcher, sich in der Folgezeit ständig wiederholender Vorstöße im amerikanischen Kongreß, die ohne Erfolg blieben, weil Johnson und die Kongreßmehrheit sich solchen einseitigen Konzessionen widersetzten, war ihre gefährliche Fernwirkung, auf die die – den psychologisch gefährlichen Doppeldruck auf die Bundesrepublik durch die permanenten sowjetischen Angriffe einerseits und die wachsende Tendenz zur Schwächung ihres Schutzes durch die USA in der inneramerikanischen Diskussion andererseits herausarbeitende – Situationsanalyse hinwies, die der spätere Außenminister Nixons und Fords, Henry A. Kissinger, in einem Aufsatz über »Die deutsche Frage als Problem der europäischen und der internationalen Sicherheit« im Herbst 1966 im »Europa-Archiv« abgab: »Deutschland ist zum Zünglein an der Waage der westlichen Allianz geworden. Der exponierteste westliche Verbündete, von dessen Volk sich 17 Millionen als Geiseln in der Hand der Kommunisten befinden, steht im Mittelpunkt aller Streitigkeiten. Es könnte sein, daß die innere Struktur der Bundesrepublik dieser Beanspruchung nicht gewachsen ist.«

Vor diesem internationalen Hintergrund ist die Initiative zu sehen, mit der die Regierung Erhard durch die Absendung einer – bald so genannten – »Friedensnote« am 25. März 1966 an die Regierungen aller Länder, mit denen die Bundesrepublik diplomatische Beziehungen unterhielt, Anschluß an die von den USA ausgehende Entwicklung und wieder Terrain auf außenpolitischem Felde zu gewinnen suchte. In der Note hieß es: »Das deutsche Volk wünscht in einem guten Verhältnis zu allen seinen Nachbarn, also auch den osteuropäischen, zu leben ... Die Bundesrepublik Deutschland hat bereits mit ihren westlichen Verbündeten Gewaltverzichtserklärungen ausgetauscht. Da die Regierungen der Sowjetunion und einiger osteuropäischer Staaten wiederholt ihre – wenn auch unbegründete – Sorge über einen deutschen Angriff ausgedrückt haben, schlägt die Bundesregierung vor, auch mit den Regierungen der Sowjetunion, Polens, der Tschechoslowakei und jedes anderen osteuropäischen Staates, der dies wünscht, förmliche Erklärungen auszutauschen, in denen jede Seite gegenüber dem anderen Volk auf die Anwendung von Gewalt zur Regelung internationaler Streitfragen verzichtet ... Schließlich ist die Bundesregierung bereit, an einer Weltabrüstungskonferenz oder an jeder anderen Abrüstungskonferenz, soweit sie Erfolg versprechen, teilzunehmen und in konstruktivem Geist mitzuarbeiten.« Das angesichts des tatsächlichen Kräfteverhältnisses zwischen der Bundesrepublik und der Sowjetunion im Wortsinne kaum sinnvolle Angebot auf »Gewaltverzicht« stellte offensichtlich eine mittlere Position, eine »Brücke« zwischen der von sowjetischer Seite immer wieder geforderten Anerkennung der durch den Ausgang des Zweiten Weltkrieges geschaffenen »Realitäten«, vor allem der »bestehenden« Grenzen, und dem Drängen der USA nach deutschen »Entspannungs«-Schritten dar.

Die DDR allerdings war in der »Friedensnote« als Adressat von Gewaltverzichtserklärungen unerwähnt geblieben. Vielmehr wurde gleich einleitend betont: »Das deutsche Volk will in Frieden und Freiheit leben. Seine größte nationale Aufgabe sieht es darin, die Teilung zu überwinden, unter der es seit vielen Jahren leidet. Die Regierung der Bundesrepublik Deutschland hat mehrfach erklärt, daß das deutsche Volk bereit wäre, für seine Wiedervereinigung auch Opfer auf sich zu nehmen. Es ist entschlossen, diese Aufgabe nur mit friedlichen Mitteln zu lösen.« Zudem hielt die Regierung Erhard an der bisherigen Rechtsposition fest, »daß Deutschland völkerrechtlich in den Grenzen vom 31. Dezember 1937 fortbesteht, solange nicht eine frei gewählte gesamtdeutsche Regierung andere Grenzen anerkennt.«

Angesichts dieser den sowjetischen (und polnischen) Forderungen in der Deutschland-Frage diametral entgegengesetzten Haltung war die Polemik, mit der von Moskau, Warschau und Ost-Berlin aus in den folgenden Wochen und Monaten gegen die Note zu

Felde gezogen wurde, vorauszusehen. Der sowjetische Ministerpräsident Kossygin faßte die eigene Zielvorstellung am 3. August 1966 vor dem Obersten Sowjet so zusammen: »Die Hauptvoraussetzungen für eine Gewährleistung der europäischen Sicherheit sind die Unantastbarkeit der bestehenden Grenzen einschließlich der Oder-Neiße-Grenze und der Grenze zwischen beiden deutschen Staaten sowie die Verhinderung eines Zugangs Westdeutschlands, in welcher Form auch immer, zu den Atomwaffen. Wir bekräftigen, daß wir bestrebt sind, die Suche nach Wegen zu einer deutschen Friedensregelung auf der Grundlage der Anerkennung zweier deutscher Staaten fortzusetzen.« Somit stand fest, daß durch die »Friedensnote« zwar der Druck der USA (und der anderen westlichen Verbündeten) auf die Bundesregierung, um diese zum Einschwenken auf die Linie der »Entspannung« zu bewegen, zumindest vorübergehend abgemildert, jedoch keine Basis für ein auch nur temporäres Arrangement mit der Sowjetunion (und den Ostblockstaaten) gefunden werden konnte.

Zu einer Fortsetzung der mit der »Friedensnote« eingeleiteten außenpolitischen Aktivität fehlte der Regierung Erhard der notwendige innenpolitische Rückhalt, seit der für die CDU ungünstige Ausgang der Landtagswahlen in Nordrhein-Westfalen am 10. Juli 1966, der von Erhard schon vorab als »Test« für die Zustimmung oder Ablehnung der Politik der Bundesregierung gewertet worden war, das Heraufziehen einer allgemeinen innenpolitischen Krise ankündigte. Die Strukturschwäche des Ruhrbergbaus, der die Düsseldorfer CDU-FDP-Landesregierung unter Ministerpräsident Meyers nicht Herr wurde, galt weithin nur als besonders akuter Ausdruck einer Unsicherheit über die wirtschaftliche Zukunft der Bundesrepublik, nachdem die seit Jahren fast allgemein als Selbstverständlichkeit angenommene Hochkonjunktur offenkundig »abgeflacht« war. Die Volkswirtschaft der Bundesrepublik geriet erstmals in eine Rezession, deren Zeitpunkt und vor allem – rückschauend betrachtet – übertriebenes Ausmaß von der Regierung nicht vorausgesehen worden waren. Eine sich rasch ausweitende Haushaltslücke im Bund, in den Ländern und Kommunen tat sich auf. Das Bruttosozialprodukt blieb hinter den Schätzungen zurück, die Einnahmen hatten nicht den erwarteten Umfang, die Ausgaben aber ließen sich nicht in dem für den Haushaltsausgleich notwendigen Maße kürzen. Eine Einigung innerhalb der Regierung war wegen der differierenden Interessen nicht möglich. Zwar hatte Bundesfinanzminister Dahlgrün (FDP), wie später bekannt wurde, schon im Juni 1965 Bundeskanzler Erhard auf den gefährlichen Trend der volkswirtschaftlichen Entwicklung und die Konsequenzen für den Haushalt aufmerksam gemacht, doch Erhard hatte, in seiner Handlungsfreiheit durch die Kritiker in seiner eigenen Partei besonders stark eingeschränkt, nur unzulängliche Maßnahmen eingeleitet, sich im wesentlichen auf die Wirkung von »Maßhalte«-Appellen verlassen.

Die Führungsschwäche Erhards, die Zerstrittenheit der CDU und die Abnutzungserscheinungen innerhalb der »bürgerlichen« Koalition CDU/CSU-FDP, die – abgesehen von der Unterbrechung in den Jahren von 1957–61 – seit Gründung der Bundesregierung gemeinsam die Regierung gestellt hatte, ließ in der Öffentlichkeit den Ruf nach einer Ablösung des auf die »Kleine Koalition« festgelegten Kanzlers und nach Bildung einer Regierung der »Großen Koalition« von CDU/CSU und SPD immer stärker werden. Die bisherige Opposition, die vor allem die Interessen der Arbeitnehmerschaft vertretende SPD, sollte die Verantwortung für die notwendigen einschneidenden Maßnahmen zur Überwindung der Rezession mit übernehmen. Dieser Forderung schloß sich auch Adenauer an, der ja schon in der »Spiegel«-Affäre 1962 diesen bis dahin stets abgelehnten Ausweg erstmals zu betreten versucht hatte. Die Verschlechterung der wirtschaftlichen und finanzpolitischen Situation der Bundesrepublik, die Auseinandersetzung in der stärksten Regierungspartei und die Isolierung des Kanzlers verstärkten allseits den Eindruck einer ernsten innenpolitischen Krise. Der Ausgang der Landtagswahlen in Hessen (6. November 1966) und Bayern (20. November 1966), bei denen die von pauschaler Polemik gegen das Bonner »System« profitierende rechtsradikale NPD Stimmengewinne von 7,9 bzw. 7,4% (in Mittelfranken sogar 12,2%) erzielen konnte, wirkte auch im Ausland alarmierend. Erinnerungen an die Schlußphase der Weimarer Republik kamen auf. Die bisher so gepriesene politische Stabilität der Bundesrepublik schien an das permanente »Wirtschaftswunder« geknüpft, das nunmehr offenbar zu Ende zu gehen schien.

Schon am 27. Oktober 1966 hatten die vier FDP-Minister (darunter der Parteivorsitzende Mende und der Minister für wirtschaftliche Zusammenarbeit Scheel) ihren Rücktritt erklärt. Seitdem regierte Erhard mit einem CDU/CSU-Minderheitskabinett. Zu einem nun eigentlich fälligen konstruktiven Mißtrauensvotum im Bundestag kam es nicht, da die SPD-Führung wegen der geringen zahlenmäßigen Mehrheit und aus Zweifel an der Geschlossenheit der FDP nicht auf Mendes Angebot einer gemeinsamen Regierung einzugehen wagte. Somit stand fest, daß die CDU/CSU weiterhin die führende Regierungspartei bleiben würde. Nachdem sich die Bundestagsfraktion der CDU/CSU mit Schwierigkeiten auf den Ministerpräsidenten von Baden-Württemberg, Kurt Georg Kiesinger, als neuen Kanzlerkandidaten geeinigt hatten, führten Koalitionsverhandlungen mit der SPD (Fraktionsbeschluß von 126 gegen 53 Stimmen bei 8 Enthaltungen) zu der Vereinbarung, eine Regierung der »Großen Koalition« zu bilden. Die SPD wurde erstmals Regierungspartei in der Bundesrepublik. Die FDP mußte mit ihren 49 Mandaten gegenüber den 245 der CDU/CSU und den 202 der SPD die Rolle der – allzu schwachen – parlamentarischen Opposition übernehmen.

Am 1. Dezember 1966 wurde Kiesinger zum Bundeskanzler gewählt. Seinem Kabinett gehörten von seiten der SPD vor allem der Parteivorsitzende, der bisherige Regierende Bürgermeister von Berlin, Willy Brandt, als Vizekanzler und Außenminister sowie der wirtschaftspolitische Sprecher der SPD-Fraktion Karl Schiller als Bundeswirtschaftsminister an. Da die CDU den bisherigen Außenminister Schröder als Verteidigungsminister im Kabinett beließ, der Vorsitzende der CSU, Franz Josef Strauß, gegen dessen Ministertätigkeit vor 1962 SPD und FDP bislang heftigst polemisiert hatten, nunmehr Finanzminister wurde, schließlich von der SPD auch der frühere CDU-Innenminister und ehemalige Vorsitzende der GVP, Gustav Heinemann, als Justizminister in die Regierung eintrat und der »Architekt« der »Großen Koalition«, der stellvertretende Parteivorsitzende Wehner, das Ministerium für gesamtdeutsche Fragen übernahm, waren im Kabinett die »starken Männer« beider großer Parteien vertreten. Dies schien – kurzfristig – der Bewältigung der schwierigen Aufgaben zugute zu kommen, konnte aber, sobald sich Spannungen zwischen den Koalitionspartnern entwickelten, zur gegenseitigen Blockierung und zur Lähmung der Regierungstätigkeit führen. Die Aufgabe der Koordination der Koalitionsfraktionen fiel den beiden Vorsitzenden Rainer Barzel (CDU) und Helmut Schmidt (SPD) zu. Der anfänglich von den Partnern gemeinsam getragene Beschluß, für den sich insbesondere der neue Innenminister Lücke (CDU) stark machte, durch die Einführung eines Mehrheitswahlrechts, allerdings erst für die übernächste Bundestagswahl (1973), für ein »natürliches« und unwiderrufliches Ende der »Großen Koalition« zu sorgen und künftig den Zwang zu solchen das normale Verhältnis von Regierung und – starker – Opposition aufhebenden Verbindungen auszuschließen, ließ einen neuen Anfang in der Innenpolitik der Bundesrepublik, eine Konzentration des Parteiengefüges auf zwei große, sich um die politische Mitte bemühende und damit notwendig pragmatisch argumentierende »Blöcke« erhoffen. Nach Lage der Dinge gefährdete dieser primär gegen radikale Parteien gerichtete Beschluß allerdings auch die Existenz der FDP. Die Tatsache, daß es zwar in zeitlicher Parallelität zur Regierungsbildung in Bonn in Baden-Württemberg unter dem neuen Ministerpräsidenten Filbinger gelang, eine Regierung der »Großen Koalition« nach Bonner Muster zu bilden, Gleiches jedoch in Nordrhein-Westfalen scheiterte, hier vielmehr schließlich eine von SPD und FDP getragene Regierung unter Kühn (SPD) die bisherige nur auf einer Stimme Mehrheit im Landtag beruhende, im Juli neu gebildete Regierung Meyers aus CDU und FDP ablöste, machte deutlich, daß die zunächst angestrebte »Gleichschaltung« von Bund und größten Ländern nicht perfekt gelang. Innerhalb der SPD war die durch das Mehrheitswahlrecht implizierte Ausschaltung der FDP sehr umstritten, und die unterschiedlichen Koalitionen in Bonn und Düsseldorf stellten für die SPD vorteilhafte Alternativen im Blick auf zukünftige Möglichkeiten dar. Je nachdem, wie die erstmalige, für drei Jahre gesicherte Tätigkeit von SPD-Bundesministern in den nächsten Wahlen auf Zustimmung oder Ablehnung stieß, konnten die Weichen für die nächste Koalition – weiter als Juniorpartner der CDU/CSU oder als Führungskraft in einer Koalition mit der FDP – gestellt werden. Die CDU/CSU hatte sich hingegen in der Sicht der FDP durch die allzu starke Betonung der Notwendigkeit eines Mehrheitswahlrechts eindeutig gegen die Liberalen festgelegt.

Vor der Regierung der »Großen Koalition« lagen vordringlich zwei Aufgaben: eine schnellstmögliche Überwindung der Rezession einschließlich ihrer innenpolitischen Begleiterscheinungen und die Fortsetzung der außenpolitischen Initiative Erhards unter veränderter Akzentsetzung, um nach Möglichkeit den »toten Punkt« in der Auseinandersetzung mit der Sowjetunion und den Ostblockstaaten im Sinne der von den USA mit Nachdruck geforderten »Entspannungs«-Politik zu überwinden. Die Breite der politischen Basis und die gemeinsame Verantwortung beider großer Parteien in dieser Regierung legten es nahe, einige »Tabus« der bisherigen Deutschland-Politik anzupacken, eine realistische Bestandsaufnahme über das noch Sinnvolle und Mögliche vorzunehmen und zumindest einige zentrale Probleme der Innen- und Außenpolitik gemeinsam zu lösen, um sie der im Falle eines Alleingangs einer der großen Parteien zu erwartenden parteitaktischen Polemik zu entziehen. Über einen hoffnungsvollen Start hinaus ist dies auf dem Feld der Deutschland-Politik der Regierung der »Großen Koalition« – nicht nur aus innenpolitischen Gründen, sondern auch in Auswirkung fortdauernder Spannungen zwischen den Weltmächten – nicht gelungen. Hingegen zeigten sich in der Wirtschaftspolitik infolge der guten Zusammenarbeit zwischen Schiller und Strauß in den ersten 1¹/₂ Jahren der Regierung Kiesinger eindrucksvolle Erfolge. Die Rezession konnte in wenigen Monaten überwunden werden. Doch die Zäsur, die sie in der Geschichte der Bundesrepublik bedeutete, ließ sich auch danach gar nicht übersehen. Das »Jahresgutachten 1967 des Sachverständigenrates zur Begutachtung der gesamtwirtschaftlichen Entwicklung« sprach von einer »ersten scharfen Rezession, die die Wirtschaft der Bundesrepublik seit ihrem Bestehen erlebt hat«: »Derart scharf und umfassend wie in der Bundesrepublik zwischen Herbst 1966 und Frühjahr 1967 ist nach dem Zweiten Weltkrieg die Nachfrage noch in keinem der großen westeuropäischen Industrieländer zurückgegangen ... Im ersten Halbjahr 1967 lag das reale Bruttosozialprodukt, das bereits im zweiten Halbjahr 1966 nicht mehr gewachsen war, um fast 2% unter dem entsprechenden Vorjahresstand. Im Spätsommer 1967 unterschritt die Industrieproduktion noch den vergleichbaren Stand von 1965.« Folgenreicher als diese – nach einigen Monaten, wie gesagt, überwundenen wirtschaftlichen – Schwierigkeiten war der psychologische Schock, den die Rezession in weiten Teilen der Bevölkerung Westdeutschlands auslöste. Der Vergleich mit dem Beginn der Auswirkungen der Weltwirtschaftskrise in Deutschland 1929/30 und die scheinbare Parallele der Zuspitzung der innenpolitischen Krise im Reich damals und beim Ende der Regierung Erhard in der Bundesrepublik lag zwar in vordergründiger Betrachtung nahe, zumal das Anwachsen der Protestbewegungen von »rechts« (NPD) und »links« (aus dem Lager bisheriger SPD-Sympathisanten, insbesondere aus der jungen Generation der Intellektuellen, die dieser Partei nun die Koalition mit der »reaktionären« CDU/CSU vorwarfen) den Vergleich noch einleuchtender machte. Doch verstellten solche Vergleiche den Blick auf die Wirklichkeit. Während die »Welle« der NPD allmählich zurückging, wenn auch bei der Bundestagswahl noch einmal 4,3% der gültigen Stimmen im ganzen Bundesgebiet auf diese Partei entfielen, gewann die Protestbewegung von »links« seit dem Sommer 1967 wachsenden Zulauf, vor allem in der studentischen Jugend. Die Bedeutung dieses Vorgangs ist erst 1968/69 allmählich stärker, wenn auch keinesfalls dem Ernst des Problems adäquat ins allgemeine Bewußtsein getreten. Die pseudo-historische Analogie, daß die Hauptgefahr in Deutschland »immer« von »rechts« komme, hat neben der tatsächlich vorübergehend akut scheinenden Gefahr durch die NPD den Blick dafür getrübt, daß die Situation in der Bundesrepublik von der in der Endphase der Weimarer Republik grundverschieden war, die NPD schon von der Altersstruktur ihrer Mitglieder her gesehen keine Zukunft hatte. Die Gesellschaftsordnung in Westdeutschland konnte, wenn durch Vorgänge im Innern überhaupt, dann nur durch eine Fundamental-Kritik von »links«, von einer breiten Bewegung in der jungen Generation, vor allem einer sich als »Gegenelite« zur bisherigen Führungsschicht verstehenden, langfristig und strategisch operierenden Organisation in Frage gestellt werden. Die Bedeutung dieses Problems wuchs bis zur »Trendwende« Mitte der siebziger Jahre. 1967—69 handelte es sich lediglich um eine Anfangsphase.

In der Deutschland-Politik bemühte sich die Regierung der »Großen Koalition« um einen engeren Anschluß an die Linie der amerikanischen Rußland-Politik, die Präsident Johnson in einer Rede vom 7. Oktober 1966 reichlich pathetisch so umrissen hatte: »Ein großes Ziel eines geeinten Westens ist, den Schnitt durch Europa zu heilen, der heute den Bruder vom Bruder trennt ... Unsere Aufgabe ist es, eine Aussöhnung mit dem Osten zu erreichen – einen Übergang von der engen Konzeption der Koexistenz zu der großen Vision des friedlichen Engagements.« Bundeskanzler Kiesinger ging daher in seiner Regierungserklärung vom 13. Dezember 1966, zwar an Erhards »Friedensnote« vom 25. März 1966 anknüpfend, aber das Eintreten der neuen Bundesregierung »für eine konsequente und wirksame Friedenspolitik« noch stärker betonend, einen Schritt über die Position des Vorgängers hinaus, indem er – wenn auch etwas verklausuliert – die DDR in den erneuerten Vorschlag eines Austausches von Gewaltverzichtserklärungen mit den osteuropäischen Staaten einbezog: »Die Bundesregierung wiederholt heute dieses auch an die anderen europäischen Staaten gerichtete Angebot. Sie ist bereit, das ungelöste Problem der deutschen Teilung in dieses Angebot einzubeziehen.« Allerdings hielt Kiesinger am Alleinvertretungsanspruch der Bundesrepublik fest: »Auch diese Bundesregierung betrachtet sich als die einzige deutsche Regierung, die frei, rechtmäßig und demokratisch gewählt und daher berechtigt ist, für das ganze deutsche Volk zu sprechen ... Wir wollen entkrampfen und nicht verhärten, Gräben überwinden und nicht vertiefen. Deshalb wollen wir die menschlichen, wirtschaftlichen und geistigen Beziehungen zu unseren Landsleuten im anderen Teil Deutschlands mit allen Kräften fördern. Wo dazu die Aufnahme von Kontakten zwischen Behörden der Bundesrepublik Deutschland und solchen im anderen Teil Deutschlands notwendig ist, bedeutet dies keine Anerkennung eines zweiten deutschen Staates. Wir werden diese Kontakte von Fall zu Fall so handhaben, daß in der Weltmeinung nicht der Eindruck erweckt werden kann, als rückten wir von unserem Rechtsstandpunkt ab.« Die Reaktion der Sowjetführung auf dieses bei aller Flexibilität im einzelnen an der bisherigen Position in der Deutschland-Politik festhaltende Programm ließ nicht auf sich warten. Am 13. Januar 1967 erklärte Breschnew in einer Rede: »Wir hören erneut von der Anmaßung der Bundesrepublik, ›ganz Deutschland zu vertreten‹. Das bedeutet aber ›Nichtanerkennung‹ der DDR, bedeutet faktisch das weitere Bestreben, diesen sozialistischen Staat zu verschlingen. In Bonn erhebt man erneut Anspruch auf West-Berlin, obwohl es in keiner Beziehung zu der Bundesrepublik steht. Die Regierung der Bundesrepublik nimmt nach wie vor eine gefährliche Einstellung zu den Nachkriegsgrenzen in Europa, davon auch zur Grenze zwischen der Bundesrepublik und der DDR, ein. Die Regierung der Bundesrepublik hat auch noch nicht darauf verzichtet, sich Zugang zu Kernwaffen zu verschaffen.«

Das Mißtrauen der Sowjetführung gegen die Regierung der »Großen Koalition« verstärkte sich, als am 30. Januar 1967 die Aufnahme diplomatischer Beziehungen zu Rumänien bekanntgegeben wurde. Zwar hatte die Bundesregierung nun stillschweigend die »Hallstein-Doktrin« und damit ein »Tabu« der bisherigen Ostpolitik aufgegeben; doch nur in vordergründiger Betrachtung stellte dies einen Schritt zum Erfolg der neuen deutschen Politik der »Bewegung« gegenüber dem Osten dar. In Wirklichkeit erschwerte gerade die schnelle Einigung mit Rumänien den Fortgang der angestrebten Entwicklung; denn Rumänien, das seit 1961/62 unter Ausnutzung des sowjetisch-chinesischen Gegensatzes aus der »Generallinie« der Warschauer-Pakt-Staaten ausgeschert und seitdem um eine größere Unabhängigkeit in seiner Außenpolitik bemüht war, nutzte das Bonner Angebot nur allzu bereitwillig, um einen neuen Beweis für seine Handlungsfreiheit zu demonstrieren. Selbstredend verzichtete es darauf, sich bei der Kontaktaufnahme mit der Bundesrepublik irgendwelche deutschlandpolitischen Forderungen der Sowjetunion zu eigen zu machen. Auch die Wiederaufnahme der 1957 im Zeichen der »Hallstein-Doktrin« abgebrochenen Beziehungen zu dem eigenwilligen Jugoslawien Titos kurze Zeit danach konnte nicht als Bestätigung für die Richtigkeit des eingeschlagenen Weges in der Ostpolitik der Regierung der »Großen Koalition«, sich gewissermaßen von »hinten«, von den schwachen Stellen im Ostblock aus an das Führungszentrum heranzuarbeiten, gedeutet werden, da das Mißtrauen der Sowjetführung nun erst recht wuchs. Aus sowjetischer Sicht ähnelte die Ostpolitik der Regierung der »Großen Koalition« derjenigen des früheren Außenministers Schröder: Verbindungsaufnahme zu Ostblock-Ländern, um die DDR in die Zange zu nehmen. Das Mißtrauen der Sowjetunion kam in der Erklärung der kommunistischen Parteien der Warschauer-Pakt-Staaten beim Abschluß einer Konferenz in Karlsbad am 26. April 1967, in der eine grundlegende Änderung der Politik der Bundesrepublik zur Voraussetzung für eine Verbesserung der Beziehungen der osteuropäischen Staaten zu ihr gemacht wurde, unmißverständlich zum Ausdruck, nachdem die DDR bereits am 20. Februar 1967 in einem Gesetz, das eine DDR-Staatsbürgerschaft einführte, eine eigene DDR-Staatsnation deklariert und damit die Abgrenzung gegenüber der Bundesrepublik einen großen Schritt weiter vorangetrieben hatte. Auch der Abschluß von – an sich überflüssigen – speziellen Freundschafts- und Beistandsverträgen zwischen der DDR, Polen und der Tschechoslowakei kurz danach diente dazu, in diesem »eisernen Dreieck« eine absolute Gleichschaltung mit der Politik der Sowjetunion gegenüber der Bundesrepublik sicherzustellen. Dementsprechend gelang es nicht – wie in den schon eröffneten Vorgesprächen angestrebt –, diplomatische Beziehungen zur Tschechoslowakei aufzunehmen (lediglich die Einrichtung von Handelsmissionen in Bonn und Prag konnte vereinbart werden), und im Falle Polens kam es nicht einmal zur Aufnahme von Vorverhandlungen. Unter diesen Vorbedingungen stießen die am 12. April 1967 in einer Regierungserklärung vorgetragenen Empfehlungen Kiesingers, »Maßnahmen zur Erleichterung des täglichen Lebens für die Menschen in beiden Teilen Deutschlands« zu ergreifen, auf seiten der DDR auf keine auch nur andeutungsweise positive Resonanz.

Bemerkenswert war jedoch, daß Ulbricht am 20. April 1967 ein Treffen Kiesinger-Stoph anregte und dabei als Fernziel der DDR eine Wiedervereinigung Deutschlands unter kommunistischem Vorzeichen ungewöhnlich offen zu erkennen gab: »Die SED, wir deutschen Marxisten und Leninisten, haben niemals den einheitlichen, friedlichen und fortschrittlichen, den demokratischen und antiimperialistischen deutschen Staat abgeschrieben und werden dies auch niemals tun ... Ich möchte erklären, was der Imperialismus gesprengt hat, wird die Arbeiterklasse der beiden deutschen Staaten im engsten Bündnis untereinander wieder einen. Die Imperialisten haben Deutschland gespalten. Die Arbeiterklasse der beiden deutschen Staaten wird es wieder zusammenführen.« Stoph seinerseits richtete am 10. Mai 1967 an Kiesinger ein Schreiben, in dem er, ohne auf dessen »Empfehlungen« einzugehen, Verhandlungen über die Aufnahme diplomatischer Beziehungen zwischen beiden deutschen Staaten, Gewaltverzicht und Anerkennung der bestehenden Grenzen vorschlug. Kiesinger erwiderte – in der deutschen Geschichte die erste Antwort eines Bundeskanzlers auf ein Schreiben eines DDR-Ministerpräsidenten –, indem er Gespräche über »praktische Fragen des Zusammenlebens der Deutschen« im Sinne seiner Erklärung vom 12. April anregte, jedes Eingehen auf die Vorschläge Stophs aber ablehnte. Im weiteren Verlauf des immer polemischer werdenden Briefwechsels, der durch zahlreiche Erklärungen, publizistische Äußerungen und offene Briefe zwischen den Parteiführungen in der DDR und der Bundesrepublik begleitet wurde, ergaben sich keine neuen Gesichtspunkte. Die Diskussion drehte sich im Kreise; die Ostpolitik der »Großen Koalition« war offensichtlich an einem toten Punkt angelangt. Über ihn hinwegzukommen, schien in der Sicht des Führungskerns der SPD nur bei einer offen eingestandenen Hinnahme des realen Status quo in Deutschland zumindest als Ausgangspunkt von langen, auf Veränderung abzielenden Verhandlungen möglich. Dies deutete der Planungschef des Auswärtigen Amts und Vertraute Brandts, Bahr, in einer Antwort auf Fragen von Journalisten in einem Fernsehinterview im September 1967 an: »Wir haben ihn (den Status quo) doch akzeptiert. Wenn die Bundesregierung sagt, Gewaltverzicht, na, was ist das denn anderes?« Je deutlicher indessen Brandt selbst und die übrigen SPD-Minister in dieser Hinsicht wurden, um so schärfer grenzten sich die CDU/CSU-Minister von dieser zuerst nur in Nuancen der Formulierungen faßbaren, allmählich klarere Konturen gewinnenden Auffassung ab und kehrten schließlich zu Positionen in der Deutschland-Frage zurück, die auch auf ihrer Seite mit der Regierungserklärung Kiesingers vom 13. Dezember 1966 überwunden schienen.

Auf sowjetischer Seite wurden die Bedingungen für eine Entspannung des Verhältnisses zur Bundesrepublik am 8. Dezember 1967 in einer Note an die Bonner Regierung wiederholt: Anerkennung aller bestehenden Grenzen in Europa, Verzicht auf den Alleinvertretungsanspruch der Bundesrepublik, Anerkennung West-Berlins als »selbständige politische Einheit.« Die internationale Position der Bundesrepublik hatte sich inzwischen im Verlauf des Jahres 1967 auch im Blick auf die USA wieder verschlechtert. Im Februar 1967 näherten sich die sich seit 1965 hinschleppenden Verhandlungen zwischen den beiden Supermächten über einen möglichst von allen Staaten zu übernehmenden, weltumspannenden Kernwaffensperrvertrag (Treaty on the Non-Proliferation of Nuclear Weapons), der als Instrument gegen die Verbreitung und Herstellung von Atomwaffen bei Nicht-Nuklearmächten dienen sollte, einem erfolgreichen Abschluß. Der Vertrag, der jeder Hoffnung oder Befürchtung einer Beteiligung der Bundesrepublik an einer nuklearen Streitmacht ein Ende setzte, wurde allerdings erst am 12. Juni 1968 von der Vollversammlung der UN mit Mehrheit gebilligt.

Die Regierung Kiesinger, insbesondere die Vertreter der CDU/ CSU, betrachteten diese Einigung bei den Supermächten als ein Zugeständnis der USA an die Sowjetunion, erklärbar aus der schwierigen Situation im Vietnam-Krieg. Das Mißtrauen, daß es sich um den Anfang eines neuen Zusammenspiels der Weltmächte, um ein neues »Jalta«, handele, war nicht nur in der Bundesrepublik zu registrieren. Kiesinger aber sprach von »atomarer Komplizenschaft«. Noch drastischer drückte sich Adenauer in seinen letzten Lebenswochen († 19. April 1967) aus, indem er das Abkommen eine »verteufelte Neuauflage des Morgenthau-Plans« nannte. Der Verdacht, daß durch ein Arrangement zwischen den beiden Supermächten die europäischen Verbündeten der USA, vor allem die Bundesrepublik, überspielt würden, führte zu einer stärkeren Distanzierung von den USA, ohne daß Versuche einer erneuten Annäherung an de Gaulle zu einer Wiederbelebung der Europa-Politik führten (obwohl Hallstein als Präsident der EWG-Kommission in Brüssel geopfert wurde); vielmehr verstärkte Frankreich nur seine ostpolitischen Alleingänge, so daß eine Isolierung der Bundesrepublik drohte.

Das Jahr 1968 brachte eine bis dahin nicht gekannte Verschränkung von innen- und außenpolitischen Problemen in der Bundesrepublik. Aus den anfangs isolierten spontanen Protestaktionen »linker« Intelligenzler bei der Bildung der »Großen Koalition« hatte sich Mitte 1967 eine breite außerparlamentarische Oppositionsbewegung (»APO«) formiert, die, von West-Berlin ausgehend – die Erschießung des Studenten Ohnesorg im Zusammenhang mit einer Massendemonstration gegen den Schah von Persien vor dem Berliner Opernhaus am 2. Juni 1967 wurde dabei als ein »Signal« hochstilisiert –, auf die Bundesrepublik übersprang und in den meisten Universitätsstädten einen schnell anschwellenden Zustrom fand. Die an Probleme der Universitätsstrukturen anknüpfende, von gesellschaftskritischen Zirkeln in Frankfurt und Marburg vorgetragene Fundamentalkritik an der gesellschaftlichen Ordnung in der Bundesrepublik ging zunächst vorwiegend von anarcho-kommunistischen Räte-»Modellen«, nicht von Positionen des anfangs ebenfalls noch kritisierten, in den Ostblockstaaten »etablierten« Marxismus-Leninismus aus. Die »Bewegung« übte eine unerwartete Anziehungskraft auf einen Großteil der Studenten aus. Die Zahl der Wehrdienstverweigerer für die Bundeswehr, insbesondere unter den Abiturienten, ein Problem, das bislang – angesichts der deutschen Teilung überraschend – keine ernste Sorge bereitet hatte, nahm sprunghaft zu. Diese neomarxistische »Bewegung« der »neuen Linken« in der Bundesrepublik (und West-Berlin) sah sich im Gleichklang mit einer von den USA ausgehenden, dort von dem Protest gegen den Vietnamkrieg bestimmten internationalen Erregung, die – zumindest bis zu einem gewissen Grade – mit dem Reformkommunismus zu kommunizieren schien, der in der Tschechoslowakei im Prager »Frühling« 1968 eine Ablösung der spätstalinistischen Führung erzwungen hatte. Noch bevor im Pariser »Mai« die Bewegung in Frankreich einen neuen Kristallisationspunkt fand, löste ein Mordversuch an dem führenden Ideologen der »Neuen Linken« in West-Berlin, Dutschke, am 11. April 1968 eine Kette von Demonstrationen in der Bundesrepublik aus (mit einer Beteiligung in einzelnen Städten bis zu 18 000 Menschen), bei denen es zu schweren Ausschreitungen kam. Damit waren erstmals in der Geschichte der Bundesrepublik fast bürgerkriegsähnliche Verhältnisse an einigen Brennpunkten dieses Geschehens entstanden. In der so bereits stark emotionalisierten Situation fanden am 15./16. und am 30. Mai 1968 die zweite und die dritte Lesung der sog. Notstandsgesetze statt, die – eine Notwendigkeit infolge einer Auflage der Westalliierten aufgrund des Deutschlandvertrages vom 23. Oktober 1954 – in der Zeit der von CDU/CSU und FDP gebildeten Regierungen – angesichts der Unmöglichkeit, eine Zweidrittelmehrheit hierfür zu finden – nicht zustandegekommen waren, nun aber im Zeichen der »Großen Koalition« in einem mühevoll zustande gebrachten, kaum praktikablen, dennoch vom linken Flügel der SPD nicht mitgetragenen Kompromiß endlich verabschiedet wurden, so daß die Notstandsverfassung am 17. Juni 1968 in Kraft treten konnte und die Vorbehalte der früheren Besatzungsmächte hinsichtlich der Respektierung der »Souveränität« der Bundesrepublik formell aufgehoben wurden. Die DDR reagierte auf die Annahme der Notstandsverfassung durch den Bundestag mit der Einführung der Paß- und Visapflicht bei Reisen zwischen der Bundesrepublik und West-Berlin am 11. Juni 1968.

Der »APO« hatte die Agitation um die Notstandsgesetze dazu gedient, ihre »Basis« abermals zu verbreitern. Das Problem, wie dieser radikalen »Bewegung« begegnet werden könnte, spaltete die Bundesregierung. Während CDU/CSU (und anfangs auch einige »rechte« SPD-Vertreter) für eine notfalls harte Durchsetzung des Rechtsstandpunktes plädierten, zeigte als erster Justizminister Heinemann, zunehmend dann von anderen führenden Sozialdemokraten in seiner Haltung unterstützt, Verständnis für die aufbegehrende Jugend. Sie meinten, mit der Parole von der »fruchtbaren Unruhe« der »kritischen Jugend« und mit Hinweisen für einen »langen Marsch« durch die Institutionen (und innerhalb der Parteien) zur legalen Durchsetzung ihrer Anliegen statt unrealistischer revolutionärer Aktionen einen Weg zur Re-Integration der jungen Generation in die Gesellschaft zu weisen.

In diese eine tiefgreifende Veränderung in der innenpolitischen Atmosphäre in der Bundesrepublik anzeigende Entwicklung platzte die Nachricht vom Einmarsch der Truppen des Warschauer Pakts in die Tschechoslowakei am 21. August 1968. Diese Militäraktion gegen einen »Bundesgenossen« setzte der reformkommunistischen Bewegung dort ein abruptes Ende. Der Einmarsch wurde mit der sog. Breschnew-Doktrin gerechtfertigt, derzufolge die sozialistischen Staaten nur eine begrenzte Souveränität besäßen. Diese dürfe nicht »den Interessen des internationalen Sozialismus«, d. h. konkret dem Herrschaftsanspruch der Sowjetunion und ihrer Führungsrolle im Ostblock, entgegenstehen. Es war bezeichnend für die gegenüber den fünfziger Jahren tiefgreifend veränderte Grundstimmung in der Bundesrepublik, daß die militärische Aktion der Sowjetunion einschließlich ihrer Verbündeten (Polen, Ungarn, Bulgarien und DDR, deren Truppen auch nach Böhmen eindrangen) in den krisenreichen Wochen vorher in der deutschen Öffentlichkeit weithin überhaupt nicht für möglich gehalten worden war. Als sie dann doch stattfand, löste sie zwar vorübergehend einen Schock aus. In sehr kurzer Zeit aber war die Tatsache, daß nunmehr die Rote Armee auch in Böhmen stand und damit der Status quo ante 21. August 1968 im Kräfteverhältnis zwischen der NATO und dem Warschauer Pakt in Mitteleuropa zugunsten der sowjetischen Seite verschoben war, im öffentlichen Bewußtsein in der Bundesrepublik »verdrängt« oder »vergessen«. Die kurze Zeit nach diesen Ereignissen in der Tschechoslowakei im September 1968 mit Billigung der Regierung der »Großen Koalition« gegründete »Deutsche Kommunistische Partei« (DKP) und ihr bald wachsender Anhang in der Studentenschaft (»Spartakus«) bemühten sich um Rechtfertigungen für das Vorgehen der Sowjetunion gegen die Tschechoslowakei.

Im engeren Bereich der Außenpolitik ließen die Vorgänge um die Tschechoslowakei in den Bemühungen der Bundesregierung, auf dem Wege über Gewaltverzichtserklärungen bei ihrem Streben nach »Entspannung« voranzukommen, eine Pause eintreten. Diese war allerdings schon kurz zuvor von der Sowjetunion faktisch erzwungen worden, als sie am 11. Juni 1968 die bis dahin in den Verhandlungen zwischen beiden Staaten ausgetauschten Texte veröffentlichte und damit den Abbruch zumindest dieser Verhandlungsphase demonstrierte. Auch der Vorschlag, den das Schlußkommuniqué der NATO-Ministerratstagung vom 24./25. Juni 1968 an die Adresse der Warschauer-Pakt-Staaten enthielt, Verhandlungen über eine beiderseitige und ausgewogene Truppenverminderung in Europa zu eröffnen, blieb vorerst ohne Reaktion.

Vom Winter 1968/69 an befand sich die Bundesrepublik bereits im Zustand eines viel zu früh einsetzenden Wahlkampfes. Die Handlungsfähigkeit der Regierung der »Großen Koalition«, deren Grundlage schon von beiden Seiten, CDU/CSU und SPD, in Frage gestellt war, erschien immer begrenzter; die Verlegenheitslösung, strittige Probleme »auszuklammern«, mußte von Kiesinger immer häufiger praktiziert werden. Der Rücktritt des Innenministers Lücke (CDU) am 2. April 1968 hatte bereits das Scheitern eines zunächst allseits als fundamental angesehenen Programm-Stücks der Regierung, der Wahlreform in Richtung auf ein Mehrheitswahlrecht, markiert. Statt der Ende 1966 erhofften Konzentration des deutschen Parteienfeldes auf zwei große Blöcke stand am Ausgang dieser Regierung eine breitere Auffächerung, in die rechts- und linksradikale Parteien (NPD und DKP) einbezogen waren. Das Prinzip der »kämpferischen Demokratie«, das im Grundgesetz und vor allem in den vom Bundesverfassungsgericht auf Antrag der Bundesregierung verkündeten Verboten von SRP und KPD in den fünfziger Jahren einen klaren Ausdruck gefunden hatte, schien in den Parteien wie in der Öffentlichkeit nicht mehr die gleiche hohe Bedeutung zu besitzen.

Dies war um so erstaunlicher, als die »gesamtdeutschen« Realitäten noch die gleichen waren, ja, diese sich eher noch weiter verhärtet hatten. Die DDR schritt auf dem von ihr seit 1952 konsequent verfolgten Wege einer immer weiteren Entfernung vom gesamtdeutschen Anspruch ihrer Verfassung von 1949 voran, nunmehr auch im Verfassungsrecht. Nach Billigung eines neuen Strafgesetzbuches und einer neuen Strafprozeßordnung am 12. Januar 1968 (das »sozialistische Strafgesetzbuch« als »Bestandteil des einheitlichen sozialistischen Rechtssystems der DDR«) bestätigte die Volkskammer am 26. März 1968 eine von einer Verfassungskommission ausgearbeitete und wochenlang in der sog. Öffentlichkeit »diskutierte« neue Verfassung der DDR, die am 9. April 1968 nach einem »Volksentscheid« verkündet wurde. Die DDR wurde in dieser zweiten Verfassung als »sozialistischer Staat deutscher Nation« apostrophiert. »Sie ist die politische Organisation der Werktätigen in Stadt und Land, die gemeinsam unter Führung der Arbeiterklasse und ihrer marxistisch-leninistischen Partei den Sozialismus verwirklichen.« An die Stelle des Anspruchs auf gesamtdeutsche Gültigkeit, wie ihn die Verfassung vom 7. Oktober 1949 unter weitgehender Anlehnung an die Weimarer Reichsverfassung erhoben hatte, war nun, die weit auseinanderklaffende Verfassungstheorie und Verfassungswirklichkeit zugunsten letzterer korrigierend und die Zweistaatenwirklichkeit reflektierend, die Beschränkung auf den Staat DDR, zugleich aber auch die programmatische Aussage (für die fernere Zukunft) getreten, daß »die DDR und ihre Bürger die Überwindung der vom Imperialismus der deutschen Nation aufgezwungenen Spaltung Deutschlands« erstreben. Konsequenzen aus diesem deklamatorischen Fernziel wurden in den der DDR-Gegenwart gewidmeten 108 Einzelartikeln der Verfassung allerdings nicht gezogen.

Die innere Konsolidierung und der wirtschaftliche Aufschwung der DDR hielten in diesen Jahren des Übergangs an. Der Staatsratsvorsitzende und 1. Sekretär des ZK der SED, Ulbricht, zeigte sich bestrebt, im Rahmen seines Programms vom »entwickelten gesellschaftlichen System des Sozialismus« in der DDR Techniker und Naturwissenschaftler stärker für Führungsaufgaben heranzuziehen und ihnen ein größeres Eigengewicht gegenüber der Parteibürokratie zu geben. Daraus konnte man als Zielvorstellung eine stärker sachbezogene Leistungsgesellschaft herauslesen. Das »Neue Ökonomische System«, das das völlig bürokratisierte, erstarrte planwirtschaftliche System z. T. aufhob und sekundäre Entscheidungen in der Wirtschaft weitgehend dezentralisierte, brachte in die Wirtschaft der DDR ein früher unbekanntes Ausmaß an Prosperität. Die am 28. August 1967 eingeführte durchgängige Fünf-Tage-Woche wurde nicht nur offiziell als Erfolg gefeiert, sondern auch weithin als Erleichterung aufgenommen. An Stelle der bisher strikt durchgehaltenen, klischeeartigen Doktrin der marxistisch-leninistischen Klassenideologie entwickelte Ulbricht mit seiner These von einer »sozialistischen Menschengemeinschaft« eine weniger aggressive Variante, eine Leitvorstellung, in der auch die Förderung kultureller Belange einen größeren Platz als bisher einnahm. Auch in der Außenpolitik zeichnete sich eine Überwindung des Satelliten-Status der DDR ab. Ulbricht verfolgte behutsam, aber systematisch das Ziel, der DDR ein stärkeres Gewicht im Rahmen des Ostblocks zu verschaffen, und zwar durch eine gewisse Distanzierung von der Moskauer Linie im Konflikt zwischen der Sowjetunion und China. Er lehnte die damit in Verbindung stehende Tendenz zur Zurückstufung des Ost-West-Konflikts an die zweite Stelle hinter die neue Konfrontation mit China im Rahmen der sowjetischen Außenpolitik strikt ab. Dies schloß Widerstand gegen ein noch so begrenztes oder taktisch zu verstehendes Entgegenkommen der sowjetischen Führung auf »Entspannungs«-Offerten der Westmächte in der Deutschland-Politik ein, die ja in irgendeiner Weise stets – auch – auf Kosten der DDR zu gehen drohten.

Obwohl in anderer Weise als die Bundesrepublik auf westlicher Seite war somit in diesen Jahren des Übergangs auch die DDR innerhalb des Ostblocks für die sowjetische Führung zu einem Hemmnis bei einer aus weltpolitischen Zusammenhängen heraus u. U. sinnvollen oder gar notwendigen »Entspannung« an der europäischen Flanke des Sowjetimperiums geworden. Die Sonderpolitik Ulbrichts konnte noch bis zu einem gewissen Grade nützlich sein, solange aus allgemeinen Überlegungen ein Abtasten des offensichtlich wachsenden Ausmaßes an westlicher Konzessionsbereitschaft und ein weiteres Abwarten ratsam schienen. War das Höchstmaß des aus Moskauer Sicht zu Erwartenden allerdings als Verhandlungsangebot »auf dem Tisch«, mußte Ulbricht der höheren »Notwendigkeit« weichen.

## VI. Deutschland im Zeichen der neuen Ostpolitik der Bundesrepublik 1969–1972

Zu Beginn des Jahres 1969 hatten sich sowohl die weltpolitische Konstellation als auch die innenpolitische Situation in der Bundesrepublik im Vergleich zur Ausgangslage für die Regierung der »Großen Koalition« Ende 1966 grundlegend gewendet. Der Übergang der politischen Führung in den USA von Johnson zu Nixon im Januar 1969 bedeutete einen tiefen Einschnitt für die amerikanische Außenpolitik, vergleichbar nur mit dem Regierungsantritt Kennedys 1961. Zwar hatte bereits Johnson 1968 mit dem Eingeständnis, daß ein militärischer Sieg in Vietnam nicht mehr zu erringen sei und daher eine Beendigung des Konflikts auf dem Wege über Verhandlungen mit Nord-Vietnam und dem Vietcong gefunden werden müsse (seitdem Vietnam-Verhandlungen in Paris), den Versuch eingeleitet, die USA aus ihrem Engagement in Südostasien – halbwegs unter Wahrung des »Gesichts« – zu befreien, doch erst Nixon beschritt diesen Weg mit rücksichtsloser Konsequenz. Leitlinie hierfür war die globale Konzeption seines Sicherheitsberaters und späteren Außenministers Henry A. Kissinger, der in Analogie zum europäischen Gleichgewicht des 19. Jahrhunderts die Ausbalancierung eines Weltgleichgewichts zwischen drei Supermächten (USA, Sowjetunion, China) und – den USA relativ locker, aber eindeutig, u. a. über eine neue »Atlantik-Charta«, zugeordnet – zwei größeren regionalen Machtzentren (Japan und Westeuropa) anvisierte. Das weltpolitische Überengagement der USA, das Kennedy bereits einmal im Sinne einer nur noch weiträumig regionalen, jedoch nicht mehr globalen Hegemonialstellung Amerikas reduziert hatte, sollte nun aus innenpolitischen Gründen, aber nicht zuletzt auch angesichts der gegenüber den frühen sechziger Jahren noch erheblich begrenzteren militärstrategischen Möglichkeiten der USA weiter abgebaut werden. Jedoch sollte das angestrebte neue globale Gleichgewichtssystem dessenungeachtet eine weitere vorrangige Mitsprache der USA in der Weltpolitik – vergleichbar etwa mit der indirekten Führungsrolle, die Großbritannien im europäischen Mächtesystem im 19. Jahrhundert innegehabt hatte – sicherstellen. Voraussetzung für das Gelingen der angestrebten Umgruppierung der Mächte war ein vollkommener Kurswechsel in der amerikanischen Politik gegenüber China, das seit dem Koreakrieg und verstärkt seit Beginn des amerikanischen Eingreifens in Vietnam als »Feind Nr. 1« betrachtet worden war. Günstig für die neue amerikanische Politik wie zunächst – in anderer Weise – für die Bundesrepublik wirkte sich der Rücktritt de Gaulles als französischer Präsident am 28. April 1969 aus. Sein Nachfolger Pompidou konnte und wollte, jedenfalls zunächst, nicht in gleich starr eigenwilliger Form »Große Politik« in Frontstellung gegen die USA betreiben.

Die sich schon 1969/70 abzeichnende Veränderung in der amerikanischen China-Politik, die allerdings erst 1971/72 zum sichtbaren Erfolg führte, mußte zwangsläufig große Auswirkungen auf die Außenpolitik der Sowjetunion, sowohl für ihren Grundansatz als auch speziell in ihrer Haltung zu den »Entspannungs«-Offerten der USA und der westeuropäischen Staaten, zeitigen. Breschnews Heraustreten aus dem Moskauer Führungskollektiv und die Übernahme der direkten Federführung der sowjetischen Westpolitik durch ihn sind auf das engste mit dem durch die Wendung der amerikanischen Politik in Ostasien allmählich herbeigeführten Kurswechsel in der sowjetischen Europa-Politik verbunden. Die bereits seit 1954 mit wechselnder Intensität erhobene Forderung nach einer »Europäischen Sicherheitskonferenz« war schon einmal, 1966, in den Mittelpunkt der sowjetischen Außenpolitik gerückt worden. Nun wurde sie in einer Deklaration der Warschauer-Pakt-Staaten am 17. März 1969 erneut groß herausgestellt. Auch wenn dabei zunächst weiter die USA von einer Teilnahme an ihr ausgeschlossen werden sollten, so wirkte – jedenfalls auf einen Teil der westlichen Öffentlichkeit und vor allem bei SPD und FDP in der Bundesrepublik – dieser Vorbehalt nicht mehr so grundsätzlich, als daß nicht – der sich in diesen Parteien durchsetzenden Tendenz zufolge – der Versuch einer eigenen Hinwendung zu dem sowjetischen Plan einer »europäischen Sicherheitskonferenz« (mit dem Bemühen um eine Hinzuziehung der USA verknüpft) gewagt werden konnte. Ähnlich positiv wurde das im Mai 1969 ausgesprochene Angebot des polnischen KP-Sekretärs Gomulka, Gespräche über eine »Normalisierung« des Verhältnisses zur Bundesrepublik zu beginnen, von Außenminister Brandt aufgenommen, der sogleich seinerseits Verhandlungen über einen Gewaltverzicht ohne Vorbedingungen anregte.

Stärker noch und vor allem bereits länger als von der SPD wurde von der FDP eine neue Deutschland- und Ostpolitik der Bundesrepublik gefordert, auch wenn sich die Konturen hierfür in den Jahren als Oppositionspartei wandelten. Die Wahl Scheels zum Bundesvorsitzenden der Partei (anstelle Mendes) im Januar 1969 und die Veränderung auch in der innenpolitischen Orientierung – fort von nationalliberalen und liberal-konservativen, hin zu sozial-liberalen und z.T. (insbesondere bei den Jungdemokraten) zu radikal-demokratischen Positionen – zeigten eine wesentliche Akzentverlagerung an, bedingt durch Verschiebung in der Mitgliederbasis, aber auch bewußt von der neuen Parteiführung als Werbung an die Adresse anderer Wählergruppen als die der traditionellen Liberalen initiiert. In jedem Falle waren spätestens seit der durch die Stimmabgabe der FDP-Abgeordneten ermöglichten Wahl Heinemanns zum Bundespräsidenten am 5. März 1969 von seiten dieser Partei die Weichen für eine Koalition mit der SPD gestellt, wenn dies der Ausgang der Bundestagswahlen irgendwie zuließ. Heinemanns Kommentar nach seiner Wahl, der diese als »ein Stück Machtwechsel« bezeichnete, wies auf die große Erwartung auch in der SPD im Blick auf die Bundestagswahlen im Herbst voraus.

Im Wahlkampf selbst hatte indessen die Außen- und Deutschlandpolitik nicht, wie es angesichts des – allerdings in seinem Ausmaß noch unklaren – Auseinanderklaffens der Auffassungen zwischen den bisherigen Koalitionspartnern hätte erwartet werden können, die zentrale Bedeutung, sondern – wie bei den ersten Bundestagswahlen 1949 – Fragen der Wirtschaftspolitik. Dabei spielte eine Kontroverse zwischen dem SPD-Wirtschaftsminister Schiller und dem CSU-Finanzminister Strauß über die Frage einer Aufwertung der Deutschen Mark eine – wenige Monate später schon gar nicht mehr begreifliche – Schlüsselrolle. Wilde Streiks im Ruhrgebiet unterstrichen die wirtschaftlichen Akzente des Wahlkampfes. Ein besonderes Kennzeichen dieses Wahlkampfes aber war das Auftreten der »APO«, das zu massiven Störungen führte, vor allem von CDU- und CSU-Versammlungen, daneben von Veranstaltungen der NPD sowie von SPD-Politikern, die als »rechts«-stehend galten.

Das Ergebnis der Wahlen vom 28. September 1969 war nicht eindeutig. Die CDU/CSU mit Kiesinger als Kanzlerkandidaten erhielt mit 46,1% zwar etwas weniger Stimmen als 1965 (47,6%), blieb aber stärkste Fraktion im Bundestag (242 Mandate), während die SPD (diesmal ohne Kanzlerkandidaten im Wahlkampf im Gegensatz zu 1961 und 1965) zwar mit 42,7% einen deutlichen Zuwachs erhielt (1965: 39,3%), der aber doch nicht so groß wie erhofft war. Die FDP kam mit 5,8% nur knapp über die 5%-Hürde und war (1965: 9,5%) eindeutiger Verlierer unter den im Bundestag vertretenen Parteien. Die NPD blieb mit 4,3% knapp unter der 5%-Marke und schied damit als Faktor in der Bundesrepublik aus (ihr Niedergang und Zerfall beschleunigten sich in den nächsten Monaten). Die DKP hatte noch keine eigenen Kandidaten aufgestellt, sondern zur Stimmabgabe für die »linke« Gruppierung »Ak-

tion Demokratischer Fortschritt« (ADF) aufgefordert, die nur
0,6% der Stimmen erhielt.
Sowohl rechnerisch wie im Blick auf die trotz oder gerade wegen
der Schrumpfung offenkundige Gespaltenheit der FDP schien die
Situation im neuen Bundestag nicht wesentlich anders als im November 1966, als die SPD vor einer Koalition mit der FDP auf allzu
schmaler Basis zurückgeschreckt war. Damals hatten zusammen
251 SPD- und FDP-Mandate 245 der CDU/CSU gegenübergestan-
den; nunmehr waren es 254 gegen 242 Mandate. Es gab daher ge-
wichtige Stimmen in der SPD, die für eine Fortsetzung der »Großen Koalition« plädierten. Anders als 1966 war jedoch das Verhältnis zwischen CDU/CSU und FDP, das seit der propagierten Absicht der CDU/CSU, ein Mehrheitswahlrecht einzuführen, von
tiefstem Mißtrauen gekennzeichnet war, ganz abgesehen davon,
daß sich die FDP seit ihrer Umorientierung im Januar 1969 eindeutig auf ein Zusammengehen mit der SPD festgelegt hatte und keinen neuen »Umfall« riskieren konnte. Unter Hilfeleistung der
nordrhein-westfälischen Koalitionspartner (seit 1966) Kühn (SPD)
und Weyer (FDP) entschied sich Brandt in der Wahlnacht, das
Wagnis einer Koalition mit den Freien Demokraten trotz der
schmalen Basis einzugehen, um für die SPD die Führung in der
Bundespolitik zu gewinnen. Versuche Kiesingers, durch ungewöhnlich großzügige Angebote an die FDP doch noch die eigene
Führungsrolle in der Bundesrepublik zu retten, blieben vergeblich.
Am 21. Oktober 1969 wurde Brandt mit 251 Stimmen (notwendige
absolute Mehrheit: 249; es hatten also nicht alle FDP-Abgeordneten für ihn gestimmt) zum ersten sozialdemokratischen Kanzler der
Bundesrepublik gewählt. Der FDP-Vorsitzende Scheel wurde in
der neuen Bundesregierung Vizekanzler und Außenminister, sein
Stellvertreter Genscher Innenminister. Schiller, der durch seinen ei-
genwilligen Wahlkampf wesentlich zum Erfolg der SPD beigetragen hatte, blieb Wirtschaftsminister; Finanzminister wurde Möller
(SPD). Verteidigungsminister wurde der von der Bundeswehr mit
großen Erwartungen begrüßte bisherige SPD-Fraktionsvorsitzende
H. Schmidt. Dessen Posten übernahm wieder Wehner. Die CDU/
CSU, deren Führung sich erst allmählich von dem Schock, in den
Koalitionsverhandlungen überspielt worden zu sein, erholte, war
erstmals in der Bundesrepublik in die Opposition gedrängt worden. Ihr Fraktionsvorsitzender Barzel wurde Oppositionsführer.
Wie tief der Einschnitt war, den die Bildung der Regierung Brandt
in der Geschichte der Bundesrepublik bedeutete, machte bereits die
Regierungserklärung des Kanzlers vom 28. Oktober 1969 klar. Es
war dies weniger – wie sich bald herausstellen sollte – die Ankündi-

gung zahlreicher »innerer Reformen«, die zunächst programmatisch herausgestellt wurden. Dies diente offenbar vor allem dazu, einen Großteil der »APO« mit der Aussicht auf Einlösung ihrer tatsächlich oder vermeintlich berechtigten Forderungen wieder an die bestehende, aber im Sinne eines jetzt von der SPD, vor allem den Jungsozialisten propagierten »demokratischen Sozialismus« zu verändernde Gesellschaftsordnung heranzuführen, sie zur Mitwirkung in den Institutionen und Gremien, vor allem in den Parteien zu veranlassen, sie also von der Straße wegzubekommen. Aber das Reformprogramm entsprach auch den hochgespannten Erwartungen eines breiten Teils der Bevölkerung, der sich nach 20jähriger CDU-Regierung mit der Übernahme der Hauptverantwortung durch die SPD etwas Neues, Besseres erhoffte. Faktisch ließ sich allerdings trotz einer verwirrenden Aktivität bei der Aufstellung zahlreicher Reformprogramme in kurzer Zeit gar nichts Grundlegendes »reformieren«. Die Erwartungen in der Öffentlichkeit verlagerten sich daher bald in den Bereich der Außen- und Ostpolitik, in der sich eine grundlegende Wendung schon in der Regierungserklärung abgezeichnet hatte. Unter dem Motto »Kontinuität und Erneuerung« bekundete Brandt in seiner Erklärung einleitend die Entschlossenheit seiner Regierung, »die Sicherheit der Bundesrepublik Deutschland und den Zusammenhalt der deutschen Nation zu wahren, den Frieden zu erhalten und an einer europäischen Friedensordnung mitzuarbeiten, die Freiheitsrechte und den Wohlstand unseres Volkes zu erweitern und unser Land so zu entwickkeln, daß sein Rang in der Welt von morgen anerkannt und gesichert sein wird«. Nach einem Bekenntnis zum Selbstbestimmungsrecht der Deutschen umriß Brandt die »Aufgabe der praktischen Politik in den jetzt vor uns liegenden Jahren« damit, »die Einheit der Nation dadurch zu wahren, daß das Verhältnis zwischen den Teilen Deutschlands aus der gegenwärtigen Verkrampfung gelöst wird«. »Zwanzig Jahre nach Gründung der Bundesrepublik Deutschland und der DDR müssen wir ein weiteres Auseinanderleben der deutschen Nation verhindern, also versuchen, über ein geregeltes Nebeneinander zu einem Miteinander zu kommen.«

Der fundamentale Neuansatz, von dem Brandts Regierung ausging und der einen klaren Bruch mit der bisherigen, auch von der Regierung der »Großen Koalition« noch gewahrten Position markierte, lag in der Anerkennung der Existenz zweier Staaten in Deutschland: »Die Bundesregierung setzt die im Dezember 1966 durch Bundeskanzler Kiesinger und seine Regierung eingeleitete Politik fort und bietet dem Ministerrat der DDR erneut Verhandlungen beiderseits ohne Diskriminierung auf der Ebene der Regierungen an, die zu vertraglich vereinbarter Zusammenarbeit führen sollen. Eine völkerrechtliche Anerkennung der DDR durch die Bundesregierung kann nicht in Betracht kommen. Auch wenn zwei Staaten in Deutschland existieren, sind sie doch füreinander nicht Ausland; ihre Beziehungen zueinander können nur von besonderer Art sein.« Um dem neuen Selbstverständnis institutionellen Ausdruck zu verleihen, wurde das bisherige »Ministerium für gesamtdeutsche Fragen« in »Ministerium für innerdeutsche Beziehungen« umbenannt. Schließlich präzisierte Brandt das schon von der Regierung Kiesinger Konstatierte, »daß die Bereitschaft zu verbindlichen Abkommen über den gegenseitigen Verzicht auf Anwendung oder Androhung von Gewalt auch gegenüber der DDR gilt.« Die CDU/CSU-Opposition bezeichnete in ihrer Stellungnahme zu der Regierungserklärung die Anerkennung der DDR als zweiten deutschen Staat und den damit verbundenen Verzicht auf den Alleinvertretungsanspruch der Bundesrepublik für alle Deutschen als Abwendung von der bislang von allen Parteien gemeinsam getragenen Deutschland-Politik und als Vorleistung an die Gegenseite mit noch unübersehbaren Konsequenzen. Die Kluft in den Auffassungen zwischen der Koalition und der Opposition in der Deutschland-Frage wurde in den folgenden Jahren bis 1975 immer tiefer.

Als günstig für die Eröffnung der neuen Ost- und Deutschlandpolitik erwies sich, nachdem mit der Unterschrift der neuen Bundesregierung unter den Kernwaffensperrvertrag am 28. November 1969 ein die Bewegungsfreiheit einengender »Stein des Anstoßes« bei den Supermächten in Ost und West beseitigt worden war, die Bereitschaft des neuen französischen Präsidenten Pompidou auf der Europa-Konferenz im Haag am 1./2. Dezember 1969, den von de Gaulle immer abgelehnten Verhandlungen mit Großbritannien (und anderen beitrittswilligen Staaten) über die Erweiterung der bisherigen westeuropäischen Sechser-Gemeinschaft zuzustimmen und – verbal im Schlußkommuniqué – der dort verkündeten Zielsetzung sein Plazet zu geben, die europäische Entwicklung »intensiv voranzutreiben« und über eine »Währungsunion« schließlich auch zu einer »politischen Union in Westeuropa« zu gelangen. Damit hatte die Regierung Brandt gewissermaßen den Rücken frei für die von ihr geplanten weitreichenden ostpolitischen Initiativen. Der entscheidende Unterschied zu dem Verhalten der Regierungen Erhard und Kiesinger war dabei darin zu sehen, daß diese sich nur nolens volens der von den USA vorgezeichneten Linie angepaßt hatten, die neue Regierung hingegen nicht nur die notwendige abermalige Anpassung an den eingeleiteten Nixon-Kissinger-Kurs vornahm, sondern, offensichtlich selbstbewußt einer eigenen Konzeption folgend, zumindest die Rolle eines »Vorreiters« übernahm, wenn sie nicht ganz unabhängig von der westlichen »Entspannungspolitik« eigene Fernziele anvisierte. Der »Architekt« der neuen Ostpolitik, nunmehr Staatssekretär im Bundeskanzleramt, Bahr, der auch in den ersten Monaten 1970 in Moskau mit dem sowjetischen Außenminister Gromyko die entscheidenden, als »Sondierungen« bezeichneten geheimen Vorverhandlungen führte, die in die als Grundlage für die offiziellen Verhandlungen aufgezeichneten zehn Punkte des sog. »Bahr-Papiers« und dann in die kurzen offiziellen Verhandlungen und den Abschluß des Moskauer Vertrages am 12. August 1970 einmündeten, hat sich in Interviews gelegentlich etwas sibyllinisch darüber geäußert. So bekannte sich Bahr am 4. Juni 1972 unumwunden zur nationalstaatlichen Wiedervereinigung Deutschlands als »Endziel« seines politischen Konzepts und zu einem »Europa der nationalstaatlichen Vaterländer« als einer Alternative zu einem in den fünfziger Jahren vergeblich angestrebten und nun obsoleten Europa, »das die Nationeneinheiten hinter sich gelassen hat«, da ersteres »den ungeheuren Fortschritt nach Osteuropa und zu den osteuropäischen Völkern« mitumfasse, während letzteres »nur um den Preis der Abkehr (dieser Völker) zu haben ist«. Nach Aussagen des amerikanischen Professors Hahn hatte Bahr diesem gegenüber am 9. Januar 1969, also noch als Chefplaner des Außenministers Brandt, einen im Juni 1968 erstellten Vier-Stufen-Plan dargelegt, den eine von der SPD geführte Regierung zur Grundlage ihrer Außenpolitik machen würde: 1. Arrangement der Bundesrepublik mit der DDR ohne völkerrechtliche Anerkennung, 2. Gewaltverzichtsabkommen und Anerkennung der bestehenden Grenzen mit allen osteuropäischen Staaten, 3. Reduzierung der sowjetischen und der amerikanischen Truppen in Deutschland zwischen einem Drittel und der Hälfte der bisherigen Stärke, 4. Schaffung eines kollektiven Sicherheitssystems in Mitteleuropa mit der DDR, Polen, der Tschechoslowakei und Ungarn einerseits, der Bundesrepublik, Dänemark und den Benelux-Staaten andererseits in gewisser Analogie zum Locarno-Pakt von 1925, zumal da die so geschaffene »Gemeinschaft« von den Atommächten, in erster Linie von den USA und der Sowjetunion, evtl. auch von Frankreich und Großbritannien, garantiert werden sollte. Eine Erweiterung um zusätzliche östliche und westliche Klein- und Mittelstaaten, nicht jedoch um Großbritannien oder Frankreich, sollte möglich sein. Die bisherigen Militärallianzen, der Atlantikpakt und der Warschauer Pakt, sollten gleichzeitig aufgelöst werden. Tatsächlich mußten dann – in faktischer Anerkennung der Breschnew-Doktrin, d. h. der sowjetischen »Oberhoheit« über den gesamten Ostblock-Bereich – in der neuen Ostpolitik ab Anfang 1970 die Stufen 1 und 2 umgekehrt, also zunächst eine Einigung mit der Sowjetunion angestrebt werden. Diese hatte anfangs die Regierung Brandt/Scheel mit ähnlicher, wenn auch nicht ganz so ätzender Polemik wie die Regierung Kiesinger kommentiert. Als dann deutlich wurde, wie weitgehend die Zugeständnisse Bahrs waren und daß die Regierung Brandts der sowjetischen Seite keine Falle stellen, sondern – was nach den vorausgegangenen zwanzig Jahren zu glauben offensichtlich schwerfiel – mit vollem Ernst diese Konzessionen vertraglich zu fixieren bereit war, änderte sich die propagandistische »Begleitmusik«. An die Stelle der Polemik trat – aufs Ganze gesehen – eine knappe, korrekte Berichterstattung.

Vor dem Hintergrund der noch im Gange befindlichen Gespräche Bahrs in Moskau konnten das Treffen zwischen Brandt und dem DDR-Ministerpräsidenten Stoph in Erfurt am 19. März 1970 und die am 21. Mai 1970 folgende Begegnung in Kassel nur – in der Bevölkerung beider deutscher Staaten allzu weit gespannte Erwartungen auslösende – Zwischenstationen sein. Die spontanen Beifallsbekundungen für Brandt während seiner Fahrt durch Thüringen und in Erfurt selbst bezeugten eindrucksvoll die aufgewühlten nationalen Emotionen, die die erste Reise eines Bundeskanzlers in die DDR geweckt hatte. In den offiziellen Gesprächen blieb es beim Austausch von Deklarationen. Stoph wiederholte in Erfurt die Forderung nach Aufnahme völkerrechtlicher Beziehungen zwischen beiden Staaten auf der Basis völliger Gleichberechtigung und betonte den »fundamentalen gesellschaftlichen Unterschied zwischen dem Volk in der DDR und dem Volk in der Bundesrepublik«; die Interessen der »Arbeiterklasse« und des »Sozialismus« stünden über allen »vermeintlichen nationalen Gemeinsamkeiten«: »Natürlich – wer wollte das verschweigen – sind wir als Sozialisten am Sieg des Sozialismus in allen Ländern und auch in der Bundesrepublik interessiert, was eine spätere Vereinigung auf der Grundlage von Demokratie und Sozialismus möglich machen würde.« Brandt verwies auf die sowohl in den Pariser Verträgen mit der Bundesrepublik als auch in dem Freundschaftsvertrag der DDR mit der Sowjetunion erwähnte »staatliche Einheit« Deutschlands »als Möglichkeit«. In Kassel legte dann der Kanzler in einer 20 Punkte umfassenden Grundsatzerklärung die Vorstellungen der Bundesregierung über die Grundsätze und Vertragselemente dar, die bei der Regelung gleichberechtigter Beziehungen zwischen den beiden deutschen Staaten Leitlinie und Maßstab bilden sollten. Sie rückten das Problem der menschlichen Erleichterungen, der Kontakte zwischen den Deutschen beider Staaten ganz in den Vordergrund und sahen erst im vorletzten Punkt die Ernennung von Bevollmächtigten in den beiden Hauptstädten und als letzten Punkt »auf der Grundlage des zwischen ihnen zu vereinbarenden Vertrages die notwendigen Vorkehrungen« vor, »um ihre Mitgliedschaft und Mitarbeit in internationalen Organisationen zu regeln«. Die damit umschriebene Aufnahme beider deutscher Staaten in die UN wurde also zeitlich an den Abschluß der das Neben- und Miteinander beider Staaten regelnden Vereinbarungen gerückt, während Stoph die Reihenfolge umkehren und mit der Aufnahme »völkerrechtlicher Beziehungen« und der UN-Aufnahme der DDR und der Bundesrepublik hatte beginnen wollen. Das Treffen endete angesichts der Unvereinbarkeit beider Standpunkte ohne gemeinsames Kommuniqué, mit einer »Denkpause«, wie Stoph formulierte. Einen Tag nach dem Kasseler Treffen, am 22. Mai 1970, schlossen Gromyko und Bahr ihre am 30. Januar 1970 aufgenommenen »Sondierungen« bzw. Vorverhandlungen in Moskau ab. Das Ergebnis wurde in einem zehn Punkte umfassenden Dokument, dem sog. »Bahr-Papier«, zusammengefaßt, das durch eine gezielte Indiskretion auf deutscher Seite am 18. Juni 1970 bekannt und zum Gegenstand einer bis zur Abstimmung über die Ostverträge im Bundestag im Mai 1972 anhaltenden harten Auseinandersetzung zwischen Koalition und Opposition wurde. Das »Bahr-Papier« stellte die gemeinsam ausgearbeitete Grundlage für die offiziellen Verhandlungen dar, die vom 26. Juli bis 7. August 1970 von den Außenministern Scheel und Gromyko in Moskau geführt wurden, deren Ergebnisse aber nur noch in einigen Nuancen von den Formulierungen des »Bahr-Papiers« abwichen. Der Kern dieses Dokuments, in dem einleitend das Bestreben beider Seiten ausgedrückt wurde, »die Normalisierung der Lage in Europa zu fördern« und dabei »von der in diesem Raum bestehenden wirklichen Lage und der Entwicklung friedlicher Beziehungen auf dieser Grundlage zwischen allen europäischen Staaten« auszugehen, enthielt folgende Festlegungen: »Die Bundesrepublik Deutschland und die Sowjetunion stimmen in der Erkenntnis überein, daß der Friede in Europa nur erhalten werden kann, wenn niemand die gegenwärtigen Grenzen antastet. Sie verpflichten sich, die territoriale Integrität aller Staaten in Europa in ihren heutigen Grenzen uneingeschränkt zu achten. Sie erklären, daß sie keine Gebietsansprüche gegen irgend jemand haben und solche in Zukunft auch nicht erheben werden. Sie betrachten heute und künftig die Grenzen aller Staaten als unverletzlich, wie sie am Tage der Unterzeichnung dieses Abkommens verlaufen, einschließlich der Oder-Neiße-Linie, die die Westgrenze der Volksrepublik Polen bildet, und der Grenze zwischen der BRD und der DDR . . . Die Regierung der Bundesrepublik Deutschland erklärt ihre Bereitschaft, mit der Regierung der Deutschen Demokratischen Republik ein Abkommen zu schließen, das die zwischen Staaten übliche gleiche verbindliche Kraft haben wird wie andere Abkommen, die die Bundesrepublik Deutschland und die Deutsche Demokratische Republik mit dritten Ländern schließen. Demgemäß will sie ihre Beziehungen zur Deutschen Demokratischen Republik auf der Grundlage der vollen Gleichberechtigung, der Nichtdiskriminierung, der Achtung der Unabhängigkeit und der Selbständigkeit jedes der beiden Staaten in Angelegenheiten, die ihre innere Kompetenz in ihren entsprechenden Grenzen betreffen, gestalten. Die Regierung der Bundesrepublik Deutschland geht davon aus, daß sich auf dieser Grundlage, nach der keiner der beiden Staaten den anderen im Ausland vertreten oder in seinem Namen handeln kann, die Beziehungen der Deutschen Demokratischen Republik und der Bundesrepublik Deutschland zu dritten Staaten entwickeln werden.« Ferner wurden die Aufnahme beider deutscher Staaten in die UN sowie Verhandlungen mit der Tschechoslowakei über »die mit der Ungültigkeit des Münchener Abkommens verbundenen Fragen« in Aussicht genommen.

Das »Bahr-Papier« belegte eindeutig den Anspruch der Sowjetunion, für ihren gesamten Machtbereich zu sprechen und auch über die Grenzen Polens, der DDR und der Tschechoslowakei Verträge mit anderen Staaten abzuschließen. Die Bundesregierung glaubte sich genötigt, diese »Realität« zu akzeptieren und sich für die folgenden Einzelverhandlungen mit den drei Ostblockstaaten (einschließlich der DDR) der Sowjetregierung gegenüber vorab festlegen zu müssen. Dies implizierte die vollkommene Aufgabe der über zwanzig Jahre eingenommenen Haltung der Bundesrepublik gegenüber der Sowjetunion, Polen und der DDR, einen Triumph der sowjetischen Westpolitik, aber auch eine »Befreiung« der Westalliierten von ihren in den Pariser Verträgen übernommenen Verpflichtungen. Die völkerrechtliche Anerkennung der DDR durch die drei Westmächte und die meisten übrigen Staaten, die sich bisher an der Haltung der Bundesrepublik zur Deutschland-Frage orientiert hatten, war darin einbeschlossen. Nur weitreichende optimistische Erwartungen über die Auswirkungen einer solchen neuen Ostpolitik oder aber die Befürchtung, daß es die letzte Möglichkeit überhaupt sei, wenigstens Minimalzugeständnisse in und um Berlin sowie für die Bewohner der DDR zu erlangen (ohne daß in den Moskauer Gesprächen irgendwelche Vereinbarungen hierüber getroffen wurden) konnten – an normalen Verhandlungsmaßstäben gemessen – Verlauf und Ergebnis der Bahr-Gespräche »verständlich« machen. Für beide Interpretationen gab es Anhaltspunkte in späteren Äußerungen Brandts und Bahrs.

Am 12. August 1970 unterzeichneten Brandt und Scheel in Moskau den auf dem »Bahr-Papier« basierenden deutsch-sowjetischen Vertrag. In der Präambel wurde u. a. auf den Abschluß des Abkommens vom 13. September 1955 über die Aufnahme der diplomatischen Beziehungen hingewiesen und damit, wenn auch sehr vage, eine Brücke zu den damaligen Erklärungen Adenauers über das Problem der deutschen Einheit geschlagen. Im Moskauer Vertrag verpflichteten sich beide Seiten, »die territoriale Integrität aller Staaten in Europa in ihren heutigen Grenzen uneingeschränkt zu achten«; sie erklärten, »daß sie keine Gebietsansprüche gegen irgend jemand haben und solche in Zukunft auch nicht erheben werden«; sie betrachten »heute und künftig die Grenzen aller Staaten in Europa als unverletzlich, wie sie am Tage der Unterzeichnung des Vertrages verlaufen, einschließlich der Oder-Neiße-Linie, die die Westgrenze der Volksrepublik Polen bildet, und der Grenze zwischen der Bundesrepublik Deutschland und der Deutschen Demokratischen Republik«. In einem im sowjetischen Außenministerium übergebenen »Brief zur deutschen Einheit« stellte Scheel im Namen der Bundesregierung fest, »daß dieser Vertrag nicht im Widerspruch zu dem politischen Ziel der Bundesrepublik Deutschland steht, auf einen Zustand des Friedens in Europa hinzuwirken, in dem das deutsche Volk in freier Selbstbestimmung seine Einheit wiedererlangt«. Damit war dem Wiedervereinigungsgebot des Grundgesetzes in einer sehr vagen Form Rechnung getragen.

Die CDU/CSU, die es abgelehnt hatte, einen Vertreter für die deutsche Verhandlungsdelegation zu benennen, hatte Brandt in einem Brief ihres Fraktionsvorsitzenden Barzel vom 10. August 1970 vergeblich »empfohlen«, seine Unterschrift unter den Vertrag erst zu setzen, »wenn in den anderen Bereichen, vor allem hinsichtlich Berlins und der innerdeutschen Probleme, befriedigende Lösungen vorliegen . . . Die CDU/CSU-Bundestagsfraktion vermag ein ausgewogenes Verhältnis von Leistung der Bundesrepublik Deutschland und Gegenleistung der Sowjetunion bisher nicht zu erkennen. Sie sieht für die Menschen im gespaltenen Deutschland noch keinen Vorteil.«

Mit dem Hinweis auf Berlin waren die seit dem 26. März 1970 im Gange befindlichen Gespräche zwischen Vertretern der vier Hauptalliierten im ehemaligen Kontrollratsgebäude in Berlin gemeint, die ohne formalen Bezug, jedoch in eindeutigem sachlichen Zusammenhang mit den von der Bundesregierung anvisierten Ostverträgen standen. Wegen der konträren Rechtsauffassung über den Status Berlins schleppten sich die Erörterungen nur sehr mühsam voran. Ein erfolgreicher Abschluß war im Herbst 1970 noch gar nicht abzusehen. Um so bedeutsamer war daher die Erklärung, die Außenminister Scheel am 9. Oktober 1970 vor dem Bundestag abgab: »Die Bundesregierung ist davon überzeugt, daß ein positives Resultat der Viererverhandlungen über Berlin möglich ist, ein Resultat, das dann den Weg zu einer tiefgreifenden atmosphärischen Verbesserung im Verhältnis auch zu unseren östlichen Nachbarn freilegen würde. Uns ... liegt an dieser Berlin-Regelung um so mehr, als eine Ratifizierung des Moskauer Vertrages durch uns erst möglich ist, wenn eine befriedigende Regelung des Berlin-Problems erfolgt ist.« Damit hatte Scheel eine Art politisches »Junktim« zwischen einem die Situation Berlins verbessernden Viermächteabkommen und der Ratifizierung des Moskauer Vertrages aufgestellt, das die Bundesregierung als für sie bindend ansah, auch als sich der Abschluß des Viermächteabkommens in der Folgezeit immer weiter hinauszögerte, ja, als es im Winter 1970/71 zeitweilig so aussah, als käme keine Einigung unter den vier ehemaligen Alliierten zustande.

Die Anregung Gomulkas vom Mai 1969 aufgreifend, hatten inzwischen, im Februar 1970, auch deutsch-polnische Verhandlungen begonnen, die vorübergehend unterbrochen wurden, um den Vorrang des Abschlusses des Moskauer Vertrages zu demonstrieren, der – wie gesagt – ja auch den Rahmen für den Vertrag zwischen der Bundesrepublik und Polen absteckte. Der schließlich am 7. Dezember 1970 von Brandt und Scheel in Warschau unterzeichnete Vertrag stellte im Artikel I die Unverletzlichkeit der Oder-Neiße-Grenzlinie und den Verzicht auf Gebietsansprüche fest. Zu einer von der Bundesregierung angestrebten vertraglichen Festlegung der Aussiedlung der in Polen zurückgebliebenen Deutschstämmigen in die Bundesrepublik fand sich die polnische Regierung nicht bereit. Vielmehr wurde auf eine sich dann als sehr schwierig erweisende Regelung dieses Problems durch Verhandlungen zwischen den Vertretern des Polnischen und des Deutschen Roten Kreuzes verwiesen.

Wie im Falle des Moskauer Vertrages, so wurde auch beim Warschauer Vertrag in Schreiben der Bundesregierung an die Westmächte erklärt, daß der neue Vertrag nicht die Verträge und Vereinbarungen mit den USA, Großbritannien und Frankreich berühre. Die Bemerkung zum Warschauer Vertrag: »Die Bundesregierung hat ferner darauf hingewiesen, daß sie nur im Namen der Bundesrepublik Deutschland handeln kann«, deutete darauf hin, daß die Oder-Neiße-Linie als polnische Westgrenze nun zwar von der Bundesregierung anerkannt war, daß dies aber nur so lange galte, wie die Bundesrepublik existierte; eine eventuelle gesamt-deutsche Regierung blieb – völkerrechtlich betrachtet – davon un-berührt; sie konnte erst im Friedensvertrag an die dann festgelegte Grenzregelung gebunden werden. Politisch war mit dem War-schauer Vertrag somit endgültig klar, daß die polnische Seite auch künftig keinerlei Interesse am Abschluß eines Friedensvertrages mit ganz Deutschland haben konnte, weil dann zumindest die Möglichkeit bestand, daß die Grenzproblematik noch einmal auf-gerollt würde. – Verhandlungen zwischen der Bundesrepublik und der Tschechoslowakei unterblieben zunächst, da das Beharren der Prager Regierung auf Anerkennung der Formel »ungültig von An-fang an« (ex tunc) für das Münchener Abkommen von 1938, auf die sie sich mit Rückendeckung durch die Sowjetunion festgelegt hatte, für die Bundesregierung inakzeptabel war, da diese Formel weitrei-chende Konsequenzen für die Rechtsstellung der Sudetendeutschen in sich bergen konnte, ganz abgesehen von der politischen Zumu-tung, daß eine Ungültigkeitserklärung für ein einzelnes unter Ge-waltandrohung zustandegekommenes Abkommen ausgerechnet ei-ner Regierung gegenüber abgegeben werden sollte, die ihre Exi-stenz selbst einem nach dem Einmarsch der Truppen der War-schauer-Pakt-Staaten 1968 von der sowjetischen Führung erpreß-ten sowjetisch-tschechoslowakischen Vertrag verdankte.

Die seit der Jahreswende 1970/71 zu verzeichnende Stagnation in der neuen Ostpolitik konnte erst überwunden werden, als am 3. September 1971 das in eineinhalbjährigen Verhandlungen erarbei-tete Berlin-Abkommen von den Vertretern der vier Mächte para-phiert wurde. Unter Ausklammerung der unterschiedlichen Rechtsstandpunkte und ohne Veränderung des durch die faktische Eingliederung Ost-Berlins in die DDR (als »Hauptstadt«) gekenn-zeichneten Status handelte es sich in dem Abkommen um Regelun-gen »zu praktischen Verbesserungen der Lage« nur in und um – jetzt offiziell immer so bezeichnet – »Berlin (West)«.

Das Abkommen, das aller menschlichen Voraussicht nach für sehr lange Zeit die »anormale« Situation Berlins und teils direkt, teils in-direkt auch die Lage in Deutschland »als Ganzem« bestätigte, in-dem es sich auf Statusprobleme und Vereinbarungen über gewisse menschliche Erleichterungen für die West-Berliner im Vergleich zu der Lage in der »Halb-Stadt« seit dem Bau der Mauer in Berlin 1961 beschränkte, war in jeder Beziehung singulär. Das Abkom-men sollte erst unterzeichnet und in Kraft gesetzt werden, wenn die Ostverträge ratifiziert waren (damit setzte die Sowjetunion nun ihrerseits gegenüber der Bundesrepublik eine Art umgekehrtes politisches »Junktim« durch, um die Ratifizierung der Verträge von Moskau und Warschau durch den Bundestag sicherzustellen). Außerdem sollten Vertreter der Bundesrepublik und der DDR bzw. des Berliner Senats und der DDR im Auftrage der vier Mächte die Vereinbarungen konkretisieren, womit für die DDR eine gewisse Möglichkeit zu nachträglichen Einschränkungen der Zugeständnisse gegenüber dem Text des Abkommens gegeben war. Nicht einmal über die Bezeichnung des Gebiets, über das gesprochen worden war, hatten sich die vier Mächte einigen können. Es war in der Präambel nur von »der bestehenden Lage in dem betreffenden Gebiet« die Rede. Die wichtigsten Vereinbarungen waren in »Mitteilungen« der Westmächte an die Sowjetunion bzw. umgekehrt in »Anlagen« verwiesen, während das Abkommen selbst nur sehr knapp und nicht überall präzise die »Bestimmungen, die die Westsektoren Berlins betreffen«, enthielten. Relativ eindeutig waren nur die in der »Mitteilung« der Sowjetunion in Aussicht genommenen Erleichterungen für den Verkehr von und nach Berlin: »Der Transitverkehr von zivilen Personen und Gütern zwischen den Westsektoren Berlins und der Bundesrepublik Deutschland auf Straßen-, Schienen- und Wasserwegen durch das Territorium der Deutschen Demokratischen Republik wird erleichtert werden und ohne Behinderung sein. Er wird in der einfachsten, schnellsten und günstigsten Weise erfolgen, wie es in der internationalen Praxis vorzufinden ist.«

Schwerwiegend für die künftige rechtliche Stellung von Berlin (West) im Verhältnis zur Bundesrepublik waren die nun erstmals der Sowjetunion vertraglich gegebenen Zugeständnisse der Westmächte in ihrer »Mitteilung« in Anlage II: »In Ausübung ihrer Rechte und Verantwortlichkeiten erklären sie, daß die Bindungen zwischen den Westsektoren Berlins und der Bundesrepublik Deutschland aufrechterhalten und entwickelt werden, wobei sie berücksichtigen, daß diese Sektoren wie bisher kein Bestandteil (konstitutiver Teil) der Bundesrepublik Deutschland sind und auch weiterhin nicht von ihr regiert werden. Die Bestimmungen des Grundgesetzes der Bundesrepublik Deutschland und der in den Westsektoren Berlins in Kraft befindlichen Verfassung, die zu dem Vorstehenden in Widerspruch stehen, sind suspendiert worden und auch weiterhin nicht in Kraft. Der Bundespräsident, die Bundesregierung, die Bundesversammlung, der Bundesrat und der Bundestag, einschließlich ihrer Ausschüsse und Fraktionen, sowie sonstige staatliche Organe der Bundesrepublik Deutschland werden in den Westsektoren Berlins keine Verfassungs- oder Amtsakte vornehmen, die in Widerspruch (dazu) stehen.« In einem Brief der drei Botschafter der Westmächte an den Bundeskanzler wurde dazu präzisiert: »In den Westsektoren Berlins werden keine Sitzungen der Bundesversammlung und weiterhin keine Plenarsitzungen des Bundesrats und des Bundestags stattfinden. Einzelne Ausschüsse des Bundesrats und des Bundestages können in den Westsektoren Berlins im Zusammenhang mit der Aufrechterhaltung und Entwicklung der Bindungen zwischen diesen Sektoren und der Bundesrepublik Deutschland tagen. Im Falle der Fraktionen werden Sitzungen nicht gleichzeitig abgehalten werden.« Damit stand fest, daß eine Rückkehr zu der mit Zustimmung der Westmächte in den fünfziger Jahren geübten Praxis, daß der Bundestag auch Plenarsitzungen in West-Berlin abhielt, in Zukunft ebenso ausgeschlossen war wie die Wahl des Bundespräsidenten durch die Bundesversammlung, wie sie – trotz Behinderungen der DDR auf den Zugangswegen nach Berlin – noch im März 1969 geschehen war. Eine Einbeziehung des »Landes Berlin« in die Bundesrepublik, wie sie seit 1949 immer wieder angestrebt und am Veto der Westalliierten stets gescheitert war, wurde nun vollends unmöglich, während sich an der de-facto-Einbeziehung Ost-Berlins in die DDR nichts änderte.

Ein Zugeständnis im praktischen Bereich stellte die »Mitteilung« der Sowjetregierung in Anlage III dar: »Die Kommunikationen zwischen den Westsektoren Berlins und Gebieten, die an diese Sektoren grenzen, sowie denjenigen Gebieten der Deutschen Demokratischen Republik, die nicht an diese Sektoren grenzen, werden verbessert werden. Personen mit ständigem Wohnsitz in den Westsektoren Berlins werden aus humanitären, familiären, religiösen, kulturellen oder kommerziellen Gründen oder als Touristen in diese Gebiete reisen und sie besuchen können, und zwar unter Bedingungen, die denen vergleichbar sind, die für andere in diese Gebiete einreisende Personen gelten.« Dies schien eine Gleichstellung der West-Berliner mit den Bundesbürgern (und Ausländern) zu besagen.

In den Anlagen IV A und IV B bestätigten sich die Westmächte und die Sowjetunion, daß – wie es in der »Mitteilung« der Westmächte hieß – »die Bundesrepublik Deutschland die konsularische Betreuung für Personen mit ständigem Wohnsitz in den Westsektoren Berlins ausüben kann; daß in Übereinstimmung mit den festgelegten Verfahren völkerrechtliche Vereinbarungen und Abmachungen, die die Bundesrepublik Deutschland schließt, auf die Westsektoren ausgedehnt werden können, vorausgesetzt, daß die Ausdehnung solcher Vereinbarungen und Abmachungen jeweils ausdrücklich erwähnt wird; (daß) die Bundesrepublik Deutschland die Interessen der Westsektoren Berlins in internationalen Organisationen und auf internationalen Konferenzen vertreten kann; (daß) Personen mit ständigem Wohnsitz in den Westsektoren Berlins gemeinsam mit Teilnehmern aus der Bundesrepublik Deutschland am internationalen Austausch und an internationalen Ausstellungen teilnehmen können. Tagungen internationaler Organisationen und internationale Konferenzen sowie Ausstellungen können in den Westsektoren Berlins durchgeführt werden.«

Schließlich genehmigten die drei Westmächte die Errichtung eines Generalkonsulats der Sowjetunion in Berlin (West), »das gemäß den üblichen in diesen Sektoren geltenden Verfahren bei den entsprechenden Behörden der drei Regierungen zum Zwecke der Ausübung konsularischer Betreuung . . . akkreditiert wird«. Alles in allem gewann die Sowjetunion durch dieses Abkommen ein vertraglich gesichertes Mitspracherecht hinsichtlich West-Berlins, während die Westmächte faktisch auf jedes Mitspracherecht in Ost-Berlin verzichteten. Darüber hinaus stand nunmehr fest, daß im Zuge der durch die Ostverträge implizierten Anerkennung der DDR durch die Westmächte diese in nächster Zeit Botschafter in der »Hauptstadt« der DDR, dem de jure wie die Westsektoren der Viermächte-Kompetenz unterstehenden Ost-Sektor der alten Reichshauptstadt, akkreditieren würden.

Die optimistische Erklärung der Bundesregierung am Tage der Paraphierung des Abkommens legte den Nachdruck auf die Erwartung, Berlin (West) werde nun »von der Bundesrepublik Deutschland auch gegenüber der Sowjetunion so vertreten werden können, wie es von ihr im größten Teil der Welt seit vielen Jahren vertreten wird. Die Einwohner von Berlin (West) werden in der Sowjetunion den bisher entbehrten konsularischen Schutz der Bundesrepublik Deutschland genießen können. Die Teilnahme der Stadt und ihrer Einwohner am weltweiten internationalen Austausch wird nicht mehr beeinträchtigt werden«. Damit schien die »Drei-Staaten-Theorie«, die vor allem von der DDR in den vergangenen Jahren vertreten worden war, von der Sowjetunion, die die wirtschaftlichen Bindungen West-Berlins an die Bundesrepublik anerkannt hatte, aufgegeben zu sein. Allerdings deutete schon die Unmöglichkeit, sich auf einen einheitlichen deutschen Text als Grundlage für die Verhandlungen zwischen der Bundesrepublik und der DDR zu einigen, darauf hin, daß die Basis nicht so fest war, wie es in vordergründiger Betrachtung scheinen mochte. Das Viermächte-Abkommen war, wie die im Dezember 1971 folgenden Vereinbarungen zwischen der Bundesrepublik und DDR bzw. zwischen dem Senat von Berlin und der DDR über den »Transitverkehr« und die Modalitäten des Besuchs von West-Berlinern im Ostteil der Stadt und in der DDR zeigen sollten, mit Formelkompromissen durchsetzt, die unterschiedlichste Interpretationen zuließen und das Fortschwelen des Konflikts um West-Berlin, das in sowjetischer Sicht die Funktion des Faustpfandes keineswegs verlieren sollte – mit auf- und abschwellenden Phasen jeweils aus »aktuellen« Anlässen –, ermöglichte.

Überraschend reiste Bundeskanzler Brandt kurz nach der Paraphierung des Viermächte-Abkommens über Berlin (West) nach Oreanda (bei Jalta) auf die Krim zu einem Besuch bei Breschnew, der inzwischen eindeutig zum »ersten Mann« in der Sowjetunion aufgestiegen war und offensichtlich unmittelbar die sowjetische Europa-Politik gestaltete. In dem Kommuniqué über die Begegnung auf der Krim vom 16. bis 18. September 1971 hieß es, daß »die allgemeine Normalisierung der Beziehungen zwischen der Bundesrepublik Deutschland und der Deutschen Demokratischen Republik auf der Grundlage der vollen Gleichberechtigung, der Nichtdiskriminierung, der Achtung der Unabhängigkeit und der Selbständigkeit der beiden Staaten in Angelegenheiten, die ihre innere Kompetenz in ihren entsprechenden Grenzen betreffen, . . . heute möglich (erscheint) und . . . eine große Bedeutung haben (wird). Einer der wichtigsten Schritte in dieser Richtung wird im Zuge der Entspannung in Europa der Eintritt dieser beiden Staaten in die Organisation der Vereinten Nationen und ihre Sonderorganisationen sein.« Nachdem die sowjetische Führung ihre Ablehnung gegen eine Beteiligung der USA an der europäischen Sicherheitskonferenz endlich aufgegeben hatte, schwenkte Brandt nunmehr auf das sowjetische Drängen nach möglichst frühzeitiger Eröffnung dieser Konferenz ein: »Es wurde festgestellt, daß die Entwicklung in Europa eine solche Konferenz unter Teilnahme der USA und Kanada fördert. Die Sowjetunion und die Bundesrepublik wollen demnächst untereinander und mit ihren Verbündeten sowie mit anderen europäischen Staaten Konsultationen führen, um die Abhaltung einer solchen Konferenz zu beschleunigen.« Auf die Rede Breschnews in Tiflis am 14. Mai 1971, die als späte Antwort auf die Appelle der NATO-Staaten (seit 1968) nach Verhandlungen über eine gleichgewichtige, »ausgewogene« Verminderung der Streitkräfte beider Bündnisblöcke in Europa gedeutet werden konnte, nahm das Kommuniqué indirekt Bezug: »Beide Seiten haben ihre Auffassungen zur Frage der Verminderung von Truppen und Rüstungen in Europa – ohne Nachteile für die Beteiligten – dargelegt. Dabei stellten sich übereinstimmende Elemente in ihren Positionen heraus.« Langfristig für die Bundesrepublik folgenreicher als diese und andere im Kommuniqué verzeichneten Konferenzthemen war die Erklärung Brandts gegenüber Breschnew, daß die DKP in der Bundesrepublik eine »legale« Partei sei. Denn dies mußte künftig alle Bestrebungen, die DKP entweder zur Nachfolgeorganisation der verbotenen KPD erklären oder als »neue« Partei ebenfalls durch ein Urteil des Bundesverfassungsgerichts über die Feststellung der Verfassungswidrigkeit ihrer Ziele verbieten zu lassen, zu einem das eben erst »normalisierte« Verhältnis zwischen der Sowjetunion und der Bundesrepublik belastenden Problem werden lassen. Die sich infolge des »Links«-Trends in großen Teilen der öffentlichen Meinung und innerhalb der beiden Regierungsparteien verstärkende Verschränkung von Innen- und Außenpolitik im Rahmen der neuen Ostpolitik wurde hier punktuell ganz deutlich. Sie bestimmte generell auch die zunehmend intensivierte Auseinandersetzung in der Bundesrepublik um die »Ostverträge«. Die Nachricht, daß Brandt für sein Engagement zugunsten eines Ausgleichs und der Versöhnung Deutschlands mit seinen östlichen Nachbarn den Friedensnobelpreis erhalten habe (28. Oktober 1971), konnte diese Auseinandersetzung nur für kurze Zeit dämpfen.

Inzwischen war nach wochenlangen im Auftrage der vier Mächte geführten Verhandlungen zwischen Bahr und DDR-Staatssekretär Kohl am 11. Dezember 1971 das Abkommen über den »Transitverkehr von zivilen Personen und Gütern zwischen der Bundesrepublik Deutschland und Berlin (West)« von den Vertretern der beiden deutschen Staaten paraphiert und am 17. Dezember 1971 unterzeichnet worden. Es hielt sich im wesentlichen an den im Viermächteabkommen gesteckten, relativ großzügigen Rahmen. Das schwierigste Problem des »Mißbrauchs« des Transitverkehrs zur Fluchthilfe aus der DDR wurde so geregelt, daß dem Grundgesetz einerseits, der DDR-Position andererseits – soweit wie für die eine und für die andere Seite gerade noch akzeptabel – Rechnung getragen wurde. In Artikel 16 hieß es: »Ein Mißbrauch . . . liegt vor, wenn ein Transitreisender . . . rechtswidrig und schuldhaft gegen die allgemein üblichen Vorschriften der Deutschen Demokratischen Republik bezüglich der öffentlichen Ordnung verstößt, indem er . . . Personen aufnimmt . . . Hinreichende Verdachtsgründe im Sinne dieses Abkommens liegen vor, wenn im gegebenen Falle auf Grund bestimmter Tatsachen oder konkreter Anhaltspunkte eine gewisse Wahrscheinlichkeit besteht, daß ein Mißbrauch der Transitwege für die obengenannten Zwecke beabsichtigt ist, begangen wird oder begangen worden ist. Im Falle hinreichenden Verdachts eines Mißbrauchs werden die zuständigen Organe der Deutschen Demokratischen Republik die Durchsuchung von Reisenden, der von ihnen benutzten Transportmittel sowie ihres persönlichen Gepäcks nach den allgemein üblichen Vorschriften der Deutschen Demokratischen Republik bezüglich der öffentlichen Ordnung durchführen oder die Reisenden zurückweisen.« Für den Fall einer Bestätigung des Verdachts wurden abgestufte Maßnahmen vorgesehen, als letztes auch die Festnahme der betroffenen Personen. Die Bundesregierung verpflichtete sich in Artikel 17, »im Rahmen ihrer Möglichkeiten die erforderlichen Vorkehrungen (zu) treffen, damit ein Mißbrauch der Transitwege . . . verhindert wird. Die Regierung der Bundesrepublik Deutschland wird insbesondere Sorge dafür tragen, daß . . . die zuständigen Behörden der Bundesrepublik Deutschland, wenn sie von einem beabsichtigten Mißbrauch der Transitwege Kenntnis erhalten, im Rahmen der allgemein üblichen Vorschriften der Bundesrepublik Deutschland bezüglich der öffentlichen Ordnung geeignete Maßnahmen zur Verhinderung des Mißbrauchs treffen werden.«

Wesentlich schwieriger gestalteten sich die Verhandlungen zwischen dem Berliner Senat und der DDR, da letztere offensichtlich nicht gewillt war, eine wirklich gleichartige Behandlung der Westberliner wie die, welche sie seit 1961 den Bundesbürgern zugestanden hatte, zukommen zu lassen. Die ebenfalls am 11. Dezember 1971 paraphierte Vereinbarung wurde erst nach dramatischen Schlußverhandlungen mit Drohungen über einen Abbruch am 20. Dezember 1971 unterzeichnet. Im Gegensatz zu der für die Bundesbürger bestehenden Möglichkeit eines täglichen Besuchs Ost-Berlins (mit Passierschein in relativ einfachem Verfahren ohne Begründung für die Reise) wurde in der Vereinbarung eingeschränkt: »Personen mit ständigem Wohnsitz in Berlin (West) wird einmal oder mehrmals die Einreise zu Besuchen von insgesamt 30 Tagen Dauer im Jahre in die an Berlin (West) grenzenden Gebiete sowie diejenigen Gebiete der Deutschen Demokratischen Republik, die nicht an Berlin (West) grenzen, gewährt. Die Einreise . . . wird aus humanitären, familiären, religiösen, kulturellen und touristischen Gründen genehmigt.« Eine Kontingentierung der Einreise sollte, wie es in einem Protokollvermerk hieß, nicht erfolgen. Personen, die nach der Errichtung der Mauer die DDR verlassen hatten, sollten keine Besuchserlaubnis erhalten. Über die Modalitäten der – zuerst recht langwierigen – Antragstellung kam es zu Kontroversen zwischen Senat und DDR. Insgesamt stellte diese Vereinbarung eine eindeutige Verschlechterung für die Westberliner im Vergleich zu dem Rahmen des Vier-Mächte-Abkommens dar. Es lag nahe, daß die Opposition in Berlin und in der Bundesrepublik gerade diese Vereinbarung einer besonders scharfen Kritik unterzog.

Es waren im Grunde vier Problemkreise, die die in ihrer Härte weiter zunehmenden innenpolitischen Gegensätze in der Bundesrepublik bestimmten: Neben der Ostpolitik war es 1. die Notwendigkeit, das Ausmaß und das Tempo sinnvoller sozialer Reformen. Dabei spielte die immer mehr ins Zentrum der Reformdiskussion tretende Mitbestimmungsproblematik, die die Gewerkschaften im Sinne einer »paritätischen« – die Gleichgewichtigkeit von Arbeit und Kapital ausdrückenden – Mitbestimmungsregelung in allen größeren Betrieben gelöst wissen wollten, eine Schlüsselrolle; 2. ging es um die Einschätzung der fortschreitenden Radikalisierung und Ideologisierung auf dem immer breiter werdenden »linken« Flügel der Regierungsparteien, vor allem bei der SPD. Der vieldeutige Leitbegriff einer »Demokratisierung« aller gesellschaftlichen Bereiche löste Akklamation und Abwehrreaktionen aus, die zur fortschreitenden Polarisierung in der ganzen Breite der Öffentlichkeit beitrugen; 3. handelte es sich um Fragen der Wirtschafts- und Finanzpolitik, die nicht nur zwischen Regierung und Opposition kontrovers, sondern auch innerhalb der Regierung strittig waren.

Als eine Folge der ständig geführten Auseinandersetzung, in der die CDU/CSU offensichtlich auf einen Sturz der Regierung Brandt nach Möglichkeit noch vor der Ratifizierung der Ostverträge hinarbeitete, die nach Abschluß der Vereinbarung zwischen dem Berliner Senat und der DDR am 21. Dezember 1971 sogleich von der Bundesregierung mit der Zuleitung der Ostverträge an den Bundesrat in Gang gesetzt worden war, mußte der Wechsel von FDP- und SPD-Bundestagsabgeordneten (darunter des früheren FDP-Vorsitzenden Mende) zur CDU/CSU-Fraktion angesehen werden. Die Mehrheit für die Regierung Brandt wurde im Winter 1971/72 immer schmaler; ihre parlamentarische Basis war nun unmittelbar bedroht. Ihr Rückhalt in der Bevölkerung wurde von der Opposition, ganz unabhängig davon, ständig in Zweifel gezogen. Denn die seit dem Regierungsantritt 1969 abgehaltenen Landtagswahlen waren in summa – mit Ausnahme Bremens – zuungunsten von SPD und FDP ausgegangen. Als die Landtagswahlen in Baden-Württemberg am 23. April 1972 der CDU die absolute Mehrheit (53% statt 44,2% 1968) brachten und am Abend des gleichen Tages ein weiterer Abgeordneter die FDP-Bundestagsfraktion verließ, entschied sich die CDU/CSU zum Wagnis eines konstruktiven Mißtrauensvotums im Bundestag gegen die Regierung Brandt mit dem Ziel einer Wahl Barzels zum Bundeskanzler. Über den Mißtrauensantrag wurde am 27. April 1972 im Bundestag abgestimmt. Der

Antrag der CDU/CSU erreichte indessen nicht sein Ziel, da nur 247 statt der für eine absolute Mehrheit notwendigen 249 Stimmen für ihn abgegeben wurden. Als am folgenden Tag (28. April 1972) dann im Rahmen der Haushaltsdebatte über den Etat des Bundeskanzleramts abgestimmt und dieser bei Stimmengleichheit abgelehnt wurde, zeigte es sich, daß dennoch eine – bis dahin in der Geschichte der Bundesrepublik nie dagewesene – parlamentarische »Patt«-Situation eingetreten war. Sie ließ befürchten, daß auch bei der Abstimmung über die Ostverträge eine Zufallsmehrheit für oder gegen die Verträge mit unabsehbaren Folgen für die internationale Stellung der Bundesrepublik eintreten konnte, zumal da – zunächst – der Eindruck vorherrschte, daß die CDU/CSU-Fraktion geschlossen gegen die Verträge stimmen würde.

Brandt bemühte sich daher in direkten Gesprächen mit Barzel, dann auf dem Wege über eine – Vertreter der Regierung und der Opposition umfassende – Kommission, eine Entschließung ausarbeiten zu lassen, die der Bundestag als verbindliche Interpretation der Ostverträge und als Willensbildung aller Fraktionen beim Votum über die Verträge beschließen sollte. Auf diese Weise sollte der CDU/CSU eine Brücke gebaut werden, den Verträgen entweder doch noch zuzustimmen oder sich wenigstens der Stimme zu enthalten und die Ratifizierung indirekt zu ermöglichen. Das Problem einer Textinterpretation durch den Bundestag hatte jedoch nicht zuletzt auch eine außenpolitische Dimension; es war sehr fraglich, ob die Vertragspartner, die Sowjetunion und Polen, überhaupt ihrerseits eine solche Erklärung als für sie irgendwie relevant akzeptieren würden. Es mußte daher zunächst in Verhandlungen mit dem Botschafter der Sowjetunion in Bonn eine Klärung dieser Problematik herbeigeführt werden. In mühsamer Formulierungsarbeit innerhalb der Kommission und in Kontakt mit dem Botschafter kam schließlich eine Erklärung zustande, über die im Anschluß an die Abstimmung über die Verträge von Moskau und Warschau im Bundestag abgestimmt werden sollte. Als wichtigste Passagen der Erklärung waren folgende Sätze anzusehen: Die Verträge »sind wichtige Elemente des Modus vivendi, den die Bundesrepublik Deutschland mit ihren östlichen Nachbarn herstellen will . . . Die Verträge nehmen eine friedensvertragliche Regelung für Deutschland nicht vorweg und schaffen keine Rechtsgrundlage für die heute bestehenden Grenzen . . . Das unveräußerliche Recht auf Selbstbestimmung wird durch die Verträge nicht berührt. Die Politik der Bundesrepublik Deutschland, die eine friedliche Wiederherstellung der nationalen Einheit im europäischen Rahmen anstrebt, steht nicht im Widerspruch zu den Verträgen, die die deutsche

Frage nicht präjudizieren . . . Die Rechte und Verantwortlichkeiten der Vier Mächte in bezug auf Deutschland als Ganzes und auf Berlin werden durch die Verträge nicht berührt. Der Deutsche Bundestag hält angesichts der Tatsache, daß die endgültige Regelung der deutschen Frage im Ganzen noch aussteht, den Fortbestand dieser Rechte und Verantwortlichkeiten für wesentlich.« Ferner wurde »die fortdauernde und uneingeschränkte Geltung des Deutschlandvertrages« von 1954 und die »Fortgeltung« des zwischen der Bundesrepublik und der Sowjetunion am 13. September 1955 geschlossenen Abkommens als durch die Ostverträge »nicht berührt« konstatiert.

Barzel, der aus direkten Kontakten mit Vertretern der USA, Großbritanniens und Frankreichs die positive Beurteilung und die Zustimmung der Westmächte zu den Ostverträgen kannte, vertrat nach der Einigung über die Erklärung des Bundestages die Auffassung, daß nunmehr auch die CDU/CSU für die Verträge stimmen könne. Doch folgte ihm, wie sich nun herausstellte, nur eine Minderheit der Fraktion bei dieser veränderten Beurteilung. Eine große Gruppe mit den CSU-Abgeordneten als Kern wollte beim »Nein« bleiben; die Mehrheit, auf deren Votum sich schließlich die Fraktion einigte, plädierte auf Vorschlag des früheren Bundeskanzlers Kiesinger für Stimmenthaltung. In den beiden entscheidenden Abstimmungen am 17. Mai 1972 votierten dann tatsächlich nur 248 Abgeordnete von SPD und FDP mit Ja«, während sich beim Vertrag mit der Sowjetunion 238 CDU/CSU-Abgeordnete der Stimme enthielten und zehn mit »Nein« stimmten. Beim Vertrag mit Polen war die Zahl der »Nein«-Stimmen (17) etwas höher. Bei der Entschließung des Bundestages enthielten sich fünf Abgeordnete der Stimme, alle übrigen votierten mit »Ja«.

Nachdem die Ratifizierung der Ostverträge mit Mühe über die parlamentarischen Hürden gebracht war, verließen weitere Abgeordnete das Regierungslager. Als Sensation wirkte der Rücktritt von Wirtschafts- und Finanzminister Schiller am 7. Juli 1972, da Schiller lange Zeit als »zweiter Mann« in der SPD-Führungsmannschaft herausgestellt worden war und im Wahlkampf 1969 eine außerordentlich wichtige Rolle beim Erfolg der SPD gespielt hatte. In Auseinandersetzung mit dem »linken« Flügel seiner Partei hatte Schiller als eindeutiger Anhänger der sozialen Marktwirtschaft allerdings schon im Winter 1971/72 vor sozialistischen Experimenten gewarnt und von seiner Sorge gesprochen, daß ein Teil der jüngeren SPD-Mitglieder offenbar »eine ganz andere Republik« anstrebe.

Die »Patt«-Situation im April 1972 hatte vorzeitige Neuwahlen zum neuen Bundestag, um wieder zu klaren Mehrheitsverhältnissen zu kommen, zu einer politischen Notwendigkeit gemacht. Jedoch hatten die Väter des Grundgesetzes – in Erinnerung an die vielen Reichstagsauflösungen in der Weimarer Republik – ganz bewußt eine vorzeitige Auflösung des Bundestags zu einer Ausnahme machen wollen und daher an eine schwierige Prozedur gebunden, die nur durch die Ablehnung eines Antrags des Kanzlers, ihm das Vertrauen auszusprechen, in Gang gesetzt werden konnte. Ein solches Verfahren schreckte naturgemäß jeden Regierungschef zurück. Dennoch entschloß sich Brandt, diesen Weg zu gehen, da ein Fortdauern der »Patt«-Situation beziehungsweise – nach Schillers Abschwenken – eine Minderheitsregierung über ein Jahr hinweg bis zu den regulär erst im Herbst 1973 fälligen Bundestagswahlen allergrößte Schwierigkeiten für die weitere Politik nach außen und innen aufwerfen mußte. Nachdem der Bundestag, wie einkalkuliert, Brandt am 22. September 1972 das Vertrauen verweigert hatte und danach vom Bundespräsidenten aufgelöst worden war, setzte der kürzeste, aber intensivste, stärkstes Engagement und viel Emotionen in bisher nicht bekannter Breite in der Bevölkerung auslösende Wahlkampf ein, bis die Bundestagswahlen am 19. November 1972 dann eine klare Entscheidung zugunsten einer Fortdauer der sozial-liberalen Koalition und einer zweiten Regierung Brandt-Scheel brachten.

Sowohl in der Europa-Politik als auch in der Ostpolitik konnte die Regierung Brandt-Scheel in den Wochen des Wahlkampfes Erfolge erzielen, deren Solidität allerdings offenblieb. Nachdem sich Großbritannien, Irland und Dänemark endgültig zum Beitritt in die Europäische Gemeinschaft entschieden hatten – in Norwegen sprach sich in einer Volksabstimmung die Mehrheit gegen den Beschluß der Regierung aus –, fand am 19./20. Oktober 1972 auf Einladung des französischen Staatspräsidenten Pompidou erstmals eine Konferenz der Staats- und Regierungschefs der nunmehr neun Staaten der erweiterten Gemeinschaft statt. In einer »feierlichen Erklärung« bekannten sie: »In dem Augenblick, da die gemäß den Regeln der Verträge und unter Bewahrung des von den sechs ursprünglichen Mitgliedstaaten bereits geschaffenen Werks beschlossene Erweiterung Wirklichkeit wird und der Europäischen Gemeinschaft eine andere Dimension gibt, ... ist für Europa die Stunde gekommen, sich der Gemeinschaft seiner Interessen, der Fülle seiner Fähigkeiten und der Bedeutung seiner Pflichten klar bewußt zu werden, muß Europa imstande sein, seiner Stimme in der Weltpolitik Gehör zu verschaffen, den eigenständigen Beitrag zu leisten, der seinen menschlichen, geistigen und materiellen Möglichkeiten entspricht, und gemäß seiner Berufung zu Weltoffenheit, Fortschritt, Frieden und Zusammenarbeit seine eigenen Konzeptionen in den internationalen Beziehungen zu vertreten. Deshalb ... sind die Mitgliedstaaten entschlossen, die Gemeinschaft durch Schaffung einer Wirtschafts- und Währungsunion zu stärken, die Unterpfand für Stabilität und Wachstum, Grundlage ihrer Solidarität sowie unerläßliche Voraussetzung für sozialen Fortschritt ist, und dabei regionalen Disparitäten abzuhelfen; ... wird das europäische Aufbauwerk seiner politischen Zielsetzung gemäß Europa die Möglichkeit geben, sich in Treue zu seinen traditionellen Freundschaften und zu den Bündnissen seiner Mitgliedstaaten zu profilieren und seinen Platz in der Weltpolitik als eigenständiges Ganzes einzunehmen, das entschlossen ist, unter Einhaltung der Grundsätze der Charta der Vereinten Nationen ein besseres internationales Gleichgewicht zu fördern; die Mitgliedstaaten der Gemeinschaft, die Triebkraft beim Aufbau Europas, bekunden ihre Absicht, vor Ablauf dieses Jahrzehnts die Gesamtheit ihrer Beziehungen in eine Europäische Union umzuwandeln.« Konkret hieß es: »Im Laufe des Jahres 1973 werden die Beschlüsse gefaßt werden, die notwendig sind, um den Übergang zur zweiten Stufe der Wirtschafts- und Währungsunion am 1. Januar 1974 zu verwirklichen, damit diese spätestens am 31. Dezember 1980 vollendet ist.« Und: »Die Staats- und Regierungschefs, die sich als vornehmstes Ziel gesetzt haben, vor dem Ende dieses Jahrzehnts in absoluter Erhaltung der bereits geschlossenen Verträge die Gesamtheit der Beziehungen der Mitgliedstaaten in eine Europäische Union umzuwandeln, bitten die Organe der Gemeinschaft, hierüber vor Ende 1975 einen Bericht auszuarbeiten, der einer späteren Gipfelkonferenz unterbreitet werden soll.« Damit schien der Weg zur Wirtschafts- und Währungsunion bereits in allen Etappen beschlossene Sache zu sein und das Problem einer politischen Einigung – die Form blieb offen – hinsichtlich seiner Lösung auch auf ein klares Datum – 1980 – hin fixiert.

Während des Wahlkampfes näherten sich auch die Verhandlungen mit der DDR über einen das Verhältnis zwischen beiden deutschen Staaten regelnden Grundvertrag ihrem Abschluß. Vorausgegangen war nach Verhandlungen zwischen Bahr und dem DDR-Staatssekretär Kohl seit dem 27. November 1971 der Abschluß eines Verkehrsvertrages am 12. Mai 1972, des ersten zwischen den beiden deutschen Staaten ohne Weisung der Alliierten ausgehandelten Vertrages überhaupt. Darin wurden im wesentlichen Rechtsfragen für den Verkehr auf Straßen, Schienen- und Wasserwegen zwischen den beiden deutschen Staaten geklärt. Jedoch sagte die DDR in Erklärungen auch zu, es mit Inkrafttreten des Verkehrsvertrages »zu erheblichen Erleichterungen im Reise- und Besuchsverkehr kommen zu lassen«. Eine einseitig in Kraft gesetzte Sonderregelung für Reisen zu Ostern und Pfingsten, die Bewohnern West-Berlins erstmals seit 1952 Fahrten in die DDR ermöglichte, sollte werbend wirken.

Unmittelbar nach Abschluß des Verkehrsvertrages begannen dann die Verhandlungen über den Grundvertrag. Er wurde am 8. November 1972, also rund zehn Tage vor den Bundestagswahlen, paraphiert (die Unterzeichnung durch Bahr und Kohl folgte am 21. Dezember 1972 in Ost-Berlin).

In diesem »Vertrag über die Grundlagen der Beziehungen« zwischen den beiden Staaten hieß es im Artikel 1, daß diese »normale gutnachbarliche Beziehungen zueinander auf der Grundlage der Gleichberechtigung entwickeln« wollten. »Sie bekräftigen die Unverletzlichkeit der zwischen ihnen bestehenden Grenze jetzt und in der Zukunft und verpflichten sich zur uneingeschränkten Achtung ihrer territorialen Integrität.« Beide »gehen von dem Grundsatz aus, daß die Hoheitsgewalt jedes der beiden Staaten sich auf sein Hoheitsgebiet beschränkt. Sie respektieren die Unabhängigkeit und Selbständigkeit jedes der beiden Staaten in seinen inneren und äußeren Angelegenheiten.« Sie »erklären ihre Bereitschaft, im Zuge der Normalisierung ihrer Beziehungen praktische und humanitäre Fragen zu regeln. Sie werden Abkommen schließen, um auf der Grundlage dieses Vertrages und zum beiderseitigen Vorteil die Zusammenarbeit auf dem Gebiet der Wirtschaft, der Wissenschaft und der Technik, des Verkehrs, des Rechtsverkehrs, des Post- und Fernmeldewesens, des Gesundheitswesens, der Kultur, des Sports, des Umweltschutzes und auf anderen Gebieten zu entwickeln und zu fördern.« Mit anderen Worten: Eine ganze Reihe von – in den nächsten Jahren auszuhandelnden – Einzelverträgen sollte – auf der Basis dieses Grundlagenvertrages – das künftige Verhältnis zwischen beiden Staaten gestalten. Schließlich wurde der Austausch von »ständigen Vertretungen« am Sitz der jeweiligen Regierung (nicht von Botschaftern, wie die DDR angestrebt hatte) vereinbart. In einer Fülle von Anlagen – u. a. einem Zusatzprotokoll, einem Protokollvermerk, Erklärungen zum Protokoll, einem Briefwechsel zum Post- und Fernmeldewesen, einem Briefwechsel zur Familienzusammenführung, zu Reiseerleichterungen und Verbesserungen des nichtkommerziellen Warenverkehrs, Erläuterungen hierzu, einem Briefwechsel zur Öffnung weiterer Grenzübergangsstellen, einem weiteren Briefwechsel zum Antrag auf Mitgliedschaft in den Vereinten Nationen, einem Briefwechsel über Arbeitsmöglichkeiten für Journalisten – war sehr vieles untergebracht, was eigentlich in den Vertragstext gehörte. Doch hatte die DDR offensichtlich besonderen Wert darauf gelegt, die von ihrer Seite gewährten Zugeständnisse in solche Annexe und nicht in den Vertrag selbst zu verweisen. Die Tatsache der Paraphierung dieses das Verhältnis zwischen den beiden deutschen Staaten auf sehr lange Zeit festlegenden und dennoch vielfach unausgereift wirkenden Vertragswerks, das auf den ersten Blick vor allem eine Reihe von menschlichen Erleichterungen mit sich zu bringen schien, war zweifellos im Zusammenhang mit den bevorstehenden Bundestagswahlen zu sehen. Zu einer gründlichen Sachdiskussion fehlten den Parteien in diesem Augenblick alle Voraussetzungen, und ein Argumentieren gegen den Vertrag war der Opposition, auch wenn es sachlich noch so begründet sein mochte, gegenüber den ins Rampenlicht gerückten menschlichen Erleichterungen kaum möglich. Die Wirkung der Paraphierung auf den Ausgang der Wahlen ist sicher als hoch anzusehen. Seine eigentliche Bedeutung ließ sich damals allerdings kaum abschätzen.

Nachdem der Bundestag im Mai 1973 unter Ablehnung des größten Teils der CDU/CSU-Fraktion die Ratifizierung des Grundvertrags beschlossen hatte, erkannte ein Urteil des vom Freistaat Bayern angerufenen Bundesverfassungsgerichts nach einem Normenkontrollverfahren am 31. Juli 1973, den Antrag Bayerns ablehnend, an, daß der – inzwischen am 20. Juni 1973 schon in Kraft getretene – Grundvertrag nicht im Widerspruch zum Wiedervereinigungsgebot des Grundgesetzes stehe; er sei »kein Teilungsvertrag«. Die umfangreiche Begründung des Gerichts grenzte jedoch den für alle Verfassungsorgane bindenden Interpretationsrahmen des Vertrages ab und kam dabei zu Aussagen, die den Handlungsspielraum jeder Bundesregierung in ihrer künftigen Politik gegenüber der DDR wesentlich einschränkten. Unter Berufung auf die Präambel des Grundgesetzes konstatierte das Verfassungsgericht in seiner Urteilsbegründung: »Das Grundgesetz ... geht davon aus, daß das Deutsche Reich den Zusammenbruch 1945 überdauert hat und weder mit der Kapitulation noch durch Ausübung fremder Staatsgewalt in Deutschland durch die alliierten Okkupationsmächte noch später untergegangen ist. Das Deutsche Reich existiert fort, besitzt nach wie vor Rechtsfähigkeit, ist allerdings als Gesamtstaat mangels Organisation, insbesondere mangels institutionalisierter Organe, selbst nicht handlungsfähig. Im Grundgesetz ist auch die Auffassung vom gesamtdeutschen Staatsvolk und von der gesamtdeutschen Staatsgewalt ›verankert‹. Verantwortung für ›Deutschland als Ganzes‹ tragen auch die vier Mächte. Mit der Errichtung der Bundesrepublik Deutschland wurde nicht ein neuer westdeutscher Staat gegründet, sondern ein Teil Deutschlands neu organisiert. Die Bundesrepublik Deutschland ist also nicht ›Rechtsnachfolger‹ des Deutschen Reiches, sondern als Staat identisch mit dem Staat ›Deutsches Reich‹, im bezug auf seine räumliche Ausdehnung allerdings ›teilidentisch‹, so daß insoweit die Identität keine Ausschließlichkeit beansprucht . . . Sie beschränkt staatsrechtlich ihre Hoheitsgewalt auf den ›Geltungsbereich des Grundgesetzes‹, fühlt sich aber auch verantwortlich für das ganze Deutschland. Die Deutsche Demokratische Republik gehört zu Deutschland und kann im Verhältnis zur Bundesrepublik Deutschland nicht als Ausland angesehen werden. Deshalb war zum Beispiel der Interzonenhandel und ist der ihm entsprechende innerdeutsche Handel nicht Außenhandel.«

Zum »Wiedervereinigungsgebot« und Selbstbestimmungsrecht wiederholte das Urteil frühere Feststellungen: »Dem Vorspruch des Grundgesetzes kommt nicht nur politische Bedeutung zu, er hat auch rechtlichen Gehalt. Die Wiedervereinigung ist ein verfassungsrechtliches Gebot. Es muß jedoch den zu politischem Handeln berufenen Organen der Bundesrepublik überlassen bleiben zu entscheiden, welche Wege sie zur Herbeiführung der Wiedervereinigung als politisch richtig und zweckmäßig ansehen. Ein breiter Raum politischen Ermessens besteht hier besonders für die Gesetzgebungsorgane . . . Kein Verfassungsorgan der Bundesrepublik Deutschland darf die Wiederherstellung der staatlichen Einheit als politisches Ziel aufgeben, alle Verfassungsorgane sind verpflichtet, in ihrer Politik auf die Erreichung dieses Ziels hinzuwirken – das schließt die Forderung ein, den Wiedervereinigungsanspruch im Innern wach zu halten und nach außen beharrlich zu vertreten.«

»In der Präambel des (Grund-)Vertrages heißt es: ›unbeschadet der unterschiedlichen Auffassungen der Bundesrepublik Deutschland und der Deutschen Demokratischen Republik zu grundsätzlichen Fragen, darunter zur nationalen Frage‹. Die ›nationale Frage‹ ist für die Bundesrepublik Deutschland konkreter das Wiedervereinigungsgebot des Grundgesetzes, das auf die ›Wahrung der staatlichen Einheit des deutschen Volkes‹ geht. Die Präambel, so gelesen, ist ein entscheidender Satz zur Auslegung des ganzen Vertrages: Er steht mit dem grundgesetzlichen Wiedervereinigungsgebot nicht in Widerspruch . . . Der Vertrag ist kein Teilungsvertrag . . .«

Eben diese Deutung hatten aber dem Vertrage nicht nur die Ostblockstaaten, sondern auch die wichtigsten Presseorgane der westeuropäischen Länder (u. a. die Londoner »Times«) gegeben.

Zur Frage der Grenze zwischen der Bundesrepublik und der DDR konstatiert das Bundesverfassungsgericht: »In Artikel 3 Absatz 2 des (Grund-)Vertrages bekräftigen die vertragschließenden Teile ›die Unverletzlichkeit der zwischen ihnen bestehenden Grenze jetzt und in der Zukunft und verpflichten sich zur uneingeschränkten Achtung ihrer territorialen Integrität‹. Es gibt Grenzen verschiedener Qualität . . . Für die Frage, ob die Anerkennung der Grenze zwischen den beiden als Staatsgrenze mit dem Grundgesetz vereinbar ist, ist entscheidend die Qualifizierung als staatsrechtliche Grenze zwischen zwei Staaten, deren ›Besonderheit‹ ist, daß sie auf dem Fundament des noch existierenden Staates ›Deutschland als Ganzes‹ existieren, daß es sich also um eine staatsrechtliche Grenze handelt, ähnlich denen, die zwischen den Ländern der Bundesrepublik Deutschland verlaufen . . . Schließlich muß klar sein, daß mit dem Vertrag schlechthin unvereinbar ist die gegenwärtige Praxis an der Grenze zwischen der Bundesrepublik Deutschland und der Deutschen Demokratischen Republik, also Mauer, Stacheldraht, Todesstreifen und Schießbefehl. Insofern gibt der Vertrag eine zusätzliche Rechtsgrundlage dafür ab, daß die Bundesregierung in Wahrnehmung ihrer grundgesetzlichen Pflicht alles ihr Mögliche tut, um diese unmenschlichen Verhältnisse zu ändern und abzubauen.«

Die Schwierigkeit, diese Aussagen des Bundesverfassungsgerichts mit dem politisch Möglichen unter den Bedingungen der Konstellation in Deutschland, Europa und der Weltpolitik der Jahre nach 1972 in Einklang zu bringen, liegt auf der Hand. Anders als im 19. Jahrhundert, als die europäischen Mächte die Einigung Deutschlands – trotz des Widerstandes einzelner Großmächte – hinnahmen, würde nach den Erfahrungen der Weltkriege, aber auch der Entwicklung der Bundesrepublik auf wirtschaftlichem Gebiet ein wie immer geartetes Wiedervereinigungskonzept auf den größten Widerstand aller europäischen Staaten stoßen. Die Diskrepanz zwischen dem 1949 im Grundgesetz Deklarierten und weiterhin als Verfassungsauftrag Geltenden und der Realität in Mitteleuropa nach fast einem Vierteljahrhundert war eklatant. Die Anerkennung der Oder-Neiße-Linie als polnische Westgrenze und die Einrichtung neuer polnischer Bistümer in den ehemaligen deutschen Ostgebieten nach dem Warschauer Vertrag sowie die Ernennung von Administratoren in den in der DDR gelegenen Teilen von westdeutschen Bistümern durch den Papst nach der Ratifizierung des Grundvertrages – dies war auch in den ehemaligen deutschen Ostgebieten die Vorstufe für die völlige Neugliederung durch den Vatikan gewesen – zeigte dies vielleicht noch deutlicher als die völkerrechtliche Anerkennung der DDR durch die NATO-Verbündeten und neutralen Staaten.

Die Bundestagswahlen vom 19. November 1972 hatten einen in seinem Ausmaß unerwarteten Erfolg für die bisherigen Regierungsparteien SPD und FDP gebracht und damit zugunsten einer Fortsetzung der Regierung Brandt-Scheel, nunmehr auf breiter Basis im Bundestag, entschieden. Die SPD gewann 45,9% der gültigen Zweitstimmen und 242 Mandate. Sie stellte damit erstmals in der Geschichte der Bundesrepublik die stärkste Fraktion. Auch die FDP hatte erheblich gewonnen: 8,4%, 43 Mandate. Der Stimmenanteil der CDU/CSU sank auf 44,8% und 233 Mandate. Der Erfolg der SPD war im wesentlichen auf den ganz auf die Person des Kanzlers und seine »Friedens-« und »Entspannungspolitik« zugeschnittenen Wahlkampf zurückzuführen, der in der jungen Generation, bei der Arbeitnehmerschaft und – zum ersten Mal – bei den Frauen ein breites zustimmendes Engagement hervorgerufen, allerdings auch bedenkliche Formen einer »Kampf«-Werbung gezeigt hatte. Die FDP hatte geschickt auf ihren Anteil in der Ostpolitik verwiesen, zugleich aber auch ihre Rolle bei der Verhinderung sozialistischer Experimente innerhalb der Koalition hervorkehren können, so daß sie zusätzliche Wähler bei denen gewann, die mit der Deutschland- und Ostpolitik der Regierung übereinstimmten, jedoch aus innenpolitischen Gründen eine absolute Mehrheit der SPD fürchteten. Die CDU/CSU hatte hingegen die Ost- und Deutschlandpolitik nach ihrem Hin- und Herschwanken im April/ Mai »auszuklammern« gesucht und, mit dem Dilemma eines unpopulären Kanzlerkandidaten (Barzel) und einem von den politischen Gegnern verteufelten zweiten Spitzenmann (Strauß) behaftet, ihren Wahlkampf ganz auf die Mißerfolge der Regierung bei der Preisstabilisierung abgestellt. Doch die Beschwörung der Inflationsgefahr, so richtig sie im Kern war, wirkte überzogen, zumal die Masse der Arbeitnehmer die Auswirkungen der Inflation wegen der etwa parallel zur Preisentwicklung laufenden Lohn- und Gehaltserhöhungen damals noch nicht unmittelbar wahrnahm. An der schwersten Wahlniederlage der CDU seit 1949 konnte gar kein Zweifel bestehen, nur die Ursachen hierfür waren strittig. Es stand in jedem Falle fest, daß die CDU/CSU diesmal – anders als 1969 – eindeutig in die Rolle der Opposition für eine ganze Legislaturperiode gedrängt war.

Die zweite Regierung Brandt-Scheel umfaßte mehr FDP-Minister als die erste, wobei die FDP neben dem Auswärtigen Amt und dem Innenministerium in dem – allerdings in seinen Kompetenzen etwas eingeschränkten – Wirtschaftsministerium eine zusätzliche Schlüsselposition gewann. Verglichen mit den Ministern des kleineren Koalitionspartners hatte die SPD, abgesehen von Brandt selbst und Bahr (als dem Bundeskanzler »zugeordneter« Sonderminister), nur mit H. Schmidt als Finanzminister und mit Leber als Verteidigungsminister profilierte Persönlichkeiten in Schlüsselministerien. Die Regierungserklärung Brandts vom 18. Januar 1973 legte wie die erste vom 20. Oktober 1969, wenn auch in wesentlich nüchterneren Formulierungen als damals, den Nachdruck auf den Vorrang innerer Reformen und – nach Abschluß der ersten großen Phase der Ostpolitik – auf die Probleme der Innenpolitik insgesamt.

In der DDR hatte Ulbricht am 3. Mai 1971 – zweifellos nicht in erster Linie aus Gesundheitsgründen, sondern unter sowjetischem Druck – seinen Rücktritt als 1. Sekretär der SED erklärt und blieb abgesehen von der – in der Parteisatzung gar nicht vorgesehenen – für ihn eigens geschaffenen Repräsentativstellung eines »Vorsitzenden der SED« nur noch Vorsitzender des Staatsrates. Nachfolger in der Parteiführungszentrale wurde als 1. Parteisekretär Erich Honecker, der sich engstens an die neue flexiblere Linie der sowjetischen West- und Deutschlandpolitik hielt. Unter Aufgabe aller politischen und ideologischen Sonderpositionen – von der »sozialistischen Menschengemeinschaft« in der DDR war keine Rede mehr –, mit einer Verhärtung in der Innenpolitik unter Beseitigung des ohnehin schon sehr kleinen »privatkapitalistischen« Bereichs im Kleinhandel und Handwerk, vor allem aber mit der von nun an leitmotivartig wiederholten Parole von der gerade unter den Bedingungen der Politik der »friedlichen Koexistenz« notwendigen besonderen Schärfe des ideologischen Kampfes gegen den »Klassenfeind« und der ideologischen »Abgrenzung« war er bemüht, den Schock des die DDR in erhebliche Schwierigkeiten versetzenden Vier-Mächte-Abkommens über Berlin abzufangen und die politischen Kader der SED auf die Abwendung der Gefahren des zu erwartenden Besucherstroms aus Berlin (West) und der Bundesrepublik im Zuge der Erleichterungen im Reise- und Besuchsverkehr vorzubereiten. So positiv die Ostpolitik der sozialliberalen Koalition in Bonn aus der Sicht der SED-Führung zu beruteilen war, so groß schien doch die Gefahr einer Ausstrahlung der Ideen eines »demokratischen Sozialismus«, des »Sozialdemokratismus«, der für den Marxismus-Leninismus schon immer das ideologische »Trojanische Pferd« des »Klassenfeindes« gewesen war. Die Verknüpfung der Zustimmung zur »friedlichen Koexistenz«, auch im Verhältnis zur Bundesrepublik, mit der ideologischen »Abwehr« war die Hauptaufgabe der neuen SED-Führung um Honecker.

Zehn Jahre nach seiner aufsehenerregenden Rede in der Evangelischen Akademie in Tutzing am 15. Juli 1963 zog Bahr am 11. Juli

1973 seinerseits an der gleichen Stelle ein Fazit des bislang durch die Ostpolitik seit 1969 Erreichten und deutete zugleich die weitere Perspektive an. »Der ›Wandel‹ durch Annäherung ist das Konzept für die Haltung der Nation, solange sie geteilt ist.« Es gelte nicht allein für eine begrenzte Übergangszeit, sondern »unbegrenzt‹, solange es die beiden deutschen Staaten gibt, solange also der Grundvertrag zwischen ihnen gilt.« 1963 habe er noch gemeint, daß der »Wandel durch Annäherung« innerhalb einer überschaubaren Zeit zu einem Ergebnis, vielleicht sogar zu einer Wiedervereinigung Deutschlands mit Unterstützung oder Duldung durch die Sowjetunion führen könne. Jedoch hätten die Ereignisse »einen anderen Weg genommen«. Als besonders gravierend und solche Hoffnungen zunichte machend sah Bahr dabei den Freundschaftsvertrag zwischen der Sowjetunion und der DDR vom 12. Juni 1964 an. Noch einschneidender aber war wohl die Erfahrung der sowjetischen Intervention in der Tschechoslowakei 1968, die die Vorstellung eines »Wandels durch Annäherung« im Sinne einer Annäherung eines Reformkommunismus oder Reformsozialismus an ein – sozialdemokratisches oder sozial-liberales – Westeuropa als Illusion ausgewiesen hatte. Eine »Entspannung« schien seitdem – wenn überhaupt – nicht mehr durch eine »Zersetzung« des Sowjetimperiums, sondern nur durch Vereinbarungen von Machtblock zu Machtblock im großen und durch eine Vertragspolitik bilateraler und multilateraler Art im Detail vorstellbar. Bahr bekannte sich weiter zu seiner These von 1963, daß die Bundesrepublik »erwachsen« genug sei, ihre eigenen Interessen zu vertreten. Die durch den Grundvertrag eröffneten Beziehungen zwischen den beiden deutschen Staaten bedeuteten weder, daß die deutsche Einheit begraben würde, noch – unter Anspielen auf Stimmen in Frankreich und Großbritannien –, daß eine Einheit bevorstehe, »wie im befreundeten Ausland manchmal besorgt gefragt werde«. Es handle sich vielmehr um eine »Koexistenz auf deutsch«. Die »abnorme Normalisierung« entspreche den Realitäten in Mitteleuropa. Das »Gleichgewicht des Schreckens« müsse durch ein »Gleichgewicht der Interessen und des Vertrauens« ersetzt werden. Sicherheit könne auch durch »gegenseitige Abhängigkeit und vertrauenbildende Maßnahmen erreicht werden«. Der »Wandel durch Annäherung« verlange im großen wie im kleinen »Stabilität«. Der »stillschweigende Abschied von jeder Art von Anschluß- oder Befreiungspolitik« sei dafür Voraussetzung. Hinsichtlich der DDR müsse die Bundesrepublik den »schmalen Weg der Erleichterung für die Menschen in solchen Dosen« gehen, daß sich daraus nicht die »Gefahr eines Umschlages« ergebe. »Die Dinge müssen stabil und kontrollierbar bleiben, wenn die Transformation vom Konflikt zur Kooperation funktionieren soll.« Man könne von der DDR nicht verlangen, daß sie den Schießbefehl abschaffe. Die Bundesrepublik habe kein Interesse an einer Instabilität der DDR; denn dies könne zu revolutionären Zuständen führen, die dann nur wieder von sowjetischen Panzern unterdrückt würden.

Die Tendenz der internationalen Politik unter dem Schlagwort
»Entspannung« und, ihr mit unterschiedlicher Akzentsetzung folgend, auch die der Bundesrepublik Deutschland und der DDR, auf
sehr lange Zeit an dem durch die Ostverträge, das Berliner Viermächteabkommen und den Grundlagenvertrag zwischen den beiden deutschen Staaten »festgeschriebenen« Status quo der Teilung
Deutschlands nicht zu rütteln und die »deutsche Frage« »eingekap-
selt« (H.-P. Schwarz) zu lassen, verstärkte sich in den drei Jahren
zwischen der Unterzeichnung des Grundlagenvertrages (21. Dezember 1972) und der Verabschiedung des Schlußdokuments der
Konferenz über Sicherheit und Zusammenarbeit in Europa (KSZE)
in Helsinki am 1. August 1975 sowie dem Abschluß eines neuen
»Vertrages über Freundschaft, Zusammenarbeit und gegenseitigen
Beistand zwischen der DDR und der UdSSR« in Moskau am
26. Jahrestag der Gründung der DDR am 7. Oktober 1975, mit denen eine weitere Zäsur der Nachkriegsentwicklung in Europa erreicht wurde.

Das Jahr 1973 hatte die von E. Bahr so genannte »operative« Phase
der Ostverträge beendet. Bereits am 3. Juni 1972 waren der Moskauer und der Warschauer Vertrag, das Berliner Viermächteabkommen und das Transitabkommen zwischen der Bundesrepublik
und der DDR gleichzeitig in Kraft getreten. Am 17. Oktober 1972
folgte das Inkrafttreten des Verkehrsvertrages und (auf seiten der
DDR) der Anordnungen über Reiseerleichterungen zwischen den
beiden deutschen Staaten. Nach Ratifizierung des Grundlagenvertrages durch den Bundestag in Bonn und die Ostberliner Volkskammer trat auch dieser Vertrag am 21. Juni 1973 in Kraft.

Die schon im Gange befindliche Welle weltweiter diplomatischer
Anerkennung der DDR wurde dadurch beschleunigt. Als eine der
letzten der zahlreichen neuen Botschaften in Ost-Berlin wurde am
9. Dezember 1974 die der USA eröffnet. Vorausgegangen war am
2. Mai 1974 die Eröffnung der »Ständigen Vertretungen« der Bundesrepublik in Ost-Berlin (bis 1981 unter Staatssekretär G. Gaus,
dort an das DDR-Außenministerium »angebunden«) und der
DDR in Bonn (bis 1978 unter Botschafter M. Kohl, hier an das für
die Deutschlandpolitik verantwortliche Bundeskanzleramt »angebunden«).

Schon am 12. Juni 1973 hatten die DDR, drei Tage später die Bundesrepublik ihre Aufnahme in die »Vereinten Nationen« beantragt. Seit der Herbstsession der UN-Vollversammlung 1973 waren beide deutschen Staaten – gleichrangig nebeneinander – Vollmitglieder der Weltorganisation.

Nach Überwindung erheblicher Schwierigkeiten (die sich aus dem Problem der von der Tschechoslowakei geforderten Nichtigkeitserklärung des Münchener Abkommens vom 29. September 1938 »von Anfang an« ergaben) und mit neuen (vom Auswärtigen Amt in Bonn zunächst hartnäckig verweigerten) Konzessionen wurde schließlich als letzter der Ostverträge am 11. Dezember 1973 von Brandt und Scheel in Prag der »Vertrag über gegenseitige Beziehungen« zwischen der Bundesrepublik und der ČSSR unterzeichnet, der in einem Formelkompromiß die unterschiedlichen Rechtsauffassungen hinsichtlich der ursprünglichen Gültigkeit des Münchener Abkommens vage »überbrückte«, aber nachteilige Rechtsfolgen für die Betroffenen (vor allem die Sudetendeutschen) ausschloß. Er trat nach Ratifizierung am 20. Juni 1974 in Kraft.

Die vom sog. Jom-Kippur-Krieg (Oktober 1973) zwischen Ägypten/Syrien und Israel und dem damit zusammenhängenden Öl-Boykott der arabischen Länder im Winter 1973/74 ausgelöste Öl-Krise weitete sich in den folgenden Monaten, verbunden mit einer Weltwährungskrise, zu einer alle westlichen Industrieländer, wenngleich in unterschiedlicher Härte, treffenden Weltwirtschaftskrise aus, deren Eindämmung alle Anstrengungen der westlichen Regierungen einschließlich der Bundesrepublik erforderte und die übrigen Probleme, so auch die »deutsche Frage«, weit zurücktreten ließ. Der Rücktritt W. Brandts als Bundeskanzler (6. Mai 1974), veranlaßt durch die Aufdeckung eines DDR-Agenten im Bundeskanzleramt, und die Regierungsübernahme durch H. Schmidt mit H.-D. Genscher als Außenminister (16. Mai 1974), nachdem W. Scheel am Tage zuvor als Nachfolger G. Heinemanns zum Bundespräsidenten gewählt worden war, verstärkten die Tendenz zur Hintanstellung des Deutschlandproblems in der bundesdeutschen Außenpolitik noch weiter, da die neue Regierung der Ostpolitik um einige Grade nüchterner gegenüberstand und der neue Bundeskanzler seine Hauptaufgabe in der Eindämmung und Überwindung der Krise in der Weltwirtschaft sah, zumal sich diese in einer – wie sich dann herausstellte: lang anhaltenden – hohen, bis 1982 in Etappen weiter gesteigerten Arbeitslosigkeit (vom Winter 1982/83 an über 2 Millionen) in der Bundesrepublik auswirkte.

Die DDR ihrerseits verstärkte von 1974 an ihre Politik der ideologischen »Abgrenzung«. Nach dem Tode des politisch schon 1971 entmachteten W. Ulbricht am 1. August 1974 wurde W. Stoph am

3. Oktober 1974 zum Vorsitzenden des Staatsrats und H. Sindermann zum Regierungschef von der Volkskammer »gewählt«. An der zentralen Machtposition E. Honeckers als Generalsekretär der SED änderte sich dadurch nichts, im Gegenteil: 1976 wurde er auch Staatsratsvorsitzender (Stoph wurde wieder Regierungschef, Sindermann Volkskammerpräsident). Honeckers »Abgrenzungs«-Politik fand ihren deutlichsten Ausdruck in dem von der Volkskammer am 27. September 1979 beschlossenen »Gesetz zur Ergänzung und Änderung der Verfassung der DDR vom 7. Oktober 1974«. Alle Hinweise auf Gesamtdeutschland und die deutsche Nation, die die »sozialistische« Verfassung von 1968 noch enthielt, waren darin beseitigt. Die DDR wurde als »sozialistischer Staat der Arbeiter und Bauern« (ohne den 1968 folgenden Zusatz »deutscher Nation«) definiert. Statt dessen hieß es in Artikel 6 neu, daß die DDR »für immer und unwiderruflich mit der Union der Sozialistischen Sowjetrepubliken verbündet« sei. Sie bilde einen »untrennbaren Bestandteil der sozialistischen Staatengemeinschaft«. Jedoch sah sich die DDR-Spitze in der Folgezeit veranlaßt, mehrfach mit Interpretationen in die offensichtlich in der Bevölkerung und auch in der SED fortdauernde Diskussion um die deutsche Nation einzugreifen. Formeln wie »Die sozialistische Nation in der DDR ist deutscher Nationalität« suchten das Dilemma zu vernebeln oder besser: die »deutsche Frage« auf DDR-Weise zu »verkapseln«. Die Ablehnung einer Namensänderung für die »Sozialistische Einheitspartei Deutschlands« oder ihr Zentralorgan »Neues Deutschland« deuteten ebenso auf eine Art »Doppelstrategie« hin wie die Tatsache, daß der der DDR plötzlich von der Sowjetunion, ausgerechnet an ihrem 26. Gründungstage, aufgezwungene, sehr weitreichende (auch militärische Verpflichtungen außerhalb Europas einschließende, also über die des Warschauer Pakts von 1955 hinausgehende) »Vertrag über Freundschaft, Zusammenarbeit und gegenseitigen Beistand zwischen der DDR und der UdSSR«, den Breschnew und Honecker am 7. Oktober 1975 in Moskau unterzeichneten, eine »Nichtberührungsklausel« der Verträge von 1955 und 1964 enthielt, die beide gesamtdeutsche Fernziele proklamierten. Weit über solche »Verkapselungen« hinaus ging Honecker, als er am 15. Februar 1981 auf einer Bezirksdelegiertenkonferenz der SED in Ost-Berlin unter dem stürmischen Beifall der Zuhörer erklärte: ». . . wenn heute bestimmte Leute im Westen großdeutsche Sprüche klopfen und so tun, als ob ihnen die Vereinigung beider deutscher Staaten mehr am Herzen liegen würde als ihre Brieftasche, dann möchten wir ihnen sagen: seid vorsichtig! Der Sozialismus klopft eines Tages auch an Eure Tür, und wenn der Tag

kommt, an dem die Werktätigen der Bundesrepublik an die sozialistische Umgestaltung der Bundesrepublik Deutschland gehen, dann steht die Frage der Vereinigung beider deutscher Staaten vollkommen neu. Wie wir uns dann entscheiden, daran dürfte wohl kein Zweifel bestehen.«

Die Unterzeichnung des Schlußdokuments der KSZE-Konferenz in Helsinki am 1. August 1975 durch fast alle europäischen Staaten sowie die USA und eben auch die beiden deutschen Staaten hatten an der Gesamtsituation zunächst nichts geändert. Die Ergebnisse dieser Konferenz trugen zudem gleichfalls ein Doppelgesicht: Einerseits verpflichteten sich alle Unterzeichnerstaaten zur gegenseitigen Respektierung ihrer Souveränität, der Grenzen, der territorialen Integrität, der Nichteinmischung in die inneren Angelegenheiten anderer Staaten und zum Frieden; mit anderen Worten: Der Status quo in Europa wurde, wie von der Sowjetunion seit 1954, seit sie für eine solche Konferenz plädierte, angestrebt, nunmehr nicht nur wie in den Ostverträgen zweiseitig zwischen der Sowjetunion bzw. Polen, der DDR und der ČSSR und der Bundesrepublik Deutschland, sondern multilateral vertraglich »zementiert«. Andererseits – und dies sollte eine wohl zunächst auch von den westlichen Mächten in ihren konkreten Konsequenzen unterschätzte, lawinenartige Wirkung, nicht zuletzt auch in der DDR, zeitigen – hatten sich alle Unterzeichnerstaaten zur Anerkennung der Menschenrechte verpflichtet, so daß – aufs Ganze gesehen – die Bilanz der KSZE-Konferenz für die westliche Seite nicht so negativ war, wie sie der Konzeption der sowjetischen Initiatoren ursprünglich entsprechen sollte. Ein für das Verhältnis zwischen der Bundesrepublik Deutschland und der Volksrepublik Polen wichtiges Ergebnis enthielt die anläßlich der Unterzeichnung der KSZE-Schlußakte in Helsinki zwischen Bundeskanzler Schmidt und dem Generalsekretär der polnischen »Vereinigten Arbeiterpartei«, E. Gierek, getroffene Vereinbarung, daß 120 000–125 000 »Deutschstämmige« aus den ehemaligen deutschen Ostgebieten in die Bundesrepublik ausreisen durften. Über die Gewährung großzügiger Kredite an Polen verbesserten sich die Beziehungen in den folgenden Jahren weiter, so daß Hunderttausenden von Heimatvertriebenen der Besuch ihrer alten Wohnorte möglich wurde (demgegenüber blieb das von der Sowjetunion annektierte nördliche Ostpreußen mit Königsberg deutschen Besuchern weiterhin verschlossen).

Besuchserleichterungen für Bürger der Bundesrepublik und von Berlin (West) auf der Basis des »Grundlagenvertrages« und der KSZE-Schlußakte waren auch im innerdeutschen Verhältnis die

positivsten Auswirkungen des »Entspannungs«-Jahrzehnts der
1970er Jahre. Die Gewährung von Überziehungskrediten an die
DDR (»Swing«-Regelung), die mehrfach verlängert wurde, trug
zur Entfaltung des innerdeutschen Handels beträchtlich bei. Das
Postabkommen von 1976 erleichterte vor allem den Telefonverkehr
zwischen den Bürgern beider deutscher Staaten. Vereinbarungen
über Verkehrsprobleme (u. a. über den Bau der Autobahn Berlin
–Hamburg) dienten der Verbesserung der »Verbindungen« zwischen Berlin (West) und dem Bundesgebiet. Demgegenüber bissen
sich die Bemühungen, die Grenzmarkierungen zwischen der Bundesrepublik und der DDR präzis abzustecken, an der Frage der
Grenzführung am Elbe-Abschnitt zwischen Lauenburg und
Schnackenburg (Nordufer, wie die Bundesregierung aufgrund von
Abmachungen zwischen der sowjetischen und der britischen Besatzungsmacht 1945 forderte, Strommitte, wie die DDR unter Hinweis auf internationale Regelungen in vergleichbaren Fällen verlangte) fest; denn hier ging es ebenso um strittige Grundsatzfragen
wie im Falle des Beschlusses der »Volkskammer« der DDR vom
28. Juni 1979, die (Ost-)Berliner Abgeordneten der Kammer künftig direkt »wählen« zu lassen (und nicht mehr, wie bisher mit
Rücksicht auf den Viermächte-Status ganz Berlins verfahren worden war, über eine »Wahl« von Vertretern durch die Stadtverord-
neten-Versammlung von Ost-Berlin), was die Westmächte und die
Bundesrepublik zu einem Protest veranlaßte.
Die Bundesregierung unter H. Schmidt (SPD-FDP-Koalition, die
in den Bundestagswahlen von 1976 und 1980 bestätigt wurde: 1976
erhielt die SPD 42,6%, 1980 42,9% der gültigen Stimmen, die FDP
1976 7,9%, 1980 10,6%; die in der Opposition verbleibende CDU/
CSU erreichte 1976 48,6% und 1980 44,5% der Stimmen) beharrte
auf der Fortführung der »Entspannungspolitik« gegenüber den
Staaten Osteuropas sowie gegenüber der DDR auf der Grundlage
der 1971/72 geschlossenen Verträge. Dies schien auch angesichts
der zweiten Ölpreiskrise 1979/80 und der sich verschärfenden allgemeinen Weltwirtschaftskrise mit ihrer den Staatshaushalt im
Blick auf die zunehmende Arbeitslosigkeit enorm belastenden Fol-
gewirkungen, die insgesamt eine Konzentration der Aktivitäten der
Bundesregierung auf die Bewältigung der innen- und sozialpoliti-
schen Probleme dringend machten, geboten.
Nach der durch die sowjetische Besetzung Afghanistans (vom
27. Dezember 1979 an) ausgelösten und durch die Vorgänge in Polen (seit August 1980: nach landesweiter Streikbewegung Gründung einer »unabhängigen Gewerkschaft« »Solidarität«, schließlich
am 13. Dezember 1981 Ausrufung des Kriegsrechts in Polen) ver-

schärften internationalen Krise, vor allem im Verhältnis zwischen den USA und der Sowjetunion, war es das Bestreben der Regierung Schmidt, die sich verstärkende Konfrontation nicht auf das Verhältnis zwischen den beiden deutschen Staaten »durchschlagen« zu lassen, um die positiven Ergebnisse der »Entspannungs«-Politik in Mitteleuropa zu bewahren. Erklärungen Schmidts und Honeckers, daß von deutschem Boden nie mehr ein Krieg ausgehen dürfe, dienten diesem Ziel. Jedoch zeigte sich bereits im Herbst 1980, daß das gesteckte Ziel nur in sehr begrenztem Maße zu erreichen war, weil die DDR-Führung nicht den dafür notwendigen Handlungsspielraum besaß, den die Bundesregierung im Zusammengehen mit Frankreich (Staatspräsident Giscard d'Estaing bis Mai 1981) gegenüber den USA zu gewinnen trachtete. Hatte schon Ende Januar 1980 wegen der Besetzung Afghanistans ein geplanter Besuch Schmidts in der DDR verschoben werden müssen, so wiederholte sich dies am 22. August 1980 vor dem Hintergrund der Streikwelle in Polen. Unmittelbar nach der Bundestagswahl erhöhte die DDR dann schlagartig am 6. Oktober 1980 den Tages-Mindestumtauschsatz für Bürger der Bundesrepublik und West-Berlins von DM 13,– auf DM 25,–, wobei auch die bis dahin geltenden Vorzugsregelungen für Rentner hinfällig wurden. Es lag auf der Hand, daß mit dieser – durch kein noch so weitgehendes Angebot der Bundesregierung abzumildernden – Entscheidung der Besucherstrom aus dem »Westen« drastisch gedrosselt werden sollte, um unkontrollierbare »Bewegungen« und Rückwirkungen der Vorgänge in Polen auf die Stabilität des Regimes in der DDR so weit wie möglich auszuschließen. Außerdem forderte Honecker in einer Rede in Gera am 13. Oktober 1981 die (für die Bundesregierung aus verfassungsrechtlichen Gründen gar nicht mögliche) Anerkennung einer DDR-Staatsbürgerschaft und die Umwandlung der »Ständigen Vertretungen« beider deutscher Staaten in reguläre Botschaften. Der schließlich am 12. und 13. Dezember 1981 (also am Tage der Verkündung des »Kriegsrechts« in Polen) stattfindende Besuch Schmidts in der DDR (Treffen mit Honecker am Werbellinsee und in Güstrow) brachte unter diesen Vorbedingungen nicht die erhofften Erleichterungen.

Die abermalige Verschlechterung der Beziehungen zwischen den beiden deutschen Staaten hing – abgesehen von den Belastungen, die von den Vorgängen in Afghanistan und Polen ausstrahlten – nicht zuletzt mit der Problematik der Nachrüstung der NATO-Staaten zusammen, die seit 1979 die internationale Diskussion beherrschte. Nachdem die sowjetische Führung das »Entspannungs«-Jahrzehnt der 1970er Jahre dazu genutzt hatte, Mittelstrecken-Raketen des modernen Typs SS 20 im westlichen Teil der Sowjetunion zu installieren, mit denen sie Westeuropa, vor allem die Bundesrepublik, bedrohte und denen die NATO bislang nichts Gleichwertiges an Mittelstrecken-Potential entgegenzustellen hatte, faßten die Regierungen der NATO-Staaten auf Vorschlag des Bundeskanzlers Schmidt im Herbst 1979, also noch vor der Besetzung Afghanistans durch die Sowjetunion, einen sog. »Doppelbeschluß«. Ihm zufolge sollte in Verhandlungen mit der Sowjetunion bis zum Herbst 1983 erreicht werden, daß diese ihre Mittelstrecken-Raketen wieder abbaute. Für den Fall, daß die Verhandlungen nicht zum Erfolg führten, wurde vorgesehen, in einigen NATO-Ländern, darunter der Bundesrepublik, moderne Mittelstrecken-Waffen (»Pershing II«, »Cruise Missile«) zu stationieren, um das Gleichgewicht (in diesem Waffenbereich) in Europa wiederherzustellen. Die durch die Vorgänge in Afghanistan verzögerte Aufnahme der Verhandlungen zwischen den USA und der Sowjetunion fand – unter Drängen durch die europäischen NATO-Staaten, vor allem auch durch die Bundesregierung Schmidt – schließlich im November 1981 in Genf statt. Die Befürchtungen, daß die Verhandlungen erfolglos bleiben würden und dann ein erneutes gewaltiges Wettrüsten einsetzen würde, das angesichts der hochgespannten internationalen Lage besonders für die europäischen Länder mit größtem Risiko verbunden wäre, lösten eine »Friedensbewegung« aus, die nicht zuletzt in der Bundesrepublik beachtliche Dimensionen annahm (in der DDR wurden Ansätze zu einer vergleichbaren »Bewegung« unterdrückt).

Innerhalb der »Friedensbewegung« spielte im Zusammenhang mit Bestrebungen, Mitteleuropa möglichst zu einer »atomwaffenfreien Zone« werden zu lassen und, wenn möglich, zu »neutralisieren«, die Wiederbeachtung der ungelösten »deutschen Frage« zwar nur eine begrenzte Rolle, doch berührten sich von dort ausgehende Bestrebungen, die lange Zeit in der Bundesrepublik, vor allem in der jüngeren Generation, fast ›verschwundene‹ nationale Problematik wieder zu betonen, mit nationaldeutschen Tendenzen, die aus anderen Wurzeln seit 1980 verstärkt zutage traten. Dies galt für einen »linken« Nationalismus wie für einen vom »rechten« Rand des demokratischen Spektrums bis in »rechtsradikale« Gruppen hineinreichenden Nationalismus, die sich in der Absage an die Integration der Bundesrepublik in den »West«-Block, vor allem ihrer Zugehörigkeit zur NATO, trafen. Die DDR-Führung nutzte das »Preußen«-Jahr 1981 (Anlaß: eine Ausstellung zum »Problem« Preußen in West-Berlin), um durch spektakuläre Aktionen (wie die Rückführung des Denkmals des – jetzt von Honecker wieder so genannten – Königs Friedrich des Großen an seinen traditionellen Standort Unter den Linden im Zentrum Berlins) sich den offenbar wieder geweckten preußisch-deutschen Patriotismus und Nationalismus zu Diensten zu machen, so wie die Ausweitung der bislang ideologisch verengten, selektiven, »humanistischen« deutschen Traditionen als Vorstufen auf dem Wege zur Deutschen Demokratischen Republik dem Ziel dient, die ganze deutsche Geschichte zu deren »Vorgeschichte« zu machen (»Luther-Jahr« 1983).

Der innenpolitisch (veränderte Haltung der SPD in der Wirtschaftspolitik, Distanzierung der FDP von ihrem bisherigen Koalitionspartner) bedingte Regierungswechsel in der Bundesrepublik am 1. Oktober 1982 hatte zunächst kaum Auswirkungen auf die Deutschlandpolitik. Die aufgrund eines konstruktiven Mißtrauensvotums gegen Bundeskanzler H. Schmidt und der Wahl Helmut Kohls zum neuen Bundeskanzler gebildete Regierung aus CDU/CSU und FDP betonte die Kontinuität der Ost- und Deutschlandpolitik auf der Grundlage der von den sozial-liberalen Regierungen abgeschlossenen Verträge. Sie war jedoch zugleich auch entschlossen, dem NATO-Doppelbeschluß entsprechend die Aufstellung amerikanischer Mittelstrecken-Waffen in der Bundesrepublik vornehmen zu lassen, wenn sich in den amerikanisch-sowjetischen Abrüstungsverhandlungen in Genf keine Lösung abzeichnete, während die Mehrheit der SPD sich von der Linie der Regierung Schmidt in dieser Frage entfernt hatte. Um eine Fundierung für Kohls Politik sowohl in dieser militärpolitischen wie in der wirtschaftspolitischen Grundfrage (Haushaltssanierung, Sparprogramm) in der Bevölkerung zu erreichen, wurden der Bundestag vorzeitig aufgelöst (über ein gezieltes Mißtrauensvotum gegen den Bundeskanzler) und für den 6. März 1983 Neuwahlen festgesetzt. Für die CDU/CSU entschieden sich 48,8%, für die FDP 7,0% der Stimmen, so daß H. Kohl eine breite Basis für die Fortführung seiner Politik gewonnen hatte, während die SPD (Kanzler-Kandidat H.-J. Vogel) mit 38,2% der Stimmen gegenüber den drei vorausgegangenen Bundestagswahlen weit zurückgefallen war. Die ökologisch-»friedensbewegte« neue Partei der »Grünen« gewann 5,6% der Stimmen und zog damit – als vierte Fraktion – in den Bundestag ein.

Trotz oder gerade wegen der Zuspitzung im Verhältnis USA – Sowjetunion war die Regierung Kohl bemüht, die Beziehungen zur DDR auszubauen. Ein vom bayerischen Ministerpräsidenten F. J. Strauß (der sich in diese Bemühungen mit eigenen Initiativen einschaltete) »eingefädelter« Milliardenkredit westdeutscher Banken an die DDR führte einige Erleichterungen im Reiseverkehr und beim Mindestumtausch bei Reisen in die DDR herbei. Auch wurden die Selbstschußanlagen an der Grenze der DDR abgebaut, jedoch gleichzeitig ein verfeinertes System der Früherkennung von Flüchtenden im DDR-Grenzbereich geschaffen, so daß sich an der nur in glücklichen Einzelfällen möglichen Überwindung der Grenze zur Bundesrepublik und nach Berlin (West) angesichts der tiefen Staffelung der Grenzsicherung nichts änderte.

Am 22. November 1983 stimmte der Bundestag mit der Mehrheit der Regierungsparteien CDU/CSU und FDP der Stationierung neuer amerikanischer Mittelstreckenwaffen (»Pershing II« und »Cruise Missiles«) in der Bundesrepublik zu. Auch jetzt trat die befürchtete abrupte Verschlechterung im inner-deutschen Verhältnis nicht ein. Vielmehr bekundeten Bundeskanzler Kohl und DDR-Staatsratsvorsitzender Honecker bei mehreren Anlässen (Tod der sowjetischen KPdSU-Generalsekretäre Breschnew im November 1982, Andropow im Februar 1984 und Tschernenko im März 1985) mit der Formel, daß »von deutschem Boden kein Krieg mehr ausgehen« dürfe, ihr gemeinsames Interesse an der Aufrechterhaltung des im deutsch-deutschen Verhältnis in den letzten zehn Jahren Erreichten. Zeitweilig recht hoch ansteigende Ausreisegenehmigungen für DDR-Bewohner (Frühjahr 1984), ein weiterer Milliardenkredit westdeutscher Banken für die DDR (Juli 1984) und ein für September 1984 geplanter Besuch Honeckers in der Bundesrepublik waren Ausdruck dieser Bestrebungen. Die schließlich – offenbar auf Veranlassung der Sowjetführung erfolgte – Absage dieses Besuchs sowie die Aufstellung von mobilen sowjetischen Kurzstrecken-Raketen in der DDR (und der Tschechoslowakei) zogen auch nur begrenzte negative Folgen in der Tagespolitik nach sich. Im Grundsätzlichen änderte sich nichts.

Indessen führten in der Bundesrepublik seit Frühjahr 1985 verstärkt in Erscheinung tretende Tendenzen sowohl bei der SPD als auch in Teilen der CDU/CSU – freilich in entgegengesetzter Richtung –, sich von der Basis der Ostverträge (und ihrer 1972 in der gemeinsamen Entschließung aller drei Fraktionen des Bundestages bekundeten Interpretation dieser Verträge) zu entfernen, zu einer verwirrenden Konstellation. Einerseits betonten Repräsentanten der Vertriebenen-Organisationen und des »rechten« Flügels der CDU/CSU, daß trotz des Warschauer Vertrags von 1970 die Gebiete östlich von Oder und Neiße rechtlich nach wie vor zu Deutschland gehörten, was auf Seiten der Sowjetunion und Polens zu einer Kette von »Revanchismus«-Vorwürfen an die Adresse der Bundesregierung führte. (Die Erklärung des stellvertretenden CDU/CSU-Fraktionsvorsitzenden V. Rühe, daß die Ostverträge, speziell der Warschauer Vertrag, »politische Bindungswirkung« auch für eine spätere gesamtdeutsche Regierung besäßen, daß also –

in den »Klartext« übersetzt – die Gebiete östlich von Oder und Neiße auch dann bei Polen bleiben würden, blieb innerhalb seiner Fraktion umstritten.) Auf der anderen Seite sprachen führende Vertreter der SPD davon, daß die »deutsche Frage« nicht mehr »offen« sei, was darauf hinauslief, auf das Streben nach Wiedervereinigung ganz zu verzichten und nur noch menschliche Erleichterungen für die Bewohner der DDR anzustreben. Forderungen der SPD-Opposition an die Bundesregierung zielten auf Erfüllung der Geraer Forderungen Honeckers von 1980 (vor allem Anerkennung einer DDR-Staatsbürgerschaft, Festlegung der Elbe-Grenze zwischen Lauenburg und Schnackenburg in der Strommitte). In der Tendenz lief dies darauf hinaus, sich mit der Teilung Deutschlands, mit der Zweistaatlichkeit, langfristig, wenn nicht gar auf Dauer abzufinden. 1985/86 ließ sich die Stärke der verschiedenen hier wiedergegebenen Tendenzen in der westdeutschen Bevölkerung nicht eindeutig ausmachen. Auch die Bundestagswahl am 25. Januar 1987, die eine Fortsetzung der CDU/CSU – FDP-Koalition unter Bundeskanzler Kohl ermöglichte, brachte in dieser Hinsicht keine Aufschlüsse.

Ungeachtet aller sich verändernden ›Konjunkturen‹ im Hervor- oder Zurücktreten des Problembewußtseins der »deutschen Frage« in den Staatsführungen und mehr oder weniger großen Gruppen der »Gesellschaft« bleibt es eine offene Frage, ob die Millionen von Deutschen aus der Bundesrepublik seit Anfang der 1970er Jahre möglich gewordene – und über alle Erschwerungen hinweg – möglich gebliebene Begegnung mit Verwandten und Freunden in der DDR das immer deutlicher erkennbare bewußtseinsmäßige Auseinanderleben zwischen den Deutschen in der Bundesrepublik und in der DDR aufzuhalten vermag, wenn der Zustand der Teilung in zwei so grundlegend verschieden strukturierte und orientierte Staats- und Gesellschaftsordnungen anhält und die ältere Generation, die noch von gesamtdeutschen Erfahrungen und Gemeinsamkeiten mit der gleichen Generation im anderen deutschen Staat ausgehen kann, nicht mehr als Bindeglied wirkt.

# VIII. Zwischenbilanz aus der Sicht des Jahres 1987

Zwei scheinbar entgegengesetzte Aussagen – beide einseitig zuge-
spitzt, aber im Kern zutreffend – können vielleicht am besten
schlagartig die Schwierigkeiten umreißen, eine Zwischenbilanz der
einundvierzig Jahre deutscher Geschichte zu versuchen, die seit der
Schlußkatastrophe des »Dritten Reiches« vergangen sind. Einmal
läßt sich die – das gleichsam Statische, die Grundkonstanten während des ganzen Zeitraums betonende – Feststellung treffen, daß –
allen in diesen einundvierzig Jahren unternommenen Anstrengungen, allen auf- und abschwellenden Hoffnungen (oder Befürchtungen) der Deutschen zum Trotz – die Situation im Grunde doch die
gleiche wie 1945 ist. Noch immer stehen sich die Siegermächte dort
in der Mitte Deutschlands und in Berlin gegenüber, wo sie sich
beim Triumph über Hitlers Reich begegneten und sich seither gewissermaßen in »Fronten« eingegraben haben. Die »Demarkationslinien«, die die Machtbereiche von Ost und West voneinander
trennen und Deutschland teilen, sind dieselben, die damals abge-
steckt wurden. Damit sind zugleich auch die Deutschen selbst noch
immer mit einer seit 1945 im Grundsätzlichen unveränderten Lage
und der daraus erwachsenden schwierigen, wohl noch auf sehr
lange Zeit unlösbaren Aufgabe konfrontiert, einen Weg zur Verwirklichung ihres Rechts auf Selbstbestimmung im Rahmen einer
die Interessen der Groß- und Weltmächte ebenso wie die der
Nachbarn Deutschlands berücksichtigenden vernünftigen und gerechten europäischen Friedensordnung zu finden.
Dem könnte man eine andere – auf die Dynamik der sozialen Ent-
wicklungen fixierte – Feststellung an die Seite rücken: Die enormen
gesellschaftlichen Veränderungen, die unvergleichbare Mobilität
der Bevölkerung, der tiefgreifende zivilisatorische Wandel vor allem unter dem Einfluß der modernen Technik und die teils von diesen Faktoren verursachten, teils sie begleitenden Bewußtseinsände-
rungen, schließlich in ihrer Folge das Aufkommen einer völlig anderen Mentalität in weiten Teilen der deutschen Bevölkerung im
Vergleich zu den vorausgehenden Epochen der deutschen Geschichte haben sich in den vergangenen Jahren in einem zunächst
noch langsamen, dann immer mehr beschleunigten und zuletzt in
einem so rasanten Tempo vollzogen, daß für die meisten Deutschen
heute der innere Abstand zu 1945 weitaus größer ist, als es wohl je-
mals der Verlauf von einundvierzig Jahren in irgendeiner vergangenen Epoche für die Geschichte eines Volkes mit sich gebracht hat.

Dies gilt vor allem – hier fast durchweg – für die Angehörigen der seit der Mitte der sechziger Jahre aktiv hervortretenden jungen Generation. Es ist folglich – so die Konsequenz dieser zweiten Feststellung – sehr die Frage, was die in der älteren und mittleren Generation gewiß noch halb lebendige, halb aber – eine Folge der mehrfachen radikalen Umbrüche (1918/19, 1933, 1945) und dann der Überanstrengung in den Wiederaufbaujahren – auch schon verschüttete oder »verdrängte« Verbindung zur deutschen Geschichte (vor 1945, vor 1961 oder – wie jetzt immer klarer wird – die eigentliche Zäsur markierend: vor der Mitte der sechziger Jahre) für die junge Generation in der Bundesrepublik überhaupt bedeutet. Auch die sogenannte Zeitgeschichte (Weimarer Republik, »Drittes Reich«, Zweiter Weltkrieg und erste Nachkriegsjahre) erscheint ihr unendlich fern, einem anderen Weltalter zugehörig.

In der DDR, in der sich gleichsam unter der Oberfläche des von doktrinären Ideologieschablonen bestimmten »Firnisses« zumindest im Leben in den kleineren Städten – wie übrigens auch im Landschaftsbild – noch am ehesten Relikte des »älteren« Deutschlands erhalten haben, ist die Situation infolge der »befohlenen« Pflege einer der Staats- und Gesellschaftsideologie entsprechend selektierten, in jüngster Zeit ausgeweiteten »Tradition« verschieden, aber, was die junge Generation und damit die Zukunft angeht, wohl nicht grundsätzlich anders. Zwei »neu-deutsche« »Gesellschaften« sind offensichtlich im Entstehen begriffen, deren jeweilige Zuordnung zu den weitaus weniger in ihrer geschichtlichen Substanz und in ihrer Tradition veränderten Nachbarvölkern und ihren ungleich fester gefügten Staaten in West und Ost sowie deren Verbindung untereinander (in der Pflege und Vertiefung sogenannter »deutsch-deutscher« Beziehungen) noch offen liegt.

Die schnell aufeinanderfolgenden Etappen der jüngsten deutschen Geschichte von der Katastrophe von 1945 bis zu einer Gegenwart, über die sich scheinbar so widersprüchliche Aussagen treffen lassen, sind in den vorausgehenden Kapiteln in ihren wesentlichen Zügen dargelegt und analysiert worden. Unter dem zum Verständnis der gegenwärtigen deutschen Situation grundlegenden Aspekt des abrupten Wandels, ja, der mehrfachen völligen Umkehrung der politischen Grundtendenzen und des Hin- und Herschwankens der dominierenden Stimmungen (ohne daß sich realiter an den Konstanten der unmittelbaren Mächtekonstellation in und um Deutschland etwas Wesentliches geändert hätte) innerhalb so kurzer Zeit, wie sie diese einundvierzig Jahre darstellen, gilt es zunächst noch einmal das Entscheidende der jeweiligen Etappen knapp zusammenzufassen, um auf diese Weise nicht nur die gedrängte Vielschichtigkeit, sondern auch die in der Widersprüchlichkeit der Aussagen zum Ausdruck kommende Unklarheit und Verworrenheit der gegenwärtigen Situation zu verdeutlichen. Diese selbst soll dann abschließend in einigen charakteristischen Tendenzen und ihrer Perspektive skizziert werden.

## 1. Etappe (1945–1948)

Die bedingungslose Kapitulation, die Verhaftung der Dönitz-Regierung, die Besetzung ganz Deutschlands und die Übernahme der obersten Regierungsgewalt durch die vier Hauptsiegermächte im Frühjahr 1945 besiegelten den faktischen Untergang eines souveränen deutschen Staates. Die Geschichte der 1866/71 gegründeten preußisch-deutschen Großmacht hatte nach Aufstieg, Niederlage, erneutem Anlauf und Übersteigerung im Anspruch auf eine »Weltvormacht«-Stellung auf rassenideologischer Grundlage in einer singulären Katastrophe geendet und war damit aller menschlichen Voraussicht nach für immer abgeschlossen. Die Vertreibung von Millionen Deutschen aus den Gebieten östlich von Oder und Neiße sowie aus der wiederhergestellten Tschechoslowakei und aus Ungarn sowie die Reduzierung des verbliebenen deutschen Territoriums auf das Gebiet zwischen Oder und Neiße und einer – in ihrem Verlauf anfangs angesichts der französischen Gebietsansprüche noch unklaren – Westgrenze waren unmittelbare Folgen des nun auf Deutschland zurückschlagenden rassenideologischen Vernichtungskrieges im Osten und der totalen Niederlage gegenüber den Mächten der »Anti-Hitler«-Koalition. Zugleich aber stellte diese Niederlage die Befreiung der Deutschen von der nationalsozialistischen Gewaltherrschaft und ihrer Führung dar, die die deutsche Nation in den Dienst verbrecherischer Ziele gestellt hatte und sie zuletzt, um den eigenen Untergang hinauszuzögern, vollständig zu opfern entschlossen gewesen war. Die Katastrophe war somit zugleich die Voraussetzung für eine deutsche Zukunft. Es war bezeichnend, daß die meisten Deutschen lange Zeit nur den einen, den erstgenannten, Aspekt der Niederlage erfaßten. (Auch von der Wissenschaft wurde erst in den sechziger Jahren (R. Dahrendorf) der sozialgeschichtlich beachtliche »Stoß« in die Moderne betont, den das »Dritte Reich« faktisch für die Deutschen mit sich gebracht hatte.)

Die Anfänge des sich zunächst nur langsam entwickelnden, von der Zustimmung der Besatzungsmächte abhängigen neuen politischen Lebens in dem von Zerstörungen, von Hunger und von Existenznöten der Bevölkerung gekennzeichneten Vier-Zonen-Deutschland waren bestimmt von einer von den Besatzungsmächten erzwungenen – oft allerdings recht vordergründigen, den eigenen Anteil an der Verantwortung für das Geschehene nach Möglichkeit verhüllenden – Abrechnung mit dem Nationalsozialismus und seinen nun in weiten Teilen Europas offen zutage liegenden Verbrechen. Sofern die in den einzelnen Zonen nach und nach zugelassenen und erst allmählich über die Demarkationslinien hinweg in Verbindung zueinander tretenden politischen Parteien (SPD, KPD, CDU/CSU, LDP) über die Alltagssorgen hinaus überhaupt Zukunftspläne und allgemeine deutschlandpolitische Zielsetzungen entwickelten, waren sie an der Einheit Deutschlands (in den Grenzen von 1937, also einschließlich der de facto bereits abgetrennten Ostgebiete) und/oder an vagen Vorstellungen von einer europäischen Einigung, in deren Rahmen Deutschland den Platz eines gleichrangigen Partners einnehmen sollte, orientiert. Die Einheit Deutschlands wurde je nachdem, ob man sie unter dem Vier-Mächte-»Dach« noch als vorhanden oder schon als zerstört ansah, entweder als gegeben vorausgesetzt, oder es wurde die Forderung nach einer Rückgewinnung erhoben. Die oft verheerenden Erfahrungen, die ein großer Teil der ost- und mitteldeutschen Bevölkerung beim Einmarsch der Roten Armee machen mußte, die die nationalsozialistischen Propagandathesen über den barbarischen Bolschewismus zu bestätigen schienen, hatten die ohnehin in Deutschland seit den Anfängen der Weimarer Republik verbreitete antikommunistische Grundstimmung verschärft. Diese konnte sich jedoch zunächst ebensowenig offen äußern, wie Versuche eines Gegeneinanderausspielens der Besatzungsmächte durch die Deutschen möglich gewesen wären, da der »Lizenz«-Presse wie auch den inzwischen konstituierten deutschen kommunalen oder Länderbehörden jegliche Kritik an einer Besatzungsmacht in allen Zonen untersagt war. Die destruktive Haltung der westlichen Besatzungsmächte ließ die ihnen günstigen psychologisch-politischen Grundtatsachen der deutschen Situation vorerst nicht zur Geltung kommen.

## 2. Etappe (1948–1961)

Das Übergreifen des »Kalten Krieges« auf das nach dem Willen der Kontrahenten davon zunächst »ausgeklammerte« Deutschland und das insbesondere von den USA ausgehende intensive Werben um die Deutschen legte von 1948 an die vorgegebene Grundstimmung bloß und führte in wenigen Jahren zu einer weitgehenden Identifizierung mit dem von Amerika geführten »freien Westen«. Es vollzog sich im Gefolge dieses schnellen Wandels innerhalb weniger Jahre – von gewissen Rückschlägen (u. a. während des Korea-Krieges, bei der »Ohne-mich«-Welle der frühen fünfziger Jahre) wenig beeinträchtigt – ein kaum für möglich gehaltener Aufschwung in dem von den USA unter weltpolitisch-strategischen Gesichtspunkten konzipierten »künstlichen« deutschen »Weststaat«, der Bundesrepublik Deutschland, verbunden mit großen, übergroßen Hoffnungen und Illusionen der Deutschen im Blick auf eine gesamtdeutsche Zukunft. Im Vergleich zu den verbreiteten Depressionen der ersten Nachkriegs- und Hungerjahre handelte es sich alles in allem um eine Wendung um hundertachtzig Grad. Der gleichsam absolut gesetzte Antikommunismus als ideologischer Grundkonsens des »freien Westens« in der Zeit des »Kalten Krieges« überlagerte in Deutschland vollständig die gerade erst begonnene kritische Auseinandersetzung mit der nationalsozialistischen Vergangenheit, die nun im Zeichen des alles beherrschenden Ost–West-Gegensatzes gar im Sinne einer Art fragwürdiger »Vorgeschichte« des Freiheitskampfes gegen das kommunistische Rußland umgedeutet werden konnte. Die ohnehin problematisch angelegte »Entnazifizierung« wurde in der Bundesrepublik überhastet abgeschlossen. Ein großer Teil der kurz zuvor noch von den Besatzungsmächten verurteilten »Kriegsverbrecher« wurde von denselben, jetzt zu Verbündeten gewordenen Mächten begnadigt oder stillschweigend auf freien Fuß gesetzt.

Die Einfügung des wirtschaftlich prosperierenden, bald mit überspannten Erwartungen auf amerikanisch-britischer Seite auch einen militärischen Beitrag leistenden Westdeutschland in die »freie Welt« stieß in der Bundesrepublik (und ohne Zweifel auch beim Gros der mitteldeutschen Bevölkerung) auf Zustimmung. Es wurde erwartet, daß von der Bundesrepublik aus – im Sinne der sogenannten »Magnet«-Theorie – eine Sogwirkung auf die darniederliegende sowjetische Zone ausging, die die Sowjetunion veranlassen würde, sie abzustoßen oder »freizugeben«. Die unter den Deutschen dominierende Hoffnung auf eine »Befreiung« der »Sowjetzone« und – vielfach mitschwingend – auch auf Rückgewinnung der deutschen Ostgebiete im Bündnis mit den Staaten des »freien Westens« unter der Führung der – der Sowjetunion zunächst weit überlegenen – Weltmacht Amerika ließ bei den meisten die – von der Sowjetführung in die internationale Diskussion geworfene, von ganz wenigen Deutschen in der Bundesrepublik (Noack, Heinemann) aufgegriffene – Alternative eines aus den Bündnisblöcken

»ausgeklammerten«, »neutralisierten«, eventuell auch in seinem industriellen Potential eingeschränkten, bis zur Oder und Neiße verkleinerten Gesamtdeutschland auf dem Wege über eine Ost-West-Verständigung als zu pessimistisch und den eigenen wiedererwachten Ambitionen zuwiderlaufend verwerfen, ja, bei dem vorherrschenden Schwarz-Weiß-Denken des »Kalten Krieges« nur als verklausulierte Kapitulation vor dem bolschewistischen Rußland erscheinen. Die Ablehnung der Stalin-Note vom 10. März 1952 und der folgenden Initiativen der Regierung Malenkow war – aus welchen Motiven sie im einzelnen bei den Deutschen auch immer erfolgen mochte – Ausdruck dieser – fast von Triumpherwartungen gekennzeichneten – Grundstimmung. Symptomatisch für die viel zu weit gespannten Erwartungen selbst der wenigen Kritiker dieser fast alles beherrschenden politischen Strömung war, daß Paul Sethe, der es wagte, für eine ernsthafte Prüfung der Stalin-Note seine Stimme zu erheben, meinte, man könne in den von ihm energisch geforderten Verhandlungen der Westmächte mit der Sowjetunion auch die deutschen Ostgebiete für das »neutralisierte« Gesamtdeutschland zurückgewinnen. Die Überlegenheit der USA im Bereich der Nuklearwaffen ließ ein Hinausdrängen der Sowjetunion aus Mitteleuropa mit Hilfe einer »Politik der Stärke« nur als eine Frage der Zeit und der eigenen Beharrlichkeit erscheinen. Die deutsche Wiedervereinigung »in Frieden und Freiheit«, d. h. faktisch der »Anschluß« der DDR an die Bundesrepublik unter antisowjetischem und antikommunistischem Vorzeichen, war die propagierte Zielsetzung auch bei denjenigen, die – wie Adenauer – vom Vorrang der Sicherung der Bundesrepublik ausgingen und den Akzent auf ihre Integration in ein vereinigtes (West-)Europa als Primärziel und Voraussetzung für die Wiedervereinigung bezeichneten. Eine insbesondere in der Jugend vorherrschende euphorische Europa-Begeisterung erleichterte die gedankliche, ideelle Verbindung der beiden Ziele: vereinigtes (West-)Europa und Wiedervereinigung Deutschlands gewissermaßen durch Ausweitung des vereinigten (West-)Europa nach Osten, zweier Ziele, die sich bei nüchterner Einschätzung der Realitäten keineswegs mit Selbstverständlichkeit zur Deckung bringen ließen, ja, deren Erreichung jedes für sich höchst ungewiß war. Die Rückkehr der Millionen Vertriebenen aus den Ostgebieten und Flüchtlinge (aus der DDR) in ihre angestammte Heimat blieb trotz ihrer langsamen ökonomischen und z. T. sozialen Eingliederung in Westdeutschland die leitende Parole der Vertriebenen- und Flüchtlingsverbände; sie wurden darin von allen um die Stimmen dieser Millionen werbenden großen politischen Parteien der Bundesrepublik unterstützt.

Trotz allmählicher Abschwächung der Ost-West-Auseinanderset-
zung und des »Kalten Krieges« nach Stalins Tod (1953), trotz Aufholen in der Nuklearrüstung auf seiten der Sowjetunion und
schließlich trotz Eintreten eines atomaren »Patt« (realiter wohl
schon im zweiten Drittel der fünfziger Jahre, spätestens 1959/60),
das keinerlei Machtverschiebung in Mitteleuropa mehr ohne die
Gefahr eines alles zerstörenden Nuklearkrieges zuließ, blieb die
illusionäre Grundstimmung über die deutschen Möglichkeiten und
die Chancen einer Wiedervereinigung aufs Ganze gesehen bis zum
Bau der Berliner Mauer 1961 unverändert, mochte auch der Übergang von echter Zielsetzung zu bloßer Deklamation bei den Spit-
zen der politischen Parteien in der Bundesrepublik nach dem
17. Juni 1953, angesichts der Niederwerfung des ungarischen
Volksaufstandes durch die Rote Armee 1956 ohne Eingreifen der
Westmächte oder spätestens angesichts der Hilflosigkeit der westlichen Verbündeten beim Konflikt um Berlin seit dem Herbst 1958
auch schon für eine breitere Öffentlichkeit unübersehbar geworden
sein. Wie »überdreht« emotional die Grundstimmung noch relativ
spät war und welche grotesken Konsequenzen die Illusionen selbst
im Sommer 1956 (kurz vor dem Scheitern des ungarischen Aufstan-
des) noch zeitigten, spiegelte sich in der massiven publizistischen
Kampagne selbst gemäßigter Presseorgane (der sich auch die meisten Abgeordneten und Minister nicht zu entziehen wagten) zugunsten einer Verlegung des Regierungssitzes von Bonn nach
West-Berlin (nur das Verteidigungsministerium sollte in Bonn bleiben). In der DDR aber wuchs die Resignation, die sich im Anschwellen der Flüchtlingsbewegung, vor allem dann seit Beginn der
zweiten Berlin-Krise im Herbst 1958, äußerte.

## 3. Etappe (1961–1969)

Der Bau der Berliner Mauer 1961 leitete einen zunächst sehr langsamen Stimmungsumschwung in der Bundesrepublik ein, während
in der DDR – zwangsläufig – das Bewußtsein der mitteldeutschen
Bevölkerung, nun wohl auf unabsehbare Zeit ein ganz anderes,
weitaus schwereres Schicksal als die Westdeutschen tragen zu müssen, wuchs, das eine Distanzierung von der Bundesrepublik und ihrer »Wohlstandsgesellschaft« auch bei Regimegegnern förderte.
Den – zweifellos sehr schwerwiegenden, weil dem bisherigen
Selbstverständnis der Bundesrepublik und ihrem Ziel der Wiedervereinigung die Grundlagen entziehenden – Konsequenzen der
Tatsache, daß die amerikanische Führungsmacht unter Kennedy

ziemlich abrupt den »Kalten Krieg« für beendet erklärte und sich nun bereit fand, die Interessensphäre der Sowjetunion (einschließlich der DDR und Ost-Berlins) zu respektieren, suchten die Regierungen Adenauer und Erhard (bis zum Herbst 1966) mit schwindendem Erfolg auszuweichen. Dabei kam ihnen noch zugute, daß die SPD-Opposition sich – nach wechselvollem Verhalten in den fünfziger Jahren – in Grundsatzerklärungen der bis dahin von ihr kritisierten einseitigen politischen und militärischen Westbindung der Bundesrepublik aus innenpolitischen Motiven prinzipiell gerade zu dem Zeitpunkt angeschlossen hatte (1960), als das Scheitern dieser Politik im Blick auf eine Wiedervereinigung »in Frieden und Freiheit« bereits offenkundig war. Für den damaligen Regierenden Bürgermeister von Berlin, Brandt, und den Kreis seiner engeren Vertrauten (vor allem Bahr) stellte hingegen der Bau der Berliner Mauer den Wendepunkt in ihrem deutschlandpolitischen Denken dar.

Ein von den Erfahrungen seit 1961 ausgehender, aber wesentlich tiefer greifender Stimmungswandel begann sich von 1965 an abzuzeichnen, nachdem Erhard die »Nachkriegszeit«, und das hieß: den »Kalten Krieg«, endlich auch für die Bundesrepublik als beendet erklärt hatte. Die lebhafte Zustimmung, die diese Feststellung in der Publizistik und in der breiten Öffentlichkeit fand, entsprang zweifellos zunächst und in erster Linie einem elementaren Friedensbedürfnis der Menschen, die nach sechs Jahren Zweitem Weltkrieg und fast unvermittelt anschließendem »Kaltem Krieg« des permanenten und aussichtslos erscheinenden Konflikts restlos überdrüssig waren. Anders als in totalitären Staaten ließ sich eine so lange währende »Kampf«- und »Durchhalte«-Bereitschaft der Bevölkerung ohne sichtbare Erfolge oder wenigstens Chancen für das Erreichen des deklarierten Ziels in einer liberal-demokratischen Gesellschaft nicht praktizieren. Es fehlte der Realitätsbezug, zumal seit der vollkommenen Abschnürung der DDR vom Westen Deutschlands (seit 1961 auch von West-Berlin) die Möglichkeiten zu unmittelbaren Begegnungen und ideologischen Auseinandersetzungen zwischen Menschen von hüben und drüben minimal geworden waren. Zudem hatten sich die Deutschland-Vorstellungen der meisten Bürger im Westen – bei der langen Dauer der Teilung und Isolierung unvermeidlich – immer mehr auf die Bundesrepublik eingeengt, auf die sich auch die praktische Politik der Bonner Regierung – allen deklaratorischen Bekundungen zum Trotz – beschränken mußte. Die DDR wurde für die meisten Westdeutschen zu einem »fernen« und »fremden« Land.

Ohne Chance, das Problem der Wiedervereinigung »in Frieden

und Freiheit« zu lösen, und mit kaum überwindbaren Schwierigkeiten bei der – nicht zuletzt infolge der schon von den Regierungen der IV. Französischen Republik betriebenen, von 1958 an dann ausschließlich auf das Großmachtprestige Frankreichs gerichteten Politik de Gaulles – steckengebliebenen westeuropäischen Integration belastet, die die Europa-Begeisterung verrinnen ließ, war die Bundesrepublik, die sich bislang als »Provisorium« oder »Transitorium« zu einem die Gesamtnation umfassenden freiheitlichen Deutschland und/oder zum Gliede eines vereinigten (West-)Europa verstanden hatte, auf sich selbst zurückgeworfen. Ihre – jetzt von ihren ideologischen Gegnern so bezeichnete – »faschistische« Vergangenheit rückte mit einigen nun vielfach sensationell aufgedeckten personellen Identitäten und von da her vermeintlich in die Gegenwart hineinragenden Strukturelementen wieder in den Vordergrund der öffentlichen Diskussion. Der Eichmann-Prozeß in Jerusalem, später dann der Auschwitz-Prozeß in Frankfurt – neben einer Reihe von Kriegsverbrecher-Prozessen vor westdeutschen Gerichten – konfrontierten die Deutschen mit zahllosen Einzelheiten der grauenvollsten Verbrechen, die im Namen Deutschlands während des Zweiten Weltkrieges begangen worden waren – über zwanzig Jahre danach. (Auch die wissenschaftliche Forschung über die Geschichte und die Vorgeschichte des »Dritten Reiches« setzte nun erst auf breiter Quellenbasis intensiv ein, und die kritische Fragestellung weitete sich – wesentlich angestoßen durch die Diskussion um Fritz Fischers provozierendes Werk »Griff nach der Weltmacht« – auf das Kontinuitätsproblem der deutschen Großmacht von Bismarck bis Hitler aus.) Die in der Zeit des »Kalten Krieges« weithin akzeptierten Selbstrechtfertigungen für Zurückstellungen, Versäumnisse und Unterlassungen in der Innen- und Gesellschaftspolitik der Bundesrepublik in Anbetracht der Vorrangigkeit der Auseinandersetzung mit dem Kommunismus waren nun mit dem proklamierten Ende des »Kalten Krieges« weggefallen. Die politischen Formeln aus den fünfziger Jahren wirkten schal und leer, wurden allerdings vielfach nach wie vor von den politischen Parteien und Regierungen weiter verwendet.

Die Revolte der jungen Intellektuellen, die um die Jahreswende 1966/67 begann, signalisierte dann eine tiefe Grundlagenkrise der Bundesrepublik. Voraus ging eine längere, noch nicht klar genug in die spätere Reflexion über die Veränderungen einbezogene »Vorgeschichte« Anfang der sechziger Jahre, als u. a. die – sich zur bisher dominierenden Meinung in klaren Widerspruch setzenden – Thesen des Philosophen Karl Jaspers zur Deutschland-Problematik und zu den Fundamenten der Bundesrepublik, von Teilen der Publizistik (vor allem dem »Spiegel«) verbreitet, in relativ weiten Teilen der Öffentlichkeit diskutiert wurden. Allerdings ging es Jaspers – von seinem philosophischen Ansatz aus – vor allem um die Freiheit. Für ihn war jede politische Entscheidung (nationale Wiedervereinigung oder menschliche Erleichterungen) an dem Maßstab zu messen, ob sie die Gewähr bot, daß die Menschen über ihr eigenes Geschick frei bestimmen konnten (nicht: daß sie national zufrieden oder sozial glücklich waren).

Die Revolte der Intellektuellen blieb ohne Widerhall bei der Arbeiterschaft und überhaupt bei den »Massen«. Dies setzte der Breitenwirkung zunächst deutliche Grenzen. Allerdings weitete sich die sich aus der Revolte entwickelnde »Bewegung« in der studentischen Jugend und unter den höheren Schülern immer mehr aus. Die Perspektive lief – langfristig – auf eine Veränderung der Gesellschaft durch einen Bewußtseinswandel in der heranwachsenden geistigen Elite und deren späteres – gleichsam »natürliches« – Einrücken in die sozialen Führungspositionen hinaus. Ideologisch griff die »Bewegung« zunächst in erster Linie auf die radikale neomarxistische Gesellschaftskritik Marcuses, Adornos und Habermas' zurück. Spätestens 1970/71 geriet sie dann in zunehmende Abhängigkeit von den Kräften des doktrinären Marxismus-Leninismus, die sich an dem – gerade in der Studentenschaft der fünfziger und noch der frühen sechziger Jahre leidenschaftlich verworfenen, nunmehr aber von Teilen der nachrückenden Generation akklamierten – »DDR-Vorbild« orientierten. Charakteristisch war, daß diese radikale Herausforderung der Staats- und Gesellschaftsordnung der Bundesrepublik von den abschätzig als Repräsentanten des »Establishment« bezeichneten Politikern, Parlamentariern, ja, fast von der ganzen sozialen Führungsschicht in ihrem vollen Ernst lange Zeit nicht erkannt wurde und überall eine erschreckende Hilflosigkeit in den Reaktionen, sofern solche überhaupt erfolgten, zutage trat.

In dieser Revolte meldete sich eine neue Generation lautstark zu Wort, für die der Zweite Weltkrieg allenfalls ein »historisches« Ereignis war, der auch die Nöte der deutschen Nachkriegszeit, die ideologisch-politische Frontstellung des »Kalten Krieges« und der tiefste Einschnitt in der deutschen Nachkriegsgeschichte überhaupt, der Bau der Berliner Mauer, existentiell nichts mehr sagten, die vielmehr in der »Wohlstandsgesellschaft« der Bundesrepublik ganz gegenwartsgenießend aufgewachsen war und nun in »kritischer« Auseinandersetzung mit dieser ihr ideologisches Credo fand. Ein unbändiger Wille nach Überwindung der – so empfundenen – Stagnation und Sterilität des politischen und geistigen Lebens der Mitte-Sechziger-Jahre wirkte als Impuls und fand Beifall in einem großen Teil der Publizistik. Eine neue Welle der »deutschen Unruhe« (W. Hennis) brandete heran. Von der wiederbelebten »Klassenkampf«-Ideologie aus wurden verschwommene Zielvorstellungen mit den vieldeutigen Parolen einer – alle gesellschaftlichen Bereiche erfassenden – »Demokratisierung«, einer »Systemveränderung« und »Systemüberwindung« entwickelt, wobei die Übernahme der die Weimarer Republik diffamierenden Kennzeichnung als »System« für die Bundesrepublik ebenso bezeichnend war wie die Tatsache, daß dies vielen Vertretern des »Establishment« gar nicht bewußt wurde. Dabei wurden von der »Bewegung« die parlamentarische, repräsentative Demokratie und die – seit der Annahme des Godesberger Programms auch von der SPD bejahte und seit 1966 praktizierte – »soziale Marktwirtschaft« offen und prinzipiell in Frage gestellt.

Die wenigen über den Umbruch von 1945 hinweg unangetastet gebliebenen »Autoritäten«, die in den Jahren des Wiederaufbaus weithin eine hohe Wertschätzung, ja, vielfach eine Überschätzung ihrer Bedeutung erfahren hatten, vor allem die Kirchen und die Universitäten in der Bundesrepublik, wurden nun im Zuge der – die »skeptische« Nachkriegsgeneration ablösenden – Re-Ideologisierung der zweiten Generation radikal »kritisiert«, in ihrem Selbstverständnis total »verunsichert« und in Frage gestellt.

Aus dem zeitlichen Zusammenfall zweier »an sich« ganz verschiedenartiger Probleme, eines innenpolitisch-sozialen und eines international-außenpolitischen, nämlich der sich allmählich ausbreitenden Grundlagenkrise in der Bundesrepublik einerseits mit den zunehmenden Tendenzen zu einem zumindest partiellen, schrittweisen Rückzug der bisherigen westlichen Führungsmacht, der USA, aus ihren militärischen Verpflichtungen in Westeuropa (als Folge des Desasters des Vietnam-Krieges und seiner Rückwirkungen in der amerikanischen Öffentlichkeit) sowie den negativen Auswirkungen der festgefahrenen Europa-Politik andererseits, erwuchs eine Gesamtproblematik, die jede Bundesregierung vor sehr, sehr schwierige, fast unlösbare Aufgaben stellen mußte. Die Regierung der »Großen Koalition« wich davor zurück und war infolge des lähmenden Gegensatzes zwischen den beiden großen Parteien (und vor allem angesichts des Vordringens der »Bewegung« besonders, aber nicht nur in der SPD) in einem entscheidenden Jahr (1968/69) handlungsunfähig. Schon bevor irgendeine neue, die bisherigen Positionen hinter sich lassende Initiative von der Bonner Regierung auf dem Felde der Ost- und Deutschlandpolitik entwickelt wurde, breitete sich, vorangetrieben durch eine mit der »Neuen Linken« direkt oder indirekt zusammenwirkende Publizistik, eine naive

Vertrauensseligkeit gegenüber der Sowjetunion und dem Kommunismus aus, die schließlich in eine »Entspannungs«-Euphorie einmündete, der sich keine Regierung mehr ganz hätte entziehen können.

## 4. Etappe (1969–1972)

Die sozial-liberale Regierung Brandt-Scheel versuchte, durch die Ankündigung umfassender Reformen im sozialen und im Bildungsbereich die »Bewegung« in die sich – im Sinne der SPD auf einen »demokratischen Sozialismus« hin – verändernde Gesellschaft wieder einzubeziehen, geriet jedoch selbst in den Sog der gerade in den beiden Regierungsparteien im »langen Marsch durch die Institutionen« befindlichen und schnell vordringenden »Bewegung«. Das Konzept der SPD als pragmatischer »Volkspartei«, das sie in der Selbstdarstellung seit 1959 mit Erfolg präsentiert und das ihr die großen Wahlerfolge gebracht hatte, wurde nun wieder von einer unerwartet breit in die Anhängerschaft hineinwirkenden Renaissance der »Klassenideologie« in Frage gestellt.

Die mit hochgespannten Erwartungen und sehr weitgehenden – früher (in den fünfziger Jahren) selbst im kleinsten Ausmaß verpönten – »Vorleistungen« gegenüber der Sowjetunion eingeleitete neue Ostpolitik (im Rahmen der nun allgemein propagierten »Friedenspolitik«) baute die ohnehin schon zum Teil zusammengebrochenen antikommunistischen Positionen in der westdeutschen Innenpolitik noch weiter ab (bei wirkungslos bleibenden »Abgrenzungs«-Beschlüssen der SPD-Parteispitze) und ebnete in der öffentlichen Meinung einer Verharmlosung des kommunistischen Systems und der machtstaatsegoistischen, brutalen Praktiken der Sowjetpolitik Tür und Tor. Die notwendige klare Trennung zwischen einem – angesichts der weltpolitischen Konstellation unvermeidlichen, auch im Eigeninteresse liegenden – klar durchdachten, vom »do ut des« bestimmten Arrangement von Staat zu Staat mit der Sowjetunion (und anderen Ostblockstaaten) und einer »Aufweichung« der innenpolitischen Haltung gegenüber dem Kommunismus unterblieb. Dabei war nach allen Erfahrungen seit den zwanziger Jahren gerade für eine erfolgreiche außenpolitische Aktivität gegenüber der Sowjetunion eine entschlossene und harte Verteidigung der eigenen Gesellschaftsordnung gegen Kommunisten und Mitläufer oberstes Gebot. Statt dessen trat in der öffentlichen Meinung weithin an die Stelle des in den fünfziger Jahren gängigen primitiven Antikommunismus und der damals üblichen pauschalen

»Verteufelung« des Bolschewismus und der Sowjetunion im totalen Umschlag das Gegenteil ein, eine Verharmlosung und Verniedlichung der Probleme. Von einer nüchtern-realistischen Einschätzung war man damals und jetzt in der breiten deutschen Öffentlichkeit gleich weit entfernt. Die die Regierung tragende und von ihr geförderte »Entspannungs«-Euphorie gewann bald eine Eigendynamik, die eine Kursänderung in der Ostpolitik – auch nur um einige Grad – und eine Rückkehr zu einer – angesichts der rapide fortschreitenden sowjetischen Rüstung (trotz oder gerade wegen aller Abrüstungsgespräche und in den letzten Jahren erzielten Teilabkommen zwischen den Weltmächten) im allgemeinen und angesichts der Verlegung starker zusätzlicher Verbände in die mitteleuropäischen Bastionen DDR und Tschechoslowakei im besonderen – dem Ernst der Lage angemessenen Einschätzung der machtpolitischen Gegebenheiten fast unmöglich machte.

Die Ostverträge bestätigten einerseits (den Ausgang des Zweiten Weltkrieges fixierend) den faktisch längst – seit 1945 – festliegenden Verlust der deutschen Ostgebiete und implizierten andererseits (den Abbruch des »Kalten Krieges« markierend) – weit folgenreicher – die Nichteinmischung der Bundesrepublik in die inneren Angelegenheiten der DDR. Die elementare Einsicht, daß West-Berlin – gleichgültig, was und auf welcher »Ebene« darüber vertraglich vereinbart wurde oder würde – immer ein Ansatzpunkt für eine Pressionspolitik der Sowjetunion gegenüber der Bundesrepublik sein und bleiben würde, ging in der Euphorie der Vertragsabschlüsse, insbesondere des in Wahrheit einen »Status quo minus« auf unabsehbare Dauer fixierenden Vier-Mächte-Abkommens über Berlin (West) vielfach verloren.

Die neue Ostpolitik schloß eine veränderte Haltung zur »nationalen Frage« ein. Wie immer geartete nationale Emotionen in der Bundesrepublik (oder in der DDR wie beim Besuch Brandts in Erfurt) mußten von der Bonner Regierung – in logischer Konsequenz ihrer deutschlandpolitischen Konzeption – gedämpft und soweit wie möglich ganz ausgeschaltet werden. (Das Fallenlassen der Vertriebenenverbände, die in den frühen sechziger Jahren noch gefördert und von allen politischen Parteien umworben worden waren, war dabei nur ein – wenn auch bezeichnender – Sonderaspekt.) Es galt nationale Spontaneitäten (und natürlich auch nationalistische Eruptionen) zu verhindern. Da die von Fall zu Fall bei tatsächlichen oder vermeintlichen kleinen Erfolgen der Westeuropapolitik ausgegebenen Europa-Parolen auch schon seit Ende der fünfziger Jahre kaum noch auf Resonanz in breiteren Gruppen der Bevölkerung stießen (und da die vom staatsegoistischen Gegeneinander gekennzeichnete politische Praxis in den europäischen Gremien oft abstoßend wirkte), somit eine Möglichkeit zu Ersatzidentifikationen im »supranationalen« Europa fehlte, und da schließlich die eigentlich propagierte »Staatsräson« der Bundesrepublik als einer »mittleren Macht« (W. Besson) ebenfalls kaum ein Echo fand, war eine Art sozialpsychologisches »Vakuum« entstanden. Es fehlte für die westdeutsche Bevölkerung ein Identifikationsfaktor, der bei allen historisch gewachsenen Staaten, vor allem für die großen Nationalstaaten in West und Ost, konstitutiv ist.

Die »nationale Frage« wurde von der Regierung Brandt-Scheel als vorerst unlösbar zu einem Problem der fernen Zukunft erklärt. Innere Probleme der Bundesrepublik, vor allem ihrer Gesellschaftsordnung, rückten statt dessen beherrschend ins Zentrum der öffentlichen Diskussion. Die früher völlig unkritisch gepriesene Attraktivität des liberal-parlamentarischen Systems war dabei nicht mehr nur in der jungen Generation einer »Fundamentalkritik« an seinen sozial-ökonomischen, »spätkapitalistischen« Grundlagen gewichen. Schon der Begriff »Spätkapitalismus« suggerierte seine bereits in greifbare Nähe gerückte »Überwindung« und das Fortschreiten zum »Sozialismus«.

Verglichen mit diesen Perspektiven wirkten die deutschlandpolitischen Axiome, Konstruktionen und Fiktionen der Regierung Brandt-Scheel, an denen sie in ihrer Ostpolitik festzuhalten bemüht war, fast schon »antiquiert«, obwohl sie im Vergleich zu der bis 1969 starr durchgehaltenen alten »Dogmatik« als »fortschrittlich« und flexibel ausgegeben wurden. Die »alte« Deutschlandpolitik hatte das Ziel der Wiedervereinigung ununterbrochen deklamatorisch verkündet, obwohl eine Realisierung angesichts der Machtlage spätestens seit 1960/61 völlig aussichtslos war. Sie hatte zudem am Alleinvertretungsanspruch der Bundesrepublik festgehalten, weil sie von der Existenz einer einzigen deutschen Nation ausging, obwohl die internationale Glaubwürdigkeit dieses Anspruchs immer zweifelhafter wurde, je mehr Staaten, auch die verbündeten Westmächte, de-facto-Verbindungen mit der DDR aufnahmen. Die neue Deutschlandpolitik lehnte weiterhin eine völkerrechtliche Anerkennung der DDR als »unmöglich« ab, weil die Viermächte-Verantwortung für Deutschland als Ganzes fortbestehe, obwohl jetzt auch die Westmächte die DDR de jure anerkannten, »normale« Botschafter – wie in alle anerkannten souveränen Staaten – in die DDR entsandten und damit beide deutsche Staaten nebeneinander völkerrechtlich anerkannten. Die neue Ostpolitik ging ferner – wie die alte – von der Existenz einer einzigen deutschen Nation aus, obwohl vom allgemeinen historisch-politischen Verständnis her »Nation« und »Staat« unlösbar miteinander verbunden sind. Die Regierung Brandt-Scheel mußte aber an der Formel von der einen deutschen Nation festhalten, wenn sie ihrem Ziel der Verbesserung der Kontakte zwischen den Menschen beider deutscher Staaten in ihrer Politik gegenüber der DDR dienen wollte, ohne sich dem Vorwurf einer »Einmischung« in die inneren Angelegenheiten des anderen Staates auszusetzen. Die an diese Politik geknüpften Hoffnungen auf Veränderungen waren an die Voraussetzung gebunden, daß der Staat und das gesellschaftliche System der DDR nicht als Ganzes in Frage gestellt wurden. Die Hoffnungen richteten sich daher ausschließlich auf immanente Veränderungen des dortigen gesellschaftlichen und politischen Systems.

Die DDR ihrerseits beharrte zunächst aus taktischen Gründen auf der These von den zwei Nationen, der »sozialistischen Nation« der DDR und (den Resten) der alten »kapitalistischen« in der Bundesrepublik. Nicht einmal von einer deutschen Kulturnation könne gesprochen werden. »Besondere Beziehungen« zum Staat Bundesrepublik könne es nicht geben. Wenn überhaupt von »besonderen Beziehungen« die Rede sein könne, dann im Verhältnis der DDR zur Führungsmacht des »sozialistischen Lagers«, zur Sowjetunion. Im Rahmen des gerade in der nunmehr begonnenen Epoche der »friedlichen Koexistenz« verschärften »Klassenkampfes« stünden der »sozialistische« Ostblock und die kommunistischen (sog. »sozialistischen« und »demokratischen«) Kräfte im Westen, auch in der Bundesrepublik, gemeinsam im Lager des »Fortschritts« (mit der internationalen »Arbeiterklasse« als Kern) gegen die imperialistischen Staaten, auch den Staat Bundesrepublik, und die sie tragenden »bürgerlich«-kapitalistischen Kräfte. Vor dem Hintergrund dieser eindeutigen »Abgrenzung« und der »Weltbürgerkriegs«-Situation (in der nur – der sowjetischen Konzeption der »friedlichen Koexistenz« entsprechend – nicht militärisch gekämpft würde) erschien die Hoffnung der neuen Deutschland-Politik der Bundesregierung auf ein späteres Miteinander beider deutscher Staaten (nach einer zunächst schwierigen Phase des geregelten Nebeneinander) ebenso als Illusion wie die alte Formel von der Wiedervereinigung »in Frieden und Freiheit«.

## 5. Etappe (seit 1973)

Als Fazit aus den Stimmungen und dominierenden Tendenzen in den so schnell aufeinander folgenden grundverschiedenen Etappen der jüngsten deutschen Geschichte läßt sich für die seit 1973 bestehende gegenwärtige Situation die Feststellung treffen, daß die Bundesrepublik die ihr vom Grundgesetz zugewiesene Rolle eines Kernstaates, eines deutschen »Piemont«, von dem die Impulse für die Wiedervereinigung mit den mittleren und östlichen Teilen in einem Gesamtdeutschland »in Frieden und Freiheit« ausgehen sollten, in der politischen Praxis weitgehend aufgegeben hat, auch wenn sie unter Berufung auf den »Brief zur deutschen Einheit« (August 1970) deklamatorisch als Fernziel daran festhält.

Unter außenpolitischem Aspekt ist die Behauptung eines Status quo minus (vor allem hinsichtlich der Position West-Berlins im Vergleich zur Zeit vor 1971) übriggeblieben. Die Unruhe, die ein im ganzen erfolgreiches liberal-demokratisches parlamentarisches System in Westdeutschland mit den hier garantierten Menschen- und Bürgerrechten und mit seiner prosperierenden Wirtschaft allein durch seine Existenz in den fünfziger Jahren und zunächst auch noch nach dem Bau der Berliner Mauer in den frühen sechziger Jahren in die Länder des sowjetischen Machtbereichs, vor allem in die DDR, hineintrug, ist seit Ende der sechziger Jahre nur noch in begrenztem Ausmaße wirksam und einer auf- und abschwellenden Unruhe im eigenen Lande gewichen, die indirekt und z.T. auch direkt von der DDR in die Bundesrepublik hineingetragen wird und die die hier unabhängig davon seit der Mitte der sechziger Jahre entstandenen »Bewegungen« verstärkt.

Die Möglichkeit, daß von der DDR die »Piemont«-Rolle aufgenommen wird, die die Bundesrepublik fallen gelassen hat, wenn erst einmal der Prozeß der »sozialistischen« Infragestellung der Gesellschaftsordnung in Westdeutschland noch weiter fortgeschritten ist, muß in Rechnung gestellt werden, wie Honeckers Rede vom 15. Februar 1981 erkennen ließ. Der Gedanke einer »Neutralisierung« der Bundesrepublik, der – als er sich Anfang der fünfziger Jahre noch auf ein (nur um die Ostgebiete verkleinertes) Gesamtdeutschland bezog – weithin a limine verworfen worden war, obwohl das Machtverhältnis zwischen den USA und der Sowjetunion damals grundlegend anders war und die feste antikommunistische Haltung der deutschen Bevölkerung als ein absolut sicheres Element bei der Kalkulation der möglichen Entwicklung eines »neutralisierten« Deutschlands miteinbezogen werden konnte, gewann nun unter vollständig geänderten, machtpolitisch zugunsten der Sowjetunion verschobenen Voraussetzungen in den ideologisierten Teilen der jungen Generation der Bundesrepublik an Anhang. Die chaotisch anmutende Partei (besser: »Bewegung«) der »Grünen«, die seit März 1983 auch im Deutschen Bundestag vertreten ist, symbolisiert diese qualitative Veränderung. Vor allem der vollkommene Gegensatz dieser Situation in der heutigen SPD und bei ihrem großen Anhang in der Bundesrepublik zu der kämpferisch-antikommunistischen Haltung dieser Partei unter Kurt Schumacher liegt auf der Hand.

Auf seiten der USA und der europäischen Westmächte (besonders Frankreichs), die die Bundesrepublik in Anlehnung an die von den USA ausgehenden globalen »Entspannungs«-Tendenzen vor allem aus staatsegoistischen Motiven zur neuen Ostpolitik (wenn auch nicht zu der von Brandt und Bahr gewählten Form) gedrängt hatten, wächst das Mißtrauen, daß sich die Bundesrepublik von Westeuropa lösen und sich schließlich mehr oder weniger eng an den Sowjet-Block anlehnen könnte. Die entscheidende Frage lautet, ob die Bundesrepublik unter den schweren Vorbelastungen durch den mehrfachen abrupten Wandel in den leitenden politischen Zielsetzungen und in den Grundstimmungen in den einundvierzig Jahren seit 1945 und unter dem Druck der seit Ende der 1970er Jahre verschärften Krisen und der nuklearen Drohungen und mit einer vom Willen zum Bruch mit der Vergangenheit geprägten und von der Kraft »sozialistischer« Ideologien überzeugten tonangebenden jungen Generation auf die Dauer für ein – nach Lage der Dinge nur locker verbunden vorstellbares und mit sehr vielen inneren Schwierigkeiten und voraussehbaren weiteren Krisen belastetes – Westeuropa erhalten werden kann oder ob der Sog eines neuen ostdeutschen »Piemont« eines Tages übermächtig wird, für das die DDR mit ihrer Pflege der deutschen »Tradition« einerseits und der Abgrenzung der neuen »sozialistischen Nation« von den verrotteten und dem Untergang geweihten »spätkapitalistischen« Relikten andererseits bereits wichtige Vorbedingungen geschaffen hat.

Damit sind von den z.T. »absterbenden«, z.T. noch lebendigen Konzeptionen zu einer möglichen Lösung der deutschen Frage im Rahmen der Weltpolitik die beiden Extreme genannt, die gegenwärtig vornehmlich als Alternative erscheinen, aber nur zwei aus einer größeren Skala von »Modellen« darstellen, die in den vergangenen einundvierzig Jahren eine Rolle spielten und angesichts der trotz allem weiter offenen Situation – mehr oder weniger realistisch – noch als »möglich« gelten können:

1. das Konzept der Wiedervereinigung beider deutscher Staaten zum (verkleinerten) alten Nationalstaat unter Beibehaltung der Sozialordnung der Bundesrepublik und – nach Möglichkeit – ihrer Ausdehnung auf die jetzige DDR;

2. das Konzept einer Wiedervereinigung über die Integration Westeuropas und ihrer Ausweitung nach Osten (im Sinne der ursprünglichen Zielsetzung Adenauers);

3. das Konzept der Einschmelzung der Bundesrepublik in ein vereinigtes Westeuropa, das recht unterschiedliche Zukunftsperspektiven einschließt: als eigenständiger, mit den USA konkurrierender Machtfaktor auf Grund seines wirtschaftlichen Potentials, als »echter« Verbündeter oder Juniorpartner der USA, als »Partner« Chinas in Frontstellung gegen die Sowjetunion oder als neutraler Block zwischen den USA und der Sowjetunion im Sinne einer Art »Superschweiz«;

4. die Weiterexistenz der Bundesrepublik als ein neuer »Nationalstaat«, der bei völkerrechtlicher Anerkennung der DDR sich ihr gegenüber in jeder Beziehung abkapselt;

5. das Konzept einer nationalstaatlichen Wiedervereinigung innerhalb eines »sozialistischen« Europa der Vaterländer (Deutschland dabei à la longue nach Möglichkeit im Sinne des »demokratischen Sozialismus« gestaltet) in einer neutralisierten Pufferzone diesseits und jenseits des »Eisernen Vorhangs«. (Eine Verwirklichung dieses Konzepts, das Großbritannien und Frankreich außerhalb der Pufferzone beließe, könnte u. U. auch für die USA Vorteile bieten – im Vergleich zu der Wirtschaftsmacht eines vereinigten Westeuropa, die zunehmend als Konkurrent wirken würde, und als Entlastung von militärstrategischer Überbeanspruchung);

6. das – heute die zweite Extremlösung darstellende – Deutschland-Konzept der DDR mit dem Ziel eines »sozialistischen«, d. h. kommunistischen, Einheitsstaates (es könnte durch die unter 5. genannte Konzeption – entgegen den Intentionen der westlichen Befürworter – gefördert werden, wenn diese als bloße Zwischenstufe auf das Endziel eines kommunistischen Gesamtdeutschlands verstanden wird);

7. das mit etwas anderer Akzentsetzung wie 5. heute von der Sowjetunion favorisierte Konzept eines »sozialistischen« (teils kommunistischen, teils sozialistischen im westlichen Sinne) Gürtels in einer militärisch verdünnten oder »neutralen« Pufferzone, in der die beiden deutschen Staaten bestehen bleiben.

Es wird vom Trend der weltpolitischen Machtverschiebungen, vom Ausmaß der Kooperationsbereitschaft und von der Kombinationsfähigkeit der Weltmächte im Rahmen eines sich herausbildenden neuen globalen Gleichgewichtssystems, aber auch vom Willen der Deutschen und der Westeuropäer abhängen, welches dieser – über Querverbindungen untereinander vielfach auch variablen – Grundmuster für die Lösung des Deutschland- und Mitteleuropa-Problems sich einmal durchsetzen wird.

# Quellen und Literatur

## A. Bibliographien

Wolfgang *Benz:* Quellen zur Zeitgeschichte. (Deutsche Geschichte seit dem Ersten Weltkrieg, Bd. III). Stuttgart 1973.
Berlin-Bibliographie (bis 1960). In der Senatsbibliothek Berlin bearbeitet von Hans *Zopf* und Gerd *Heinrich.* Berlin 1965.
Berlin-Bibliographie (1961 bis 1966). In der Senatsbibliothek Berlin bearbeitet von Ursula *Scholz* und Rainald *Stromeyer.* Berlin–New York 1973.
Bibliographie zur deutschen Zeitgeschichte. In: Zeitschrift für Geschichtswissenschaft, Jg. 1 (1952) ff.
Bibliographie zur Deutschlandpolitik 1941–1975. Bearbeitet von M. L. *Goldbach* u. a. Frankfurt a. M. 1975.
Bibliographie zur Zeitgeschichte. Zusammengestellt von Thilo *Vogelsang.* Beilage der Vierteljahrshefte für Zeitgeschichte, 1. Jg. (1953) ff.
Jahresbibliographien der Bibliothek für Zeitgeschichte Stuttgart. Jg. 1 (1960). Frankfurt a. M. 1961 ff.
Literaturverzeichnis der politischen Wissenschaften. Jahrgänge 1952–1970. München 1952–1970.
Thilo *Vogelsang*/Hellmuth *Auerbach* (Hrsg.): Bibliographie zur Zeitgeschichte 1953–1980, 3 Bde. München–New York 1982.

## B. Dokumentensammlungen, Dokumentationen, Chroniken

Konrad Adenauer. Rhöndorfer Ausgabe. Hrsg. von Rudolf Morsey und Hans-Peter *Schwarz.* 3 Bde. Berlin 1983–1985.
Akten zur Vorgeschichte der Bundesrepublik Deutschland 1945–1949. Hrsg. vom Bundesarchiv und Institut für Zeitgeschichte. Bd. 1: September 1945 – Dezember 1946; Bd. 2: Januar – Juni 1947; Bd. 3: Juni – Dezember 1947; Bd. 4: Januar – Dezember 1948; Bd. 5: Januar – September 1949. München–Wien 1976–1983.
Die Auswärtige Politik der Bundesrepublik Deutschland. Hrsg. vom Auswärtigen Amt. Köln 1972.
The Conference of Berlin (The Potsdam Conference) 1945. 2 vols. Washington 1961.
Ernst *Deuerlein* (Hrsg.): Potsdam 1945. Quellen zur Konferenz der »Großen Drei«. München 1963.
Die Deutsche Frage. Bearbeitet von Walther *Hubatsch.* Würzburg ²1964.
Deutschland-Archiv, Jg. 1 (1968) ff.
Documents on British Foreign Policy Overseas. Ed. by R. *Butler* and M. E. *Pelly.* Series I, vol. I: The Conference at Potsdam, July – August 1945. London 1984.
Dokumentation der Vertreibung der Deutschen aus Ost-Mitteleuropa. Hrsg. vom Bundesministerium für Vertriebene. Bearbeitet von einer Kommission unter Leitung von Theodor *Schieder.* 5 Bde., 3 Ergänzungshefte. Bonn 1953–1961 (Taschenbuchausgabe München 1984).
Dokumente des geteilten Deutschland. Quellentexte zur Rechtslage des

Deutschen Reiches, der Bundesrepublik Deutschland und der Deutschen Demokratischen Republik. Hrsg. von Ingo *v. Münch*. Stuttgart 1968.

Dokumente zur Außenpolitik der Regierung der DDR, Bd. 1 (1953)ff.

Dokumente zur Berlin-Frage 1944–1966. Hrsg. von Wolfgang *Heidelmeyer* und Günter *Hindrichs*. München ³1967.

Dokumente zur Deutschlandpolitik. Hrsg. vom Bundesministerium für gesamtdeutsche Fragen (ab 1969: Bundesministerium für innerdeutsche Beziehungen). Bearbeitet von Ernst *Deuerlein* (u. a.). I. Reihe/Bd. 1: 3. September 1939–31. Dezember 1941. Britische Deutschlandpolitik; III. Reihe: 1955–1958, 4 Bde.; IV. Reihe: 1958–1966, 12 Bde., Frankfurt a. M. 1960–1981.

Entwicklung der Berlin-Frage (1944–1971). Zusammengestellt von Ferdinand *Matthey*. Berlin–New York 1972.

Europa-Archiv, Jg. 1 (1946)ff. Frankfurt a. M. 1946ff.

Foreign Relations of the United States, vol. 1945ff., Washington, D. C., 1969ff.

Eberhard *Jäckel* (Hrsg.): Die deutsche Frage 1952–1956. Notenwechsel und Konferenzdokumente der vier Mächte. Frankfurt a. M. 1957.

Die internationale Politik. Jahrbuch des Forschungsinstituts der Deutschen Gesellschaft für auswärtige Politik. 1955–1978. 13 Bde.; Ergänzungsbände 1962–1977. 25 Bde. München 1958–1982.

Die Kabinettsprotokolle der Bundesregierung. Hrsg. für das Bundesarchiv von Hans *Booms*. Bd. 1: 1949; Bd. 2: 1950. Bearbeitet von Ulrich *Enders* und Konrad *Reiser*. Boppard am Rhein 1982/84.

Kessing's Archiv der Gegenwart, Bd. 15ff. (1945ff.) (ab 1956: Archiv der Gegenwart). Zürich–Wien 1945.

Hans Georg *Lehmann*: Chronik der Bundesrepublik Deutschland 1945/49–1983. München ²1983.

Die deutsche Ostpolitik 1961–1970. Kontinuität und Wandel. Dokumentation. Hrsg. von Boris *Meissner*. Köln 1970.

Der Parlamentarische Rat 1948–1949. Akten und Protokolle. Hrsg. für den Deutschen Bundestag von Kurt Georg *Wernicke*, für das Bundesarchiv von Hans *Booms*. Bd. 1: Vorgeschichte; Bd. 2: Der Verfassungskonvent auf Herrenchiemsee. Boppard am Rhein 1975–1981.

Gotthold *Rhode* und Wolfgang *Wagner* (Hrsg.): Quellen zur Entstehung der Oder-Neiße-Linie in den diplomatischen Verhandlungen während des Zweiten Weltkrieges. Stuttgart 1956.

Heinrich *v. Siegler* (Hrsg.): Europäische politische Einigung. 1949–1968. Dokumentation von Vorschlägen und Stellungnahmen. Bonn–Wien–Zürich 1968.

Heinrich *v. Siegler* (Hrsg.): Wiedervereinigung und Sicherheit Deutschlands. Eine dokumentarische Diskussionsgrundlage. Zürich–Essen 1960. Nachtrag u. d. T.: Von der gescheiterten Gipfelkonferenz Mai 1960 bis zur Berlin-Sperre August 1961. Ebd. 1961.

Heinrich *v. Siegler* (Hrsg.): Wiedervereinigung und Sicherheit Deutschlands. Bd. I: 1944–1963; Bd. II: 1964–1967. Bonn–Wien–Zürich 1967/68.

## C. Memoiren und Biographien

Dean G. *Acheson:* Present at the Creation. My Years in the State Department. New York 1969.

Konrad *Adenauer:* Memoiren. Bd. 1—4. Stuttgart 1965—1968.

Willy *Albrecht:* Kurt Schumacher. Ein Leben für den demokratischen Sozialismus. Bonn 1985.

Helmut *Allardt:* Politik vor und hinter den Kulissen. Erfahrungen eines Diplomaten zwischen Ost und West. Düsseldorf–Wien 1979.

George W. *Ball:* The Discipline of Power. Essentials of a Modern World Structure. Boston 1971 (dt.: Disziplin der Macht. Voraussetzungen für eine neue Weltordnung. Frankfurt a.M. 1968).

Kurt *Birrenbach:* Meine Sondermissionen. Rückblick auf zwei Jahrzehnte bundesdeutscher Außenpolitik. Düsseldorf–Wien 1984.

Herbert *Blankenhorn:* Verständnis und Verständigung. Blätter eines politischen Tagebuchs 1949—1979. Frankfurt/M.–Berlin–Wien 1980.

Willy *Brandt:* Über den Tag hinaus. Eine Zwischenbilanz. Hamburg 1974.

Willy *Brandt:* Begegnungen und Einsichten. Die Jahre 1960—1975. Hamburg 1976.

James F. *Byrnes:* In aller Offenheit. Frankfurt a.M. 1947.

James F. *Byrnes:* All in One Lifetime. New York 1958.

Jimmy *Carter:* Keeping Faith. New York 1982.

Winston S. *Churchill:* Der Zweite Weltkrieg. Bd. VI/2: Der Eiserne Vorhang. Stuttgart–Berlin 1954.

Lucius D. *Clay:* Entscheidung in Deutschland. Frankfurt a.M. 1950.

Werner *Conze:* Jakob Kaiser. Politiker zwischen Ost und West 1945—1949. Stuttgart–Berlin–Köln–Mainz 1969.

Milovan *Djilas:* Gespräche mit Stalin. Frankfurt a.M. 1962.

Eleanor Lansing *Dulles:* John Foster Dulles. The Last Years. New York 1963.

Antony *Eden:* Memoiren 1945—1957. Köln–Berlin 1960.

Lewis J. *Edinger:* Kurt Schumacher. Persönlichkeit und politisches Verhalten. Hannover 1967.

Dwight D. *Eisenhower:* Mandate for Change, 1953—1956. The White House Years. New York 1965 (dt.: Drei Jahre im Weißen Haus, 1953—1956. Düsseldorf–Wien 1964).

Dwight D. *Eisenhower:* Waging Peace, 1956—1961. The White House Years, Garden City/New York 1965 (dt.: Wagnis für den Frieden, 1956—1961. Düsseldorf–Wien 1966).

James *Forrestal:* The Forrestal Diaries. The Inner History of the Cold War. Ed. by Walter Millis. London 1952.

Paul *Frank:* Entschlüsselte Botschaft. Ein Diplomat macht Inventur. Stuttgart 1981.

Eugen *Gerstenmaier:* Streit und Friede hat seine Zeit. Ein Lebensbericht. Frankfurt/M.–Berlin 1981.

Erich W. *Gniffke:* Jahre mit Ulbricht. Köln 1966.

Johann Baptist *Gradl:* Anfang unter dem Sowjetstern. Die CDU 1945—1948 in der sowjetischen Besatzungszone Deutschlands. (Veröffentlichung der Konrad-Adenauer-Stiftung.) Köln 1981.

Wilhelm G. *Grewe:* Rückblenden 1976—1951. Aufzeichnungen eines Augenzeugen deutscher Außenpolitik. Frankfurt/M.–Berlin–Wien 1979.

Walter *Hallstein:* Der unvollendete Bundesstaat. Europäische Erfahrungen und Erkenntnisse. Stuttgart 1969.

Fritz *Heine:* Dr. Kurt Schumacher. Ein demokratischer Sozialist europäischer Prägung. Göttingen 1969.

Erich *Honecker:* Aus meinem Leben. (Leaders of the world.) Berlin 1980.

Frank C. *Howley:* Berlin Command. New York 1950.

Wilhelm *Kaisen:* Meine Arbeit, mein Leben. München 1967.

George F. *Kennan:* Memoiren eines Diplomaten 1925–1950. Stuttgart ³1968.

George F. *Kennan:* Memoiren 1950–1963. Frankfurt a. M. 1973.

Henry A. *Kissinger:* Memoiren 1968–1973. München 1979.

Henry A. *Kissinger:* Memoiren 1973–1974. München 1982.

Diether *Koch:* Heinemann und die Deutschlandfrage. München 1972.

Erich *Kosthorst:* Jakob Kaiser. Bundesminister für gesamtdeutsche Fragen 1949–1957. Stuttgart 1972.

Hans *Kroll:* Lebenserinnerungen eines Botschafters. Köln–Berlin 1967.

Rolf *Lahr:* Zeuge von Fall und Aufstieg. Private Briefe 1934–1974. Hamburg 1981.

Ernst *Lemmer:* Manches war doch anders. Erinnerungen eines deutschen Demokraten. Frankfurt a. M. 1968.

Wolfgang *Leonhard:* Die Revolution entläßt ihre Kinder. Rom–Berlin 1953.

Heinz *Lippmann:* Honecker. Porträt eines Nachfolgers. Köln 1971.

Erich *Mende:* Die neue Freiheit 1945–1961. München 1984.

Jean *Monnet:* Erinnerungen eines Europäers. München–Wien 1978.

Bernard L. *Montgomery:* Memoiren. München 1958.

Robert D. *Murphy:* Diplomat among Warriors. Garden City/New York 1964 (dt.: Diplomat unter Kriegern. Berlin 1965).

Anneliese *Poppinga:* Meine Erinnerungen an Konrad Adenauer. Stuttgart 1970.

Terence *Prittie:* Konrad Adenauer. Vier Epochen deutscher Geschichte. Stuttgart 1971.

Hermann *Pünder:* Von Preußen nach Europa. Lebenserinnerungen. Stuttgart 1968.

Fritz *Schenk:* Im Vorzimmer der Diktatur. 12 Jahre Pankow. Köln–Berlin 1962.

Arthur M. *Schlesinger:* Die tausend Tage Kennedys. München 1968.

Carlo *Schmid:* Erinnerungen. Bern–München–Wien 1979.

Gerhard *Schröder* (u. a.): Ludwig Erhard. Beiträge zu seiner politischen Biographie. Berlin 1972.

Klaus-Peter *Schulz:* Auftakt zum Kalten Krieg. Der Freiheitskampf der SPD in Berlin 1945/46. Berlin 1965.

Brigitte *Seebacher-Brandt:* Ollenhauer. Biedermann und Patriot. Berlin 1984.

Walter Bedell *Smith:* My three Years in Moscow. Philadelphia 1950 (dt.: Meine drei Jahre in Moskau. Hamburg 1950).

Paul Henri *Spaak:* Memoiren eines Europäers. Hamburg 1969.

Hans *Speidel:* Aus unserer Zeit. Erinnerungen. Berlin–Frankfurt/M.–Wien 1977.

Theodor *Steltzer:* Sechzig Jahre Zeitgenosse. München 1966.

Carola *Stern:* Ulbricht. Eine politische Biographie. Frankfurt a. M.–Berlin 1969.

Dirk *Stikker:* Bausteine für eine neue Welt. Gedanken und Erinnerungen an schicksalhafte Nachkriegsjahre. Wien – Düsseldorf 1966.

Harry S. *Truman:* Memoirs. 2 vols. Garden City/New York 1955/56. (dt.: Memoiren. 2 Bde. Bonn 1955/56).

Erwin *Weit:* Ostblock intern. Hamburg 1970.

F. *Williams:* A Prime Minister remembers. The War and Post War Memoirs of the Rt. Hon. Earl Attlee. London 1961.

## D. Allgemeine Darstellungen zur deutschen Geschichte nach 1945

Gerhart *Binder:* Deutschland seit 1945. Eine dokumentierte gesamtdeutsche Geschichte in der Zeit der Teilung. Stuttgart 1969.

Wilhelm *Cornides:* Die Weltmächte und Deutschland. Geschichte der jüngsten Vergangenheit 1945–1955. Stuttgart 1961.

Ernst *Deuerlein:* Deutsche Geschichte der neuesten Zeit von Bismarcks Entlassung bis zur Gegenwart. Teil 3: Deutschland nach dem Zweiten Weltkrieg 1945–1955. In: Handbuch der Deutschen Geschichte. Hrsg. von Leo *Just.* Konstanz 1965.

Ernst *Deuerlein:* Deutschland 1963–1970. Hannover 1972.

Alfred *Grosser:* Deutschlandbilanz. Geschichte Deutschlands seit 1945. München 1972.

Elmar *Krautkrämer:* Deutsche Geschichte nach dem Zweiten Weltkrieg. Eine Darstellung der Entwicklung von 1945 bis 1949 mit Dokumenten. Stuttgart 1962.

Klaus *Mehnert:* Der deutsche Standort. Stuttgart 1967.

Theodor *Schieder* (Hrsg.): Handbuch der Europäischen Geschichte. Bd. 7: Europa im Zeitalter der Weltmächte. 2 Teilbände. Stuttgart 1979.

Eberhard *Schulz:* Die deutsche Nation in Europa. Internationale und historische Dimensionen. Bonn 1982.

Rudolf *Schuster:* Deutschlands staatliche Existenz im Widerstreit rechtlicher und politischer Gesichtspunkte 1945–1963. München 1963.

Rolf *Steininger:* Deutsche Geschichte 1945–1961. Frankfurt a.M. ²1985.

Thilo *Vogelsang:* Das geteilte Deutschland. (dtv-Weltgeschichte des 20. Jahrhunderts, Bd. 11.) München ⁵1973.

## E. Studien zur Deutschlandfrage im Rahmen der internationalen Politik

John H. *Backer:* Die Entscheidung zur Teilung Deutschlands. Amerikas Deutschlandpolitik 1943–1948. München 1981.

John H. *Backer:* Die deutschen Jahre des Generals Clay. München 1983.

Josef *Becker*/Andreas *Hillgruber* (Hrsg.): Die Deutsche Frage im 19. und 20. Jahrhundert. Referate und Diskussionen eines Augsburger Symposions. 23. bis 25. September 1981. München 1983.

V. N. *Belezki:* Die Politik der Sowjetunion in den deutschen Angelegenheiten der Nachkriegszeit 1945–1976. Berlin (Ost) 1977.

Georg *Bluhm:* Die Oder-Neiße-Linie in der deutschen Außenpolitik. Freiburg i. Br. 1963.

Walrab *von Buttlar:* Ziele und Zielkonflikte in der sowjetischen Deutschlandpolitik 1945–1947. Stuttgart 1980.

David P. *Calleo:* Legende und Wirklichkeit der deutschen Gefahr. Neue Aspekte zur Rolle Deutschlands in der Weltgeschichte von Bismarck bis heute. Bonn 1980.

Ernst *Deuerlein:* Die Einheit Deutschlands. Bd. 1: Die Erörterungen und Entscheidungen der Kriegs- und Nachkriegskonferenzen 1941–1949. Frankfurt a. M. – Berlin ²1961.

Die beiden deutschen Staaten im Ost-West-Verhältnis. 15. Tagung zum Stand der DDR-Forschung in der Bundesrepublik Deutschland 1.–4. Juni 1982. Köln 1982.

W. *Diebold:* The Schuman-Plan. A Case Study on Economic Cooperation 1950–1959. New York 1959.

Manfred *Dormann:* Demokratische Militärpolitik. Die alliierte Militärpolitik als Thema deutscher Politik 1949–1968. Freiburg i. Br. 1970.

Eleanor Lansing *Dulles:* One Germany or two. The Struggle at the Heart of Europe. Stanford 1970.

Karl Dietrich *Erdmann:* Die Zeit der Weltkriege (Bd. IV, 2 des »Gebhardt«: Handbuch der deutschen Geschichte, 9. Auflage). Stuttgart 1976.

Herbert *Feis:* Zwischen Krieg und Frieden. Das Postdamer Abkommen. Frankfurt a. M. – Berlin 1962.

Gerald *Freund:* Germany between two Worlds. New York 1961.

Renata *Fritsch-Bournazel:* Die Sowjetunion und die deutsche Teilung. Die sowjetische Deutschlandpolitik 1945–1979. Opladen 1979.

Manfred *Görtemaker:* Die unheilige Allianz. Die Geschichte der Entspannungspolitik 1943–1979. München 1979.

Hermann *Graml:* Die Legende von der verpaßten Gelegenheit. Zur sowjetischen Notenkampagne des Jahres 1952. In: Vierteljahreshefte für Zeitgeschichte 29 (1981), S. 307–341.

Oswald *Hauser* (Hrsg.): Weltpolitik III: 1945–1953. 13 Vorträge. Göttingen 1978.

Andreas *Hillgruber:* Europa in der Weltpolitik der Nachkriegszeit (1945–1963). (Oldenbourg Grundriß der Geschichte, Bd. 18.) München–Wien ³1987.

Hans Georg *Lehmann:* Der Oder-Neiße-Konflikt. München 1979.

Werner *Link:* Der Ost-West-Konflikt. Die Organisation der internationalen Beziehungen im 20. Jahrhundert. Stuttgart 1980.

Wilfried *Loth:* Die Teilung der Welt. Geschichte des Kalten Krieges 1941–1955 (dtv-Weltgeschichte des 20. Jahrhunderts, Bd. 4012). München 1980.

John *Lukacs:* Konflikte der Weltpolitik nach 1945. Der Kalte Krieg (dtv-Weltgeschichte des 20. Jahrhunderts, Bd. 12). München 1970.

Peter *März:* Die Bundesrepublik zwischen Westintegration und Stalin-Noten. Zur deutschlandpolitischen Diskussion 1952 in der Bundesrepublik vor dem Hintergrund der westlichen und der sowjetischen Deutschlandpolitik. (Erlanger Historische Studien, Bd. 7.) Frankfurt/M.–Bern 1982.

Dieter *Mahncke:* Nukleare Mitwirkung. Die Bundesrepublik in der atlantischen Allianz 1954–1970. Berlin–New York 1972.

Wolfgang *Marienfeld:* Konferenzen über Deutschland. Die alliierte Deutschlandplanung und -politik 1941–1949. Hannover 1963.

Boris *Meissner:* Rußland, die Westmächte und Deutschland. Die sowjetische Deutschlandpolitik 1943–1953. Hamburg ²1954.

Ernst *Nolte:* Deutschland und der Kalte Krieg. München 1974.

Osteuropa-Handbuch. Band: Sowjetunion – Außenpolitik I 1917–1955, Hrsg. von Dietrich *Geyer.* Köln-Wien 1972; 1955–1973 Köln–Wien 1976.

Raymond *Poidevin:* Robert Schumans Deutschland- und Europapolitik zwischen Tradition und Neuorientierung. Augsburg 1976.

Raymond *Poidevin:* Frankreich und die Ruhrfrage. In: Historische Zeitschrift 228 (1979), S. 317–334.

Raymond *Poidevin:* Frankreich und die Deutsche Frage 1943–1949. In: Josef *Becker*/Andreas *Hillgruber* (Hrsg.): Die deutsche Frage im 19. und 20. Jahrhundert. München 1983.

Jürgen *Reiss:* George Kennans Politik der Eindämmung. Berlin 1957.

Hans-Peter *Schwarz:* Vom Reich zur Bundesrepublik. Deutschland im Widerstreit der außenpolitischen Konzeptionen in den Jahren der Besatzungsherrschaft 1945–1949. Neuwied ²1980.

John L. *Snell:* Wartime Origins in the East-West Dilemma over Germany. New Orleans 1959.

Wolfgang *Wagner:* Europa zwischen Aufbruch und Restauration. Die europäische Staatenwelt seit 1945 (dtv-Weltgeschichte des 20. Jahrhunderts. Bd. 14.) München 1968.

Gerhard *Wettig:* Entmilitarisierung und Wiederbewaffnung Deutschlands 1943–1955. Internationale Auseinandersetzungen um die Rolle Deutschlands in Europa. München 1967.

Gerhard *Wettig:* Die Sowjetunion, die DDR und die Deutschland-Frage 1965–1976. Einvernehmen und Konflikt im sozialistischen Lager. Stuttgart 1976.

F. Roy *Willis:* France, Germany and the New Europe 1945–1967. London 1968.

P. *Windsor:* Germany and the Management of Detente. New York 1971.

Daniel *Yergin:* Der zerbrochene Frieden. Der Ursprung des Kalten Krieges und die Teilung Europas. Frankfurt/M. 1979.

Alfred M. *De Zayas:* Die Anglo-Amerikaner und die Vertreibung der Deutschen. Vorgeschichte, Verlauf, Folgen. München ³1978.

Gilbert *Ziebura:* Die deutsch-französischen Beziehungen seit 1945. Mythen und Realitäten. Pfullingen 1970.

## F. Studien zur Geschichte des besetzten Deutschlands 1945–1949

Michael *Balfour* und John *Mair:* Vier-Mächte-Kontrolle in Deutschland 1945–1946. Düsseldorf 1959.

Josef *Becker*/Theo *Stammen*/Peter *Waldmann* (Hrsg.): Vorgeschichte der Bundesrepublik Deutschland. Zwischen Kapitulation und Grundgesetz. München 1979.

Wolfgang *Benz:* Von der Besatzungsherrschaft zur Bundesrepublik. Stationen einer Staatsgründung 1946–1949. Frankfurt a. M. 1984.

Wolfgang *Benz*/Günter *Blum*/Werner *Röder:* Einheit der Nation. Diskussion und Konzeption zur Deutschlandpolitik der großen Parteien seit 1945. Stuttgart 1978.

Peter *Brandt*/H. *Ammon* (Hrsg.): Die Linke und die nationale Frage. Dokumente zur deutschen Einheit seit 1945. Reinbek b. Hamburg 1981.

Ernst *Deuerlein:* Deklamation oder Ersatzfrieden? Die Konferenz von Potsdam. Stuttgart 1970.

Josef *Foschepoth*/Rolf *Steininger* (Hrsg.): Die britische Deutschland- und Besatzungspolitik 1945–1949. Paderborn 1985.

Josef *Foschepoth* (Hrsg.): Kalter Krieg und Deutsche Frage. Deutschland im Widerstreit der Mächte 1945–1952. Göttingen 1985.

John *Gimbel:* American Occupation of Germany. Politics and the Military, 1945–1949. Stanford 1968 (dt. Frankfurt a. M. 1971).

Hermann *Graml:* Die Alliierten und die Teilung Deutschlands. Konflikte und Entscheidungen 1941–1948. Frankfurt a. M. 1985.

171

Ludolf *Herbst* (Hrsg.): Westdeutschland 1945–1955. Unterwerfung, Kontrolle, Integration. München 1985.

Albrecht *Kaden:* Einheit oder Freiheit. Die Wiedergründung der SPD 1945/46. Hannover 1964.

Christoph *Kleßmann:* Die doppelte Staatsgründung. Deutsche Geschichte 1945–1955. Göttingen 1982.

Erich *Kosthorst*/Klaus *Gotto*/Hartmut *Soell:* Deutschlandpolitik der Nachkriegsjahre. Zeitgeschichtliche und didaktische Ortsbestimmung. (Sammlung Schöningh zu Geschichte und Gegenwart.) Paderborn 1976.

Ekkehart *Krippendorff:* Die Liberal-Demokratische Partei Deutschlands in der Sowjetischen Besatzungszone 1945–1948. Entstehung, Struktur, Politik. Düsseldorf 1961.

H. *Laschitza:* Kämpferische Demokratie gegen Faschismus. Die programmatische Vorbereitung auf die antifaschistische Umwälzung in Deutschland durch die Parteiführung der KPD. Berlin (Ost) 1969.

Konrad F. *Latour* und Thilo *Vogelsang:* Okkupation und Wiederaufbau. Die Tätigkeit der Militärregierung in der Amerikanischen Besatzungszone Deutschlands 1944–1947. Stuttgart 1972.

Norbert *Mattedi:* Gründung und Entwicklung der Parteien in der sowjetischen Besatzungszone Deutschlands 1945–1949. Bonn–Berlin 1966.

John Peter *Nettl:* The Eastern Zone and Soviet Policy in Germany, 1945–1950. London 1951.

Karlheinz *Niclauß:* Demokratiegründung in Westdeutschland. Die Entstehung der Bundesrepublik 1945–1949. München 1974.

Lutz *Niethammer:* Entnazifizierung in Bayern, Säuberung und Rehabilitierung unter amerikanischer Besatzung. Frankfurt a. M. 1972.

Manfred *Overesch:* Deutschland 1945–1949. Vorgeschichte und Gründung der Bundesrepublik. Ein Leitfaden in Darstellung und Dokumenten. Königstein/Ts. 1979.

Manfred *Overesch:* Gesamtdeutsche Illusion und westdeutsche Realität. Von den Vorbereitungen für einen deutschen Friedensvertrag zur Gründung des Auswärtigen Amtes der Bundesrepublik Deutschland 1946–1949/51. Düsseldorf 1978.

Heribert *Piontkowitz:* Anfänge westdeutscher Außenpolitik 1946–1949. Das Deutsche Büro für Friedensfragen. (Studien zur Zeitgeschichte. 12.) Stuttgart 1978.

Claus *Scharf*/Hans-Jürgen *Schröder* (Hrsg.): Die Deutschlandpolitik Frankreichs und die französische Zone 1945–1949. (Veröffentlichungen des Instituts für Europäische Geschichte Mainz, Beiheft 14.) Wiesbaden 1983.

Claus *Scharf*/Hans-Jürgen *Schröder* (Hrsg.): Politische und ökonomische Stabilisierung Westdeutschlands 1945–1949. Fünf Beiträge zur Deutschlandpolitik der westlichen Alliierten. Hrsg. von Claus *Scharf* und Hans-Jürgen *Schröder*. (Veröffentlichungen des Instituts für Europäische Geschichte Mainz, Beiheft 4.) Wiesbaden 1977.

Tilman *Pünder:* Das bizonale Interregnum. Köln – Berlin 1966.

Manfred *Rexin:* Die Jahre 1945–1949. Hannover 1962.

Walter *Vogel:* Westdeutschland 1945–1950. Der Aufbau von Verfassungs- und Verwaltungseinrichtungen über den Ländern der drei westlichen Besatzungszonen. 2 Teile. Boppard am Rhein 1956/64.

Thilo *Vogelsang:* Die Bemühungen um eine Deutsche Zentralverwaltung 1945/46. In: Vierteljahrshefte für Zeitgeschichte 18 (1970), S. 510–28.

Westdeutschlands Weg zur Bundesrepublik 1945–1949. Beiträge von Mitarbeitern des Instituts für Zeitgeschichte. München 1976.

F. Roy *Willis:* The French in Germany 1945–1949. Stanford 1962.
Heinrich August *Winkler* (Hrsg.): Politische Weichenstellungen im Nachkriegsdeutschland 1945–1953. (Geschichte und Gesellschaft. Sonderheft 5.) Göttingen 1979.

## G. Studien zur Geschichte der Bundesrepublik Deutschland

Adenauerstudien I–III, Hrsg. von Rudolf *Morsey* und Konrad *Repgen.* Mainz 1971–74.
Rüdiger *Altmann:* Das Erbe Adenauers. Eine Bilanz. München 1963.
Abraham *Ashkenasi:* Reformpartei und Außenpolitik. Außenpolitik der SPD – Berlin – Bonn. Köln – Opladen 1968.
Die außenpolitische Lage Deutschlands am Beginn der achtziger Jahre. Hrsg. vom Göttinger Arbeitskreis (Studien zur Deutschlandfrage, Bd. 5). Berlin 1982.
Bruno *Bandulet:* Adenauer zwischen West und Ost. Alternativen deutscher Außenpolitik. München 1970.
Arnulf *Baring:* Außenpolitik in Adenauers Kanzlerdemokratie. Bonns Beitrag zur europäischen Verteidigungsgemeinschaft. München–Wien 1969.
Arnulf *Baring:* Machtwechsel. Die Ära Brandt-Scheel. Stuttgart 1982.
Josef *Becker* (Hrsg.): Dreißig Jahre Bundesrepublik. Tradition und Wandel. München 1979.
Wolfgang *Benz* (Hrsg.): Die Bundesrepublik Deutschland, Geschichte in drei Bänden. Frankfurt a. M. 1983.
Waldemar *Besson:* Die Außenpolitik der Bundesrepublik. Erfahrungen und Maßstäbe. München 1970.
Klaus *v. Beyme:* Die politische Elite in der Bundesrepublik Deutschland. München 1971.
Dieter *Blumenwitz*/Klaus *Gotto*/Hans *Maier*/Konrad *Repgen*/Hans-Peter *Schwarz* (Hrsg.): Konrad Adenauer und seine Zeit. Politik und Persönlichkeit des ersten Bundeskanzlers. Beiträge von Weg- und Zeitgenossen. 2 Bde. Stuttgart 1976.
Karl Dietrich *Bracher:* Nach 25 Jahren. Eine Deutschland-Bilanz. München 1970.
Karl Dieter *Bracher*/Wolfgang *Jäger*/Werner *Link:* Republik im Wandel 1969–1974. Die Ära Brandt. (Geschichte der Bundesrepublik Deutschland, Bd. 5/I.) Stuttgart–Mannheim 1986.
Hans *Buchheim:* Deutschlandpolitik 1949–1972 – Der diplomatisch-politische Prozeß. Stuttgart 1984.
Ulrich *Buczylowski:* Kurt Schumacher und die deutsche Frage. Sicherheitspolitik und strategische Offensivkonzeption von August 1950 bis September 1951. Stuttgart 1973.
Werner *Conze*/Mario R. *Lepsius* (Hrsg.): Sozialgeschichte der Bundesrepublik Deutschland. Beiträge zum Kontinuitätsproblem. Stuttgart 1983.
Knud *Dittmann:* Adenauer und die deutsche Wiedervereinigung. Die politische Diskussion des Jahres 1952. Düsseldorf 1981.
Marion *Gräfin Dönhoff:* Die Bundesrepublik in der Ära Adenauer. Kritik und Perspektiven. Reinbek b. Hamburg 1963.
Thomas *Ellwein:* Das Regierungssystem der Bundesrepublik Deutschland. Stuttgart 1963.

Heinrich *End:* Zweimal deutsche Außenpolitik. Internationale Dimensionen des innerdeutschen Konflikts. 1949–1972. Köln 1973.

Klaus *Erdmenger:* Das folgenschwere Mißverständnis. Bonn und die sowjetische Deutschlandpolitik 1949–1955. Freiburg 1967.

Theodor *Eschenburg* (u.a.): Jahre der Besatzung 1945–1949. (Geschichte der Bundesrepublik Deutschland, Bd.1.) Stuttgart – Wiesbaden 1983.

Heinz-Dietrich *Fischer:* Parteien und Presse in Deutschland seit 1945. Bremen 1971.

Jörg *Gabbe:* Parteien und Nation. Zur Rolle des Nationalbewußtseins für die politischen Grundorientierungen der Parteien in der Anfangsphase der Bundesrepublik. (Studien zum politischen System der Bundesrepublik Deutschland. 15.) Meisenheim/Glan 1976.

Hans-Joachim *Grabbe:* Unionsparteien, Sozialdemokratie und Vereinigte Staaten von Amerika 1945–1966. Düsseldorf 1983.

Wilhelm *Grewe:* Deutsche Außenpolitik der Nachkriegszeit. Stuttgart 1960.

Alfred *Grosser:* Das Deutschland im Westen. München 1985.

Helga *Haftendorn:* Abrüstungs- und Entspannungspolitik zwischen Sicherheitsbefriedigung und Friedenssicherung. Zur Außenpolitik der BRD 1955–1973. Düsseldorf 1974.

Helga *Haftendorn:* Sicherheit und Entspannung: Zur Außenpolitik der Bundesrepublik Deutschland 1955–1982. Baden-Baden 1983.

Wolfram F. *Hanrieder:* Die stabile Krise. Ziele und Entscheidungen der bundesrepublikanischen Außenpolitik 1949–1969. Düsseldorf 1971.

Wolfram F. *Hanrieder:* West-German Foreign Policy 1949–1963. International Pressure and Domestic Response, Stanford 1967.

Wolfram F. *Hanrieder*/Hans *Rühle* (Hrsg.): Im Spannungsfeld der Weltpolitik: 30 Jahre deutsche Außenpolitik (1949–1979). (Studien zur Politik. 6.) Stuttgart 1981.

Arnold J. *Heidenheimer:* Adenauer and the CDU. The Rise of the Leader and the Integration of the Party. The Hague 1960.

Klaus *Hildebrand:* Von Erhard zur großen Koalition 1963–1969. (Geschichte der Bundesrepublik Deutschland, Bd.4.) Stuttgart–Wiesbaden 1983.

Karl *Kaiser:* German Foreign Policy in Transition. Bonn between East and West. London – Oxford – New York 1968.

U. F. *Löwke:* Die SPD und die Wehrfrage 1949–1955. Bonn 1976.

Hans *Maier:* Die NPD. Struktur und Idee einer »nationalen Rechtspartei«. München 1967.

Peter H. *Merkl:* Die Entstehung der Bundesrepublik Deutschland. Stuttgart 1965.

Militärgeschichtliches Forschungsamt (Hrsg): Verteidigung im Bündnis. Planung, Aufbau und Bewährung der Bundeswehr 1950–1972. München 1975.

Militärgeschichtliches Forschungsamt (Hrsg.): Aspekte der deutschen Wiederbewaffnung bis 1955. (Militärgeschichte seit 1945. 1.) Boppard am Rhein 1975.

Militärgeschichtliches Forschungsamt (Hrsg.): Anfänge westdeutscher Sicherheitspolitik 1945–1956. Bd. 1. München – Wien 1982.

Wolf-Dieter *Narr:* CDU – SPD. Programme und Praxis seit 1945. Stuttgart – Berlin – Mainz 1966.

Paul *Noack:* Deutsche Außenpolitik seit 1945. Stuttgart 1972.

Paul *Noack:* Die Außenpolitik der Bundesrepublik Deutschland. Stuttgart 1981.

Theo *Pirker:* Die verordnete Demokratie. Grundlagen und Entscheidungen der »Restauration«. Berlin 1977.

Waldemar *Ritter:* Kurt Schumacher. Eine Untersuchung seiner politischen Konzeption und seiner Gesellschafts- und Staatsauffassung. Hannover 1964.

Margit *Roth:* Zwei Staaten in Deutschland. Die sozialliberale Deutschlandpolitik und ihre Auswirkungen 1969–1978. Opladen 1981.

Hans Karl *Rupp:* Politische Geschichte der Bundesrepublik Deutschland. Entstehung und Entwicklung. Eine Einführung. Stuttgart–Berlin–Köln–Mainz 1978.

Gert *Schäfer* und Carl *Nedelmann* (Hrsg.): Der CDU-Staat. Analysen zur Verfassungswirklichkeit der Bundesrepublik. Frankfurt a.M. 1969.

Walter *Scheel* (Hrsg.): Nach dreißig Jahren. Die Bundesrepublik Deutschland – Vergangenheit, Gegenwart, Zukunft. Stuttgart 1979.

Helmut *Schelsky:* Systemüberwindung. Demokratisierung und Gewaltenteilung. Grundsatzkonflikte in der BRD. München 1973.

Erwin K. *Scheuch* (Hrsg.): Die Wiedertäufer der Wohlstandsgesellschaft. Eine kritische Untersuchung der »Neuen Linken« und ihrer Dogmen. Köln 1968.

Günter *Schmid:* Entscheidung in Bonn. Die Entstehung der Ost- und Deutschlandpolitik 1969/70. Bonn 1979.

Eberhard *Schmidt:* Die verhinderte Neuordnung 1945–1952. Frankfurt/M. 1970.

Robert H. *Schmidt:* Saarpolitik 1945–1957. 3 Bde. Berlin 1959–1962.

Klaus *v. Schubert:* Wiederbewaffnung und Westintegration. Die innere Auseinandersetzung um die militärische und außenpolitische Orientierung der Bundesrepublik 1950–1952. Stuttgart 1970.

Hans-Peter *Schwarz:* Adenauer und Rußland. In: Im Dienst Deutschlands und des Rechtes. Festschrift für Wilhelm G. Grewe. Baden-Baden 1981, S. 365–389.

Hans-Peter *Schwarz:* Die Ära Adenauer. Gründerjahre der Republik 1949–1957. (Geschichte der Bundesrepublik Deutschland in fünf Bänden, Bd. 2.) Stuttgart – Wiesbaden 1981.

Hans-Peter *Schwarz:* Die Ära Adenauer. Epochenwechsel 1957–1963. (Geschichte der Bundesrepublik Deutschland, Bd. 3.) Stuttgart – Wiesbaden 1983.

Hans-Peter *Schwarz* (Hrsg.): Entspannung und Wiedervereinigung. Deutschlandpolitische Vorstellungen Konrad Adenauers 1955–1958. (Rhöndorfer Gespräche, Bd. 2.) Stuttgart – Zürich 1979.

Hans-Peter *Schwarz* (Hrsg.): Handbuch der deutschen Außenpolitik. München – Zürich 1975.

Hans-Peter *Schwarz* (Hrsg.): Die Legende von der verpaßten Gelegenheit. Die Stalin-Note vom 10. März 1952. (Rhöndorfer Gespräche, Bd. 5.) Stuttgart–Zürich 1982.

Hans-Peter *Schwarz* (Hrsg.): Berlinkrise und Mauerbau. (Rhöndorfer Gespräche, Bd. 6.) Bonn 1985.

Paul *Sethe:* Zwischen Bonn und Moskau. Stuttgart 1956.

Rolf *Steininger:* Eine vertane Chance. Die Stalin-Note vom 10. März 1952 und die Wiedervereinigung. Eine Studie auf der Grundlage unveröffentlichter britischer und amerikanischer Akten. Berlin – Bonn 1985.

Walter *Tormin:* Geschichte der deutschen Parteien seit 1848. Stuttgart – Berlin – Köln – Mainz 1966.

Wolfgang *Wagner:* Die Bundespräsidentenwahl 1959 (Veröffentlichungen der Kommission für Zeitgeschichte bei der Katholischen Akademie in Bayern, Reihe B, Bd. 13). Mainz 1972.

Wolfgang *Wagner:* Außenpolitische Perspektiven des westdeutschen Staates. (Schriften des Forschungsinstituts der Deutschen Gesellschaft für Auswärtige Politik, Bd. 30/1–3.) München – Wien 1971/72.

Hans-Georg *Wieck:* Die Entstehung der CDU und die Wiederbegründung des Zentrums im Jahre 1945. Düsseldorf 1953.

Rudolf *Wildenmann:* Macht und Konsens als Problem der Innen- und Außenpolitik. Köln 1963.

Die zweite Deutsche Republik. Bilanz eines Vierteljahrhunderts. Hrsg. von Richard *Löwenthal* und Hans-Peter *Schwarz.* Stuttgart 1973.

## H. Studien zur Geschichte der DDR

Arnulf *Baring:* Der 17. Juni 1953. Köln – Berlin 1965.

Stefan *Brant* (Pseudonym für Klaus *Harpprecht):* Der Aufstand. Vorgeschichte, Geschichte und Deutung des 17. Juni 1953. Stuttgart 1954.

Anita *Dasbach-Mallinckrodt:* Wer macht die Außenpolitik der DDR? Apparat, Methoden, Ziele. Düsseldorf 1972.

Ernst *Deuerlein* (Hrsg.): DDR 1945–1970. Geschichte und Bestandsaufnahme. München 1970.

Marion *Gräfin Dönhoff,* Rudolf Walter *Leonhardt* und Theo *Sommer:* Reise in ein fremdes Land. Bericht über Kultur, Wirtschaft und Politik in der DDR. Hamburg 1965.

Horst *Duhnke:* Stalinismus in Deutschland. Die Geschichte der sowjetischen Besatzungszone. Köln 1955.

Eckart *Förtsch:* Die SED. Stuttgart 1969.

Carl Joachim *Friedrich:* The Soviet Zone of Germany. New Haven/Conn. 1956.

Bruno *Gleitze,* Karl C. *Thalheim* u.a.: Das ökonomische System der DDR nach dem Anfang der 70er Jahre. Berlin 1971.

U. *Hoffmann:* Die Veränderungen in der Sozialstruktur des Ministerrats der DDR 1949–1969. Düsseldorf 1971.

Hans-Adolf *Jacobsen,* Gert *Leptin,* Ulrich *Scheuner* und Eberhard *Schulz* (Hrsg.): Drei Jahrzehnte Außenpolitik der DDR. Bestimmungsfaktoren, Instrumente, Aktionsfelder. (Schriften des Forschungsinstituts der Deutschen Gesellschaft für auswärtige Politik e.V., Bonn. Reihe: Internationale Politik und Wirtschaft. 44.)

Martin *Jänicke:* Der dritte Weg. Die antistalinistische Opposition gegen Ulbricht seit 1953. Köln 1964.

R. *Kulbach,* Hermann *Weber* und Eckart *Förtsch:* Parteien im Blocksystem der DDR. Funktion und Aufbau der LDPD und der NDPD. Köln 1969.

Peter Christian *Ludz:* Parteielite im Wandel. Funktionsaufbau, Sozialstruktur und Ideologie der SED-Führung. Eine empirisch-systematische Untersuchung. Köln – Opladen 1970.

Werner *Obst:* DDR-Wirtschaft. Modell und Wirklichkeit. Hamburg 1973.

Ernst *Richert:* Macht ohne Mandat. Der Staatsapparat der Sowjetischen Besatzungszone Deutschlands. Köln – Opladen 1963.

Ernst *Richert:* Das zweite Deutschland. Ein Staat, der nicht sein darf. Gütersloh 1964.

Fritz *Schenk:* Das rote Wirtschaftswunder. Die zentrale Planwirtschaft als Machtmittel der SED-Politik. Stuttgart 1969.

Hanns Werner *Schwarze:* Die DDR ist keine Zone mehr. Köln–Berlin 1969.

Carola *Stern:* Porträt einer bolschewistischen Partei. Entwicklung, Funktion und Situation der SED. Köln 1957.

Hermann *Weber:* Grundriß der Geschichte der DDR 1945–1976. Hannover 1976.

Hermann *Weber:* Von der SBZ zur DDR. Bd. 1: 1945–1955, Bd. 2: 1956–1967. Hannover 1966/67.

Hermann *Weber:* Kleine Geschichte der DDR. Berlin 1980.

## I. Studien zur Geschichte des Berlin-Problems

Dennis L. *Bark:* Die Berlin-Frage 1949–1955. Verhandlungsgrundlagen und Eindämmungspolitik. Berlin – New York 1972.

Berlin. Kampf um Freiheit und Selbstverwaltung 1945–1946. Hrsg. vom Senat von Berlin. Berlin ²1961.

Berlin. Behauptung von Freiheit und Selbstverwaltung 1946–1948. Hrsg. im Auftrage des Senats von Berlin. Berlin 1959.

Berlin. Ringen um Einheit und Wiederaufbau 1948–1951. Hrsg. im Auftrage des Senats von Berlin. Berlin 1962.

Honoré M. *Catudal* jr.: Kennedy in der Mauer-Krise. Eine Fallstudie zur Entscheidungsfindung in USA. (Politologische Studien. 18.) Berlin 1981.

Honoré M. *Catudal* jr.: The Diplomacy of the Quadripartite Agreement on Berlin. A New Era in East-West Politics. (Political Studies. 12.) Berlin 1978.

W. Philipps *Davison:* Die Blockade von Berlin. Modellfall des Kalten Krieges. Frankfurt a. M. – Berlin 1959.

Eleanor Lansing *Dulles:* Berlin und die Amerikaner. Köln 1967.

Jürgen *Fijalkowski* (u. a.): Berlin – Hauptstadtanspruch und Westintegration. Köln – Opladen 1967.

Manuel *Gottlieb:* The German Peace Settlement and the Berlin Crisis. New York 1960.

Hans *Herzfeld:* Berlin in der Weltpolitik 1945–1970. Berlin – New York 1973.

Martin J. *Hillenbrand* (Hrsg.): Die Zukunft Berlins. Berlin 1981.

Dieter *Mahncke:* Berlin im geteilten Deutschland. München – Wien 1973.

Siegfried *Mampel:* Der Sowjetsektor von Berlin. Eine Analyse seines äußeren und inneren Status. Frankfurt a. M. – Berlin 1962.

John *Mander:* Berlin, Unterpfand der Freiheit. Frankfurt/M.–Bonn 1962.

Daniel J. *Nelson:* Wartime Origins on the Berlin Dilemma. Alabama 1978.

Diethelm *Prowe:* Weltstadt in Krisen. Berlin 1949–1958. Berlin–New York 1973.

Diethelm *Prowe:* Der Brief Kennedys an Brandt vom 18. August 1961. Eine zentrale Quelle zur Berliner Mauer und zu der Entstehung der Brandtschen Ostpolitik. In: Vierteljahrshefte für Zeitgeschichte 31 (1985), S. 323 ff.

Alois *Riklin:* Das Berlinproblem. Historisch-politische und völkerrechtliche Darstellung des Viermächtestatus. Köln 1964.

Jean Edward *Smith:* Der Weg ins Dilemma. Preisgabe und Verteidigung der Stadt Berlin. Berlin 1965.

Hans *Speier:* Die Bedrohung Berlins. Eine Analyse der Berlin-Krise von 1958 bis heute. Köln – Berlin 1961.

Gerhard *Wettig:* Das Vier-Mächte-Abkommen in der Bewährungsprobe. Berlin im Spannungsfeld von Ost und West. (Politologische Studien. 22.) Berlin 1981.

Hermann *Zolling* und Uwe *Bahnsen:* Kalter Winter im August. Die Berlin-Krise 1961/63. Ihre Hintergründe und Folgen. Oldenburg – Hamburg 1967.

# Register

# Kohlhammer

Andreas Hillgruber
## Der Zweite Weltkrieg 1939–1945
Kriegsziele und Strategie der großen Mächte
4. Auflage 1985. 197 Seiten Kart. DM 29,80
ISBN 3-17-008903-X

Diese Darstellung über den Zweiten Weltkrieg war eigentlich schon längst fällig. Daß sie aus der Feder des weit über die deutschen Grenzen hinaus geachteten Kölner Zeithistorikers Andreas Hillgruber stammt, kommt nicht von ungefähr. Ist er doch einer der wenigen, wenn nicht sogar der einzige, deutsche Historiker, der nicht nur den Überblick über die ausufernde Literatur zum Zweiten Weltkrieg besitzt, sondern zugleich auch die unnachahmliche Fähigkeit, in einer knappen, zupackenden Studie die zentralen Aspekte des Krieges in den Griff zu bekommen und damit dem historisch Interessierten einen ungemein vielschichtigen Komplex der Zeitgeschichte verständlich zu machen. Hillgruber verfolgt, wie es im Untertitel heißt, die Kriegsziele und Strategien der großen Mächte. Wer sich über den Verlauf von Schlachten informieren will, den wird dieses Buch wohl enttäuschen. Denn im Zentrum stehen die politischen und strategischen Überlegungen der kriegführenden Mächte: Ihre Absichten und Pläne, die Gründe für ihren Erfolg und für ihren Mißerfolg. All das zeichnet Hillgruber in eindrucksvoller Manier nach – auf knappen Raum mit einem Optimum an Informationen und Interpretationen. *Deutsche Tagespost*

## Verlag W. Kohlhammer
**Stuttgart · Berlin · Köln · Mainz**

# Kohlhammer

Helga Grebing
**Der „deutsche Sonderweg" in Europa
(1806–1945) – Eine Kritik**
Unter Mitarbeit von Doris von der Brelie-Lewien
und Hans-Joachim Franzen
1986. 233 Seiten. Kart. DM 24,–
ISBN 3-17-009413-0
Urban-Taschenbücher, Bd. 381

Der „deutsche Sonderweg", der die Deutschen in die
Katastrophe des Nationalsozialismus führte, galt nach
1945 als das erklärungskräftigste Modell für den Verlauf der deutschen Geschichte des 19. und 20. Jahrhunderts im Unterschied zu der als „normal" verstan-
denen geschichtlichen Entwicklung der großen
westeuropäischen Nationen. Das Ende dieses
Sonderweges ermöglichte die Gründung der Bundesrepublik Deutschland. Sie ist als Neuanfang und Einschwenken der Deutschen auf den Weg der europäischen Demokratien zu begreifen.

Die Autorin beschreibt diese Geschichte seit der Entstehung der bürgerlichen Gesellschaft über die „ver-
spätete Nation" Preußen-Deutschland bis hin zum
Nationalsozialismus und setzt sich dabei stets mit den
Positionen anderer Historiker auseinander. Denn der
Begriff „deutscher Sonderweg" führte zu einer lang-
anhaltenden und intensiven Kontroverse unter in- und
ausländischen Wissenschaftlern über die Solidarität
dieses Interpretationsmodells.

**Verlag W. Kohlhammer**
**Stuttgart · Berlin · Köln · Mainz**